2023年

中国互联网学习发展报告

——学前教育领域发展报告

教育部教育管理信息中心
数字学习与教育公共服务教育部工程研究中心　编著
南方科技大学未来教育研究中心
一起长大（上海）信息科技有限公司

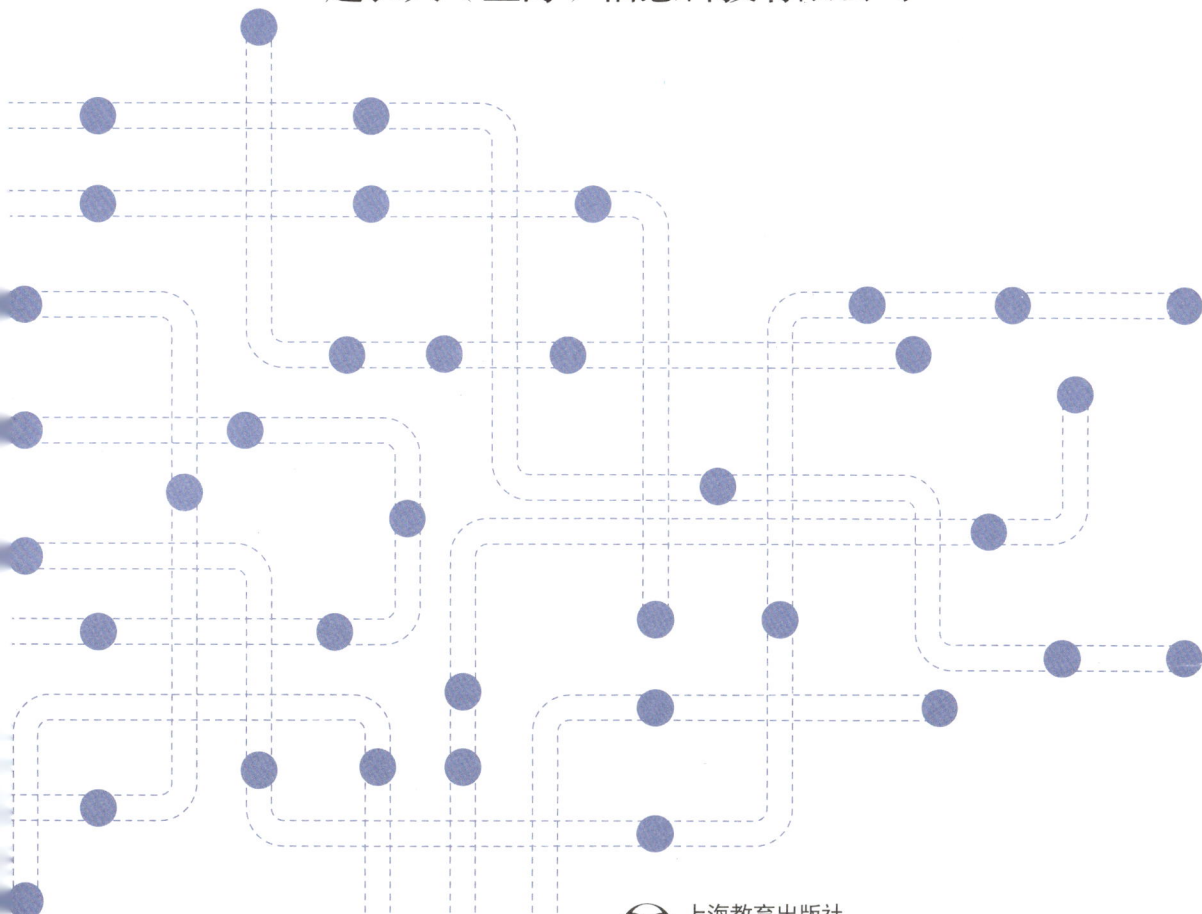

上海教育出版社
SHANGHAI EDUCATIONAL
PUBLISHING HOUSE

图书在版编目（CIP）数据

2023年中国互联网学习发展报告. 学前教育领域发展报告 / 教育部教育管理信息中心等编著. — 上海：上海教育出版社，2024.4
ISBN 978-7-5720-2607-2

Ⅰ.①2… Ⅱ.①教… Ⅲ.①教育工作－信息化－研究报告－中国－2023 Ⅳ.①G52

中国国家版本馆CIP数据核字(2024)第075391号

策划编辑　刘美文
责任编辑　刘美文
封面设计　周　亚

2023年中国互联网学习发展报告——学前教育领域发展报告

教育部教育管理信息中心　数字学习与教育公共服务教育部工程研究中心
南方科技大学未来教育研究中心　一起长大（上海）信息科技有限公司　编著

出版发行　上海教育出版社有限公司
官　　网　www.seph.com.cn
地　　址　上海市闵行区号景路159弄C座
邮　　编　201101
印　　刷　常熟市华顺印刷有限公司
开　　本　889×1194　1/16　印张 15
字　　数　305 千字
版　　次　2024年6月第1版
印　　次　2024年6月第1次印刷
书　　号　ISBN 978-7-5720-2607-2/G·2298
定　　价　88.00 元

如发现质量问题，读者可向本社调换　电话：021-64373213

编 委 会

主 编

茅红美　上海市教育委员会信息中心学前教育信息部

副 主 编

忻　怡　上海市教育委员会信息中心学前教育信息部

王　燕　上海市黄浦区学前儿童发展监测中心

项目负责人

刘曦崴　教育部教育管理信息中心《中国教育信息化》杂志社

编　委（以姓氏笔画为序）

丁　超　上海大夏教育科技集团有限公司

兰　旋　上海市浦东新区冰厂田幼儿园

李国庆　上海大夏教育科技集团有限公司

杨丽萍　一起长大（上海）信息科技有限公司

何慧华　上海师范大学学前教育学院

汪　瑾　上海市徐汇区科技幼儿园

汪志超　上海市教育委员会信息中心学前教育信息部

张　刘　上海市黄浦区学前儿童发展监测中心

张　敏　上海市教育委员会信息中心学前教育信息部

林　懿　上海市大数据中心

罗文蔚　上海师范大学学前教育学院学前教育数字化转型研究中心

金梦琛　一起长大（上海）信息科技有限公司

皇甫敏华　上海市浦东新区冰厂田幼儿园

侯素雯　上海行健职业学院

姚　健　上海市浦东新区冰厂田集团

温剑青　上海市静安区安庆幼儿园

主　审

李　锋　华东师范大学

陈群波　上海市教师教育学院

鸣　谢

复旦大学大数据研究院人文社科数据研究所

上海市科研领域大数据联合创新实验室

上海师范大学学前教育学院

教育部哲学社会科学实验室——上海师范大学

上海市教育科学研究院教育大数据与教育决策实验室

上海大夏教育科技集团有限公司

前　言

　　随着 5G、虚拟现实（VR）、增强现实（AR）、混合现实（MR）、人工智能（AI）等技术的发展与应用，当前我国教育信息化建设的"硬实力"已取得重大突破。学前教育作为基础教育的最初阶段，幼儿园数字化建设水平也在加速提升。在硬件配备方面，基础技术设备覆盖率高，新兴设备（VR设备、AR设备、编程设备、人工智能等）在一些信息化应用骨干幼儿园也得以配备。在制度标准上，上海市率先出台《上海市幼儿园信息化建设与应用指南（试行）》，指导幼儿园进一步根据场景需求，做好基本建设，探索创新实践。"数字幼教"作为一个数字时代下的儿童发展与教育学科新兴研究方向，已备受全球学者瞩目，研究成果层出不穷。然而，教育信息化的"软实力"还亟须探索和总结经验，提供优秀应用案例，如数字化管理、幼儿园教师的技术应用能力等。

　　互联网学习在当前教育体系中占据了不可忽视的位置，特别是对于学龄前儿童而言，它是培养数字素养的重要路径。在数字化时代，学龄前儿童不再是被动的信息接收者，而是互联网学习的主体，他们通过互动式学习平台、应用程序和多媒体资源，主动探索和学习新知识。这种学习方式不仅丰富了他们的学习体验，而且有助于提早培养他们的信息筛选、处理和应用能力，为他们日后的学习和生活打下坚实的基础。

　　2023年，为了有效呈现中国互联网学习发展水平，"中国互联网学习发展报告"项目研究团队延续使用并发展了2020年提出的"互联网学习评价 CASE 模型"，该模型构成要素包括互联网学习能力（Internet Learning Competence）、互联网学习应用（Internet Learning Application）、互联网学习服务（Internet Learning Service）和互联网学习环境（Internet Learning Environment）四个维度。

　　"学龄前儿童互联网学习评价 CASE 子模型"在一级维度上延续了总项目组 CASE 模型框架，即互联网学习能力、互联网学习应用、互联网学习服务和互联网学习环境，在二级维度上则根据学段特点进行优化，每个一级维度分别由 2—6 个二级维度组成，共设 17 个二级维度（即工具应用、问题解决、交流合作、内容创造、自我控制、互联网安全、应用意愿、应用频率、应用方式、应用效果、规则要求、家园共育、学习评价、寻求帮助、动机与情感、资源环境、技术环境）。

"幼儿园教师互联网教学评价 CASE 子模型"同样在一级维度上延续了总项目组 CASE 模型框架，即互联网教学能力、互联网教学应用、互联网教学支持和互联网教学环境，共设 15 个二级维度（即技术操作、资源整合、教学促进、赋能学习者、学习评价、教学支持、应用意愿、应用频率、应用方式、应用效果、活动参与、活动效果、共同体建设、资源环境、技术环境）。

根据 2023 年的报告，该年度呈现出的生成式人工智能等年度特征词，揭示了 2023 年学前教育领域互联网学习的重要趋势，强调了互联网教学在学前教育中的关键作用，并提出了利用信息化手段促进幼儿健康成长的新思路。

在构建 2023 年互联网学习特征指数上，研究团队继续融合了学龄前儿童家长和教师的评价视角，从互联网学习能力、应用、服务和环境四个维度，描绘了中国学龄前儿童的互联网学习状态。为了确保客观、真实、全面、有效地反映互联网学习特征指数，研究团队从调查地区分布、不同人员比例结构等角度对学龄前儿童家长样本和教师样本做了周全的抽样部署。

学前教育领域互联网学习发展家长调查问卷共收集 191 067 份，有效问卷 191 063 份，问卷有效率 99.9%。受访者来自西部的人数最多，占比为 52.75%；其次是东部，占比为 37.92%。[1] 在本次调查中，样本数据在地区结构上与总体数据 [2] 间存在差异，因而通过样本数据与总体数据之间的差异进行权重调整。通过内部一致性系数对 2023 年学前教育领域互联网学习发展问卷量表题做信度分析，信度系数均大于 0.8，可靠性较高。

幼儿园教师互联网教学特征调查问卷本轮共收集数据问卷 9 250 份，问卷有效率 100%。（1）从省份区域看，受访者来自西部的人数最多，占比为 50.68%；其次是东部，占比为 36.37%；中部和东北部分别占 4.01% 和 8.94%。（2）从城乡地区分布看，城镇教师占比为 74.7%，农村教师占比 25.3%。（3）从性别来看，女性幼儿教师占了 91.18%。教育部数据

---

[1] 东部地区是指北京、天津、河北、上海、江苏、浙江、福建、山东、广东和海南 10 省（市）；中部地区是指山西、安徽、江西、河南、湖北和湖南 6 省；西部地区是指内蒙古、广西、重庆、四川、贵州、云南、西藏、陕西、甘肃、青海、宁夏和新疆 12 省（区、市）；东北地区是指辽宁、吉林和黑龙江 3 省。

[2] 根据第七次全国人口普查公报，分区域看，东部地区人口为 563 717 119 人，占 39.93%；中部地区人口为 364 694 362 人，占 25.83%；西部地区人口为 382 852 295 人，占 27.12%；东北地区人口为 98 514 948 人，占 6.98%。

显示，学前教育专任教师中女教师占比一直保持在 93% 以上。[①] 对此，已有部分省（区、市）开始积极采取措施，支持、鼓励男性从事学前教育工作，增加幼儿园男教师。（4）从年龄来看，25—35 周岁的教师占比最多，为 47.05%，其次是 36—45 周岁和 25 周岁以下的教师，分别占 24.97% 和 19.08%。（5）从受教育程度来看，本次调查中学前教育师资以专科学历和本科学历为主，本科学历的教师最多，占 51.83%；其次是大专和中专及以下学历的教师，分别占 28.81% 和 18.15%；硕士研究生及以上学历的教师仅有 1.22%。（6）从教师自身专业发展来看，教龄在 5 年及以下的教师占比最多，为 41.79%；其次是教龄在 6—10 年和 11—15 年的教师，分别占 29.54% 和 12.63%。（7）从职称情况来看，无职称的教师占比超过一半。（8）从专业发展情况来看，接近 90% 的教师没有骨干称号。这些情况从侧面反映出当前学前教育师资专业化程度偏低。

调查发现：总体上，幼儿的学习环境更为丰富、场景互动支持更加到位、陪伴学习更加专业的幼儿园，能够体现出学龄前儿童更加高水平的互联网学习能力。在互联网资源应用上，教师可获得需要的互联网教学资源增多，公共教育资源服务平台的使用缩小了地区之间的差异。在教学技术环境中，互联网教学支持设备向多元化发展，但幼儿园还须加大对设备、系统、互联网技术等内容的投入与支持。多数教师表示愿意并会经常使用互联网教学资源与工具。教师将互联网融入幼儿园教学的方方面面，形成多元化发展，教学效果良好。大多数教师已能掌握多种互联网教学工具用于促进幼儿发展与教学，但在资源整合、知识产权意识等方面存在一定的不足。以上结果也反映出幼儿园教师已经为学前教育的数字化转型做了认知、能力和态度上的准备，教师认为参加相关的专业发展活动有利于提升教学水平，对互联网教学工具技术方面的培训和指导需求仍在增长。通过融合家长和教师的评价视角，2023 年互联网学习特征指数从不同视角、不同地区、不同维度等方面被清晰地展现出来。

另外，2023 年度的报告与往年相比，增加了不同区域、园所以及企业的优秀案例。在区域案例方面，通过分析上海学前教育信息化二十五年的迭代与发展、深圳罗湖区清秀幼教集团数智化赋能集团化办园高质量发展，以及武汉洪山区数字化转型赋能幼儿园低结构材料的应用，揭示了不同地区年度互联网学习的实践和成功经验。园所案例涵盖了不同的数字化应用场景，包括上海市浦东新区冰厂田教育集团等园所配备户外活动智能穿戴设备、上海市金山区罗星幼儿园等园所积极探索营造智慧教育环境、上海市闵行区佳佳幼儿园等园所探索信息技术融合阅读、陕西省西安交通大学幼儿园等园所探索数字技术推动幼儿素养发展等，详细介绍了数

[①] 中国女教师真的太多了吗？数据告诉你 ［OL］.（2019-09-10）［2024-04-18］. https://www.eol.cn/news/uni/201909/t20190910_1682536.shtml.

字化赋能在不同情境下的实践与效果，展示了数字技术在提升教学质量、拓展教育领域方面的潜力，促进幼儿的学习成长。企业案例方面呈现了多家企业在学前教育数字化方面的创新实践。以"一起长大"平台赋能学前教育高质量发展、长江唯诚"优成长"拓展户外活动边界，以及 AR、AI 技术赋能 STEAM 教育等企业案例，凸显了企业在数字化领域的努力和成就。综合而言，丰富的实践案例揭示了学前教育领域互联网学习和发展在不同层面的实践和经验，努力凸显以儿童发展为本的基本理念和价值追求。

作为学习和发展的主体，学龄前儿童的互联网学习状态的跟踪式评价和年度报告，不仅能够追随幼儿的互联网学习和数字素养发展的需要、规律和特征，也能够体现学前教育数字化转型的过程性的区域探索、园本创新和教师的个性化发展，对于中国学前教育高质量发展有着较大的借鉴作用。互联网教学在学前教育中具有广阔的应用前景和重要影响。深入探讨和分析互联网教学在学前教育中的应用和影响，有助于更好地理解这一领域的发展趋势和挑战，为政策制定者和教育工作者提供有益的参考和启示。

《2023 年中国互联网学习发展报告——学前教育领域发展报告》是在全国的高等院校、学前教育机构以及相关企业等团队的共同努力下完成的。在此，我们对所有为《2023 年中国互联网学习发展报告——学前教育领域发展报告》做出帮助、支持、指导的领导、专家、学者、园长、老师、家长和幼儿深表谢意！也欢迎更多关心陪伴学龄前儿童互联网学习并有志于参与到中国互联网学习与发展事业中的团体、个人和我们共同学习和探索，在思想和行动的共振中汲取众人的智慧，获得新的思考启迪，实现学龄前儿童互联网学习与发展实践研究的不断完善、丰富和发展。

目　录
CONTENTS

第一章

CHAPTER 1
学前教育领域互联网学习年度特征

学龄前儿童的互联网学习通常是指学龄前儿童在成人的引导、陪伴或支持下依托互联网进行的学习活动。

在互联网学习方面，学前教育领域呈现出多个显著的年度特征。年度特征词以及互联网指数分析，清晰地描绘了2023年学前教育领域的发展趋势和特点。生成式人工智能、元宇宙、智慧幼儿园以及学前教育数字化转型等年度特征词，既反映了学前教育领域在互联网时代的发展方向和关注重点，也反映出学前教育工作者对学前教育高质量发展和技术驱动的行业变革所做的探索和贡献。通过对互联网指数的数据和趋势进行分析，我们能更全面地理解这些年度特征所蕴含的深远意义，并进一步洞察它们可能为学前教育行业未来发展带来的影响。本章将详细探讨这些年度特征，并分析它们在学前教育领域中的具体意义和影响。

1.1　年度特征词

2023年学前教育领域互联网学习主要呈现生成式人工智能、元宇宙、智慧幼儿园、学前教育数字化转型四个年度特征。

1.1.1　生成式人工智能

人工智能（AI）是自动化的感知、学习、思考与决策系统。人工智能可以为儿童精准提供满足个性需求的学习内容和有力的学习支撑。同时，人工智能能够连接正式学习与非正式学习环境，实现人人、时时、处处可学的终身学习。对于儿童而言，它不仅是一个学习工具，也是一个互动伙伴，能够通过个性化互动促进儿童的全面发展。

以往人工智能在学前教育中的应用主要是人工智能教育机器人和融入人工智能的幼儿游戏产品。随着科技的快速发展，生成式人工智能逐渐渗透到学前教育领域。生成式人工智能是利用复杂的算法、模型和规则，从大数据集中学习，以创造新的原创内容的人工智能技术。

在学前教育中，生成式人工智能技术特别适于制定符合每个孩子学习风格和能力的个性化学习路径。这项技术能够创造文本、图片、声音、视频和代码等多种类型的内容，全面超越了传统软件的数据处理和分析能力。它能够通过提供定制化的教育内容和互动体验，极大地丰富儿童的学习过程。在"幼儿发展优先"理念引领下，目前生成式人工智能主要应用在深度融合一日活动、支持教师备课、家园合作等方面。

在幼儿园的一日活动中，生成式人工智能扮演着极其重要的角色，通过实时分析儿童的情绪和兴趣，它能够自动推荐和生成个性化的互动游戏。例如，对于表现出对动物感兴趣的孩子，AI可能会设计一个虚拟动物园探险游戏，孩子通过平板电脑与虚拟动物互动，可以学习动物的习性。

在教师备课方面，生成式人工智能的应用效果同样显著。它可以根据教师即将实施的主题，如"水循环过程"，自动生成详尽的教案和互动课件。AI系统可能会提供一个模拟水循环的互动实验，孩子可以通过触摸屏操作虚拟元素来观察水从蒸发到降雨的整个过程。此外，AI还能提供相关的科学视频、游戏和测验，协助教师为孩子创造一个丰富多样的学习环境。

在家园合作方面，生成式人工智能能够根据教师的具体需求，生成家园沟通的模板，比如每周通讯稿。这些通讯稿不仅概述了孩子在园的表现，还介绍了即将举办的活动和家庭作业建议。AI可以自动生成包含孩子艺术课作品照片的通讯稿，并提供建议，指导家长如何在家中继续培养孩子的艺术兴趣。通过智能摄像头和传感器，家长可以远程实时查看孩子在园的活动，这不仅提高了透明度和安全性，也大大增强了家长的信任和安心感。

随着生成式人工智能的普及，问题也相应出现，如"对生成内容进行标识"的重要性认识不足；生成的内容怎样按要求增加人工审核，以及生成大量的错误信源；等等。为促进生成式人工智能的健康发展和规范应用，维护国家安全和社会公共利益，保护公民、法人和其他组织的合法权益，2023年5月23日国家互联网信息办公室等七部门联合印发《生成式人工智能服务管理暂行办法》，并于2023年8月15日起实施。

1.1.2 元宇宙

元宇宙（Metaverse）是人类运用数字技术构建的，由现实世界映射或超越现实世界，可与现实世界交互的虚拟世界，具备新型社会体系的数字生活空间。2021年是元宇宙元年，随后，元宇宙技术开始应用在消费场景、娱乐场景、文旅场景、办公场景、教育场景。元宇宙技术在教育场景中的应用，尤其是针对儿童的教育应用，显示出巨大的潜力和创新性。传统的教学场景的核心架构是教师、学生、学习环境，而元宇宙教育场景利用VR/AR/MR、数字孪生、5G、人工智能、区块链等新型信息技术，塑造了虚实融合的教育环境，将虚拟与现实全面交织、人与机器全面联结、学校与社会全面互动，是一种智慧教育环境高阶形态。其中元宇宙在学前教育领域的作用尤为突出，这种突出体现在它为幼儿认知创造了"情境"赋能，让幼儿身处特定情境中"直接感知、实际操作、亲身体验"，它通过创建沉浸式的学习环境，大大增强了幼儿的学习体验感和参与感。

2023年8月，工业和信息化部、教育部等五部门联合印发了《元宇宙产业创新发展三年行动计划（2023—2025年）》(以下简称《计划》)，《计划》提出："打造虚实融合的公共服务场景。推进构建虚拟教室、虚拟实验室等教育教学环境，鼓励通过平台共享虚拟仿真实验实训资源，扩大优质教育资源覆盖面。"

基于元宇宙的虚实结合教育为幼儿开启了一个超越时空的学习世界。在这里，他们可以通过自定义的虚拟角色沉浸式地探索情境，进行富有创意的互动和探索。这给幼儿提供了全新的学习方式，有助于他们更直观地理解抽象的概念。

在科学教育中，教师可以创建一个虚拟的宇宙系统，让幼儿化身为小宇航员，驾驶宇宙飞船穿梭于星际空间。他们可以近距离观察巨大的星云、陨石带，看到星系和黑洞的壮观景象。这些身临其境的宇宙视角将抽象的天文概念变成了一个个生动的画面。在微观层面，教师也可以设置一个细胞世界，让幼儿缩小到微米级，漫步于组织细胞之间，近距离观察线粒体、细胞核、细胞骨架等微观结构。这种"奇幻之旅"使得复杂的生物学概念变得更加直观。在地理教学中，虚拟现实也可以派上用场。幼儿可以穿上装备，置身于雨林、草原、沙漠、极地冰川等多种地貌环境中，在游戏中学习地理知识。这种"现场教学"使得枯燥的地理概念也变得鲜活起来。

游戏在元宇宙世界扮演着至关重要的角色，它不仅拓宽了虚拟世界的边界，还为幼儿带来了一种全新的、多感官的交互体验。借助人工智能、物联网和混合现实技术，幼儿园中的元宇宙角色游戏让幼儿能够以数字化的形式创建自己的分身和虚拟朋友，并通过角色扮演深入互动，享受一种前所未有的沉浸感。如"我的世界"这样的游戏，它允许幼儿在一个开放的世界中自由探索和建造。在元宇宙版本的"我的世界"中，幼儿可以佩戴 VR 头盔，真正步入一个三维的、互动的游戏世界。他们可以选择成为建筑师，设计自己的房屋和城堡；或者成为探险家，在虚拟的丛林和沙漠中寻宝。他们的虚拟伙伴可以是由 AI 驱动的角色，也可以是远程连接的同伴，共同参与建设和探险。在这样的游戏中，幼儿的行动轨迹和社会角色与现实世界有所不同，他们可以在安全的环境中尝试和体验各种社会角色，从而激发他们的想象力和创造力。例如，幼儿可以扮演消防员，在虚拟的城市中灭火救援；或者成为科学家，在实验室中进行各种实验。这些体验不仅仅是游戏，也是一种学习和成长的过程，帮助幼儿在玩乐中学习社会知识和科学原理。

1.1.3 智慧幼儿园

智慧幼儿园是一种运用现代信息技术手段，改善传统幼儿园教学和管理方式的新型幼儿园。智慧幼儿园的"智慧性"既包括物的"智慧"，也包括人的"智慧"。智慧幼儿园主要服务对象是教育监管机构、幼儿园和儿童家长，通过综合运用智能技术，特别是针对幼儿的需求和特点，对幼儿健康发展、教育教学、后勤、安全、家园沟通等进行智慧化管理，为幼儿提供健康、快乐、安全、个性化的服务与体验。智慧幼儿园的发展目标首先是围绕智慧环境、智慧保教、智慧管理、智慧服务等方面保障基础设施；其次是创建区域内智慧幼儿园建设达标园所，发挥示范带动作用，强化典型引领。

智慧幼儿园对提高教育教学质量、促进幼儿健康成长、推动数字化转型、促进未来人才培养有重要意义，其建设实践主要包括以下几个方面：

一是完善硬件基础设施。为了实现智慧幼儿园的构建，首先，必须确保有稳定且高速的网络连接。网络是连接各种信息化设备的基础，包括电脑、平板电脑、智能黑板等，它们都依赖于网络来进行数据传输和接入各种教育资源。其次，网络的安全性至关重要。幼儿园涉及幼儿的个人信息和学习数据，这些信息的安全性直接关系到幼儿的隐私保护和数据的完整性。最后，考虑到幼儿教育的特殊需求，智慧幼儿园应当配备适合幼儿的感应器和智能玩教具，以及利用 VR/AR 技术的设备，以创造一个互动性更强的学习环境。它们能够激发幼儿的学习兴趣，提高他们的参与度和学习效果。例如，通过 VR/AR 技术，幼儿可以在虚拟环境中进行沉浸式学习，这种体验能够加深他们对知识的理解和记忆。

数据作为智慧幼儿园的核心资源，需要建立一套完善的数据基础设施和平台，以便收集、存储、分析和应用幼儿的学习数据。这不仅能够帮助教师更好地了解每个幼儿的学习进度和需求，从而提供个性化的教育服务，而且还能够帮助幼儿园管理者进行教育质量的监控和评估。因此，构建一个安全、高效的数据管理系统是智慧幼儿园成功实施的重要路径。

二是构建物联网感知系统。智慧幼儿园的物联网感知系统通常包括数据采集、数据传输、数据处理三个部分。数据采集指通过传感器和智能设备实时获取幼儿园内的各项数据；数据传输主要采用无线通信等技术将数据传输到云端；数据处理采用云计算和大数据分析技术等对数据进行处理和分析，从而实现数据可视化和实时监控。这些系统特别注重幼儿的安全和健康，包括环境质量监测、门禁安全监测、在园幼儿视频监测、消防安全监测等，确保幼儿在园内的安全和舒适。

三是构建智慧保育系统。在打造智慧幼儿园的过程中，关键一步是利用智能设备来收集有关幼儿行为和健康的关键数据。例如，儿童专用的可穿戴设备能够记录幼儿的活动水平和身体指标；同时，智能晨检系统可以自动记录幼儿的出勤状况并进行初步的健康筛查。设计这些智能采集工具的主要目的是加强对幼儿安全的监控和对他们健康状况的跟踪，它们为教师和幼儿园管理人员提供了重要支持，确保了幼儿的健康与安全得到有效维护。

四是构建智慧家园互动体系。智慧家园互动体系是一个借助人工智能与互联网技术，实现家长、教师以及其他相关人员之间连接的综合系统。该体系通过多元化的平台和工具，如家园互动平台、移动应用程序（App）、微信公众号等，让家长能够更加便捷和直观地掌握幼儿的学习进展和日常生活状态，从而加强家庭与幼儿园之间的沟通与合作。这种互动体系不仅提高了信息的透明度，还促进了家庭教育与学校教育的无缝对接，为幼儿的全面发展营造了一个协同的支持环境。

五是构建智慧教学辅助系统。智慧教学辅助系统是一种植根于人工智能技术的创新教学平台，该系统能够提供定制化的学习内容和互动活动，满足幼儿各自的学习需求和兴趣点，通过集成化的数字手段，实现对幼儿园教学流程的全面监控和管理。智慧教学辅助系统的核心功能包括教学计划的制订、教学资源的整合管理、教学效果的评估以及反馈机制的建立等多个方面，既简化了教师的日常工作流程，同时也推动了幼儿园教育质量的持续提升，极大地提高了教师在教学管理上的智能化水平和效率。

1.1.4 学前教育数字化转型

加速教育数字化转型是把握时代机遇的必然要求。近年来，党中央围绕教育现代化、数字中国、数字化转型作出了一系列重要的战略部署，2021 年《"十四五"国家信息化规划》提出实施全民数字素养与技能提升行动。教育部党组书记、部长怀进鹏在 2022 年全国教育工作会议等多个场合提出，实施教育数字化战略行动，推动实现教育数字化转型。教育数字化转型是教育信息化的特殊阶段，要实现从起步、应用和融合数字技术到树立数字化意识和思维、培养数字化能力和方法、构建智慧教育发展生态、形成数字治理体系和机制。

基于此，学前教育领域的数字化转型重点落实在应用场景的建设上。比如，利用数字技术推动数字化教学资源的开发和应用，优化儿童的学习体验，促进其全面、自主和个性化发展。例如幼儿园为儿童提供交互式的数字化学习平台，激发儿童主动探索、合作学习的兴趣，鼓励儿童能够在数字化、游戏化的学习环境中进行互动学习，收获个性化的学习体验。这种个性化、数字化的学习平台不仅提高了儿童的学习积极性，还促进了他们认知、社会性等方面能力的发展。

此外，通过数据的无感收集和持续监测，获取幼儿活动的即时数据以及跟踪式的长期数据。这类数据能够有效支撑教师对幼儿需求和发展情况的评价，从而为其调整活动、关注个性化需求等提供必要的证据。同时，对数据科学和有一定规模的系统分析，也能够为园所管理提供更为精准的依据，提高管理效率，支撑和保障高质量办园的达成。

再比如，利用信息化手段开展家园社共育，利用幼儿园专业力量，挖掘社区的育儿资源，构建共育生态，支持家长家庭养育质量的提升，促进幼儿健康成长。除此之外，在托育服务需求明显增长的现实情况下，数字技术能够提供"随时随地"的资源供给和社区服务导航，服务范围和面向均得到了扩大，家长获取的科学育儿信息质量和数量均得到了保证，幼儿园对家庭关于幼儿在园情况的反馈和评价也更加频繁和可信，家长的口碑也就越来越好。

学前教育数字化转型的应用场景在技术迭代的支持和需求驱动的理念下，不断地丰富和拓展，教育变革也在各类场景中逐步发生，对落实教育现代化，学前教育高质量发展，办好每一所幼儿园的建设任务，具有重要价值。

1.2　学龄前儿童互联网学习综合指数

1.2.1　学龄前儿童互联网学习总体情况

2023 年，学龄前儿童互联网学习综合指数得分为 3.18，互联网学习能力、互联网学习应用、互联网学习服务和互联网学习环境指数得分分别为 3.00、2.94、3.35 和 3.46（详见表 1-1）。

表 1-1　2023 年学龄前儿童互联网学习综合指数

维　　度	得分（总分 5 分）
互联网学习综合指数	3.18
互联网学习能力	3.00
互联网学习应用	2.94
互联网学习服务	3.35
互联网学习环境	3.46

其中，除互联网学习能力这个维度外，2023 年互联网学习应用、互联网学习服务、互联网学习环境三个维度指数得分均低于 2021 年（详见图 1-1）。

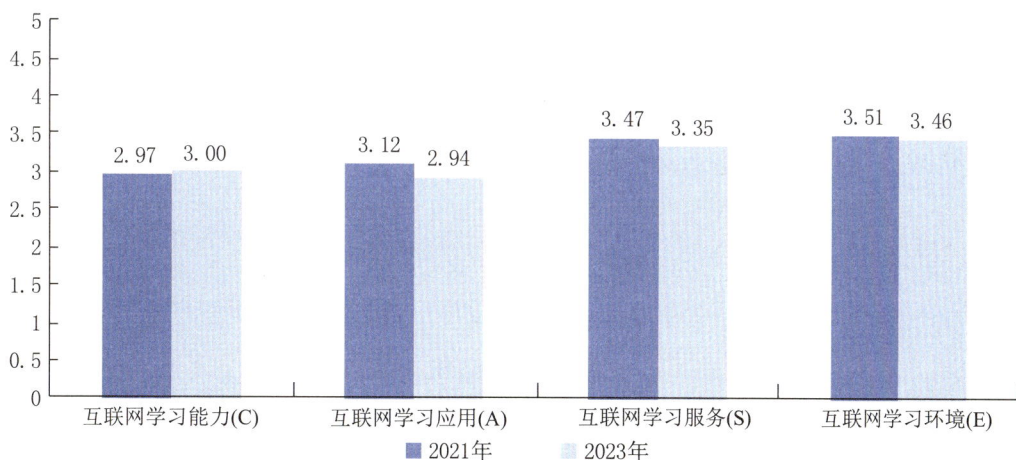

图 1-1　2021 年和 2023 年学前教育互联网学习发展水平不同维度指数（总分 5 分）

学龄前儿童互联网学习特征指数细项得分情况如表 1-2 所示，其中资源环境指数得分最高，为 3.51；最低的是应用频率指数，为 2.78。

表 1-2　2023 年学龄前儿童互联网学习特征指数细项得分情况

维度	一级指标	二级指标	得分（总分5分）
能力（C）	互联网学习能力	工具应用	2.94
		问题解决	2.90
		交流合作	3.06
		内容创造	2.95
		自我控制	3.14
		互联网安全	2.84
应用（A）	互联网学习应用	应用意愿	3.14
		应用频率	2.78
		应用方式	2.82
		应用效果	3.04
服务（S）	互联网学习服务	规则要求	3.39
		家园共育	3.34
		学习评价	3.23
		寻求帮助	3.37
		动机与情感	3.50
环境（E）	互联网学习环境	资源环境	3.51
		技术环境	3.45

为进一步探究教师和家长不同视角下的学龄前儿童互联网学习能力和应用情况，以及教师和家长所提供的互联网学习服务和互联网学习环境，我们开展了进一步详细的指数分析，如图1-2所示。教师、家长视角下的儿童互联网学习综合指数得分分别为3.48、3.15。相对2021年来说，教师视角下的综合指数有所上升，但家长视角下的综合指数略有下滑。经 t 检验发现，教师视角下的综合指数要显著高于家长视角下的综合指数（t=-56.91，P<0.001），表明学龄前儿童在园互联网学习整体表现水平要略高于在家水平。

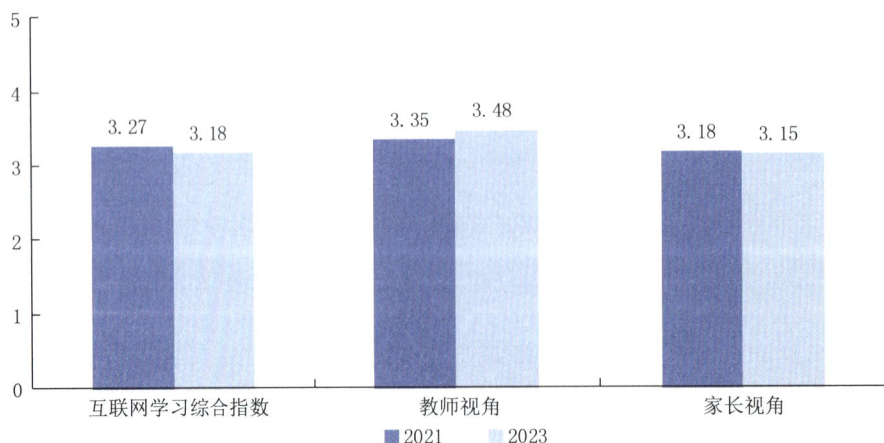

图 1-2　2021 年和 2023 年教师、家长视角下的学前教育互联网学习发展水平综合指数（总分 5 分）

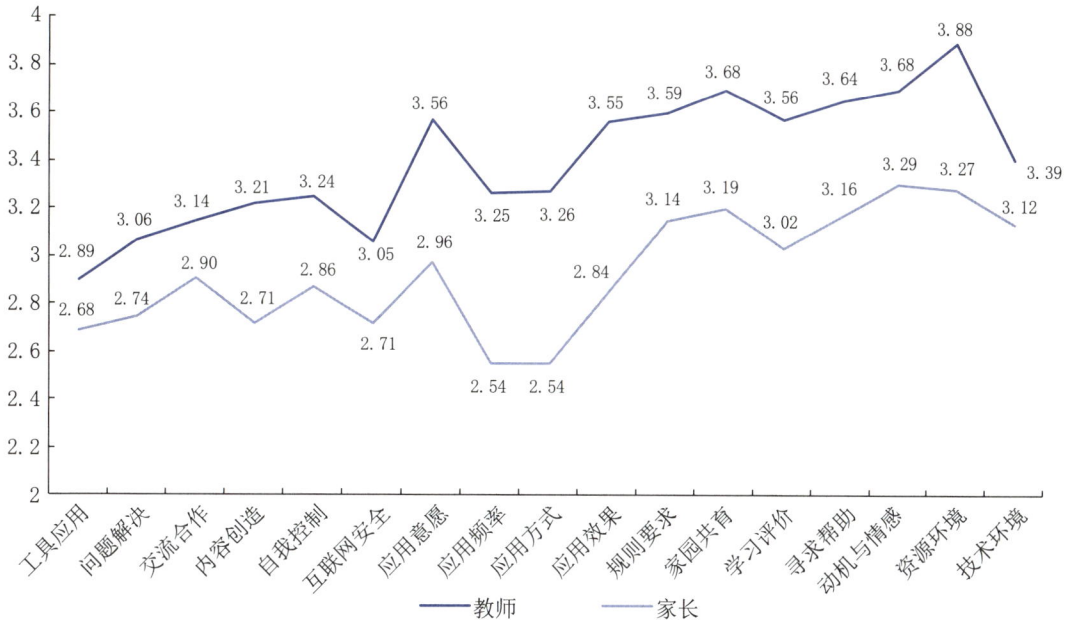

图 1-3　2021 年教师、家长视角下的学龄前儿童互联网学习特征指数细项得分情况（总分 5 分）

表 1-3　2021 年教师、家长视角下的学龄前儿童互联网学习特征指数细项得分情况（总分 5 分）

维度	一级指标	二级指标	教师评价	家长评价	均分	t
能力 （C）	互联网 学习能力	工具应用	2.89	2.68	2.79	48.454***
		问题解决	3.06	2.74	2.90	
		交流合作	3.14	2.90	3.02	
		内容创造	3.21	2.71	2.96	
		自我控制	3.24	2.86	3.05	
		互联网安全	3.05	2.71	2.88	
应用 （A）	互联网 学习应用	应用意愿	3.56	2.96	3.26	103.107***
		应用频率	3.25	2.54	2.90	
		应用方式	3.26	2.54	2.90	
		应用效果	3.55	2.84	3.20	
服务 （S）	互联网 学习服务	规则要求	3.59	3.14	3.37	73.068***
		家园共育	3.68	3.19	3.44	
		学习评价	3.56	3.02	3.29	
		寻求帮助	3.64	3.16	3.40	
		动机与情感	3.68	3.29	3.49	
环境 （E）	互联网 学习环境	资源环境	3.88	3.27	3.58	248.260***
		技术环境	3.39	3.12	3.26	

　　结果表明（如图 1-3 和表 1-3）：首先，教师和家长在学龄前儿童互联网学习能力、学习应用方面的评价得分有显著差异，教师的评价得分明显高于家长的评价得分；其次，教师和家长自我报告的对学龄前儿童互联网学习提供的服务和环境也有显著差异，教师提供的环境和服务明显优于家长。因此，我们发现，与家庭场景相比，幼儿园是幼儿获取互联网学习能力和应用机会的主要场景，教师在运用各种技术和平台的过程中，直接或者间接地为幼儿提供了较为丰富的学习环境和较多的应用机会，激发了幼儿互联网学习的意愿，提升了其在工具应用、问题

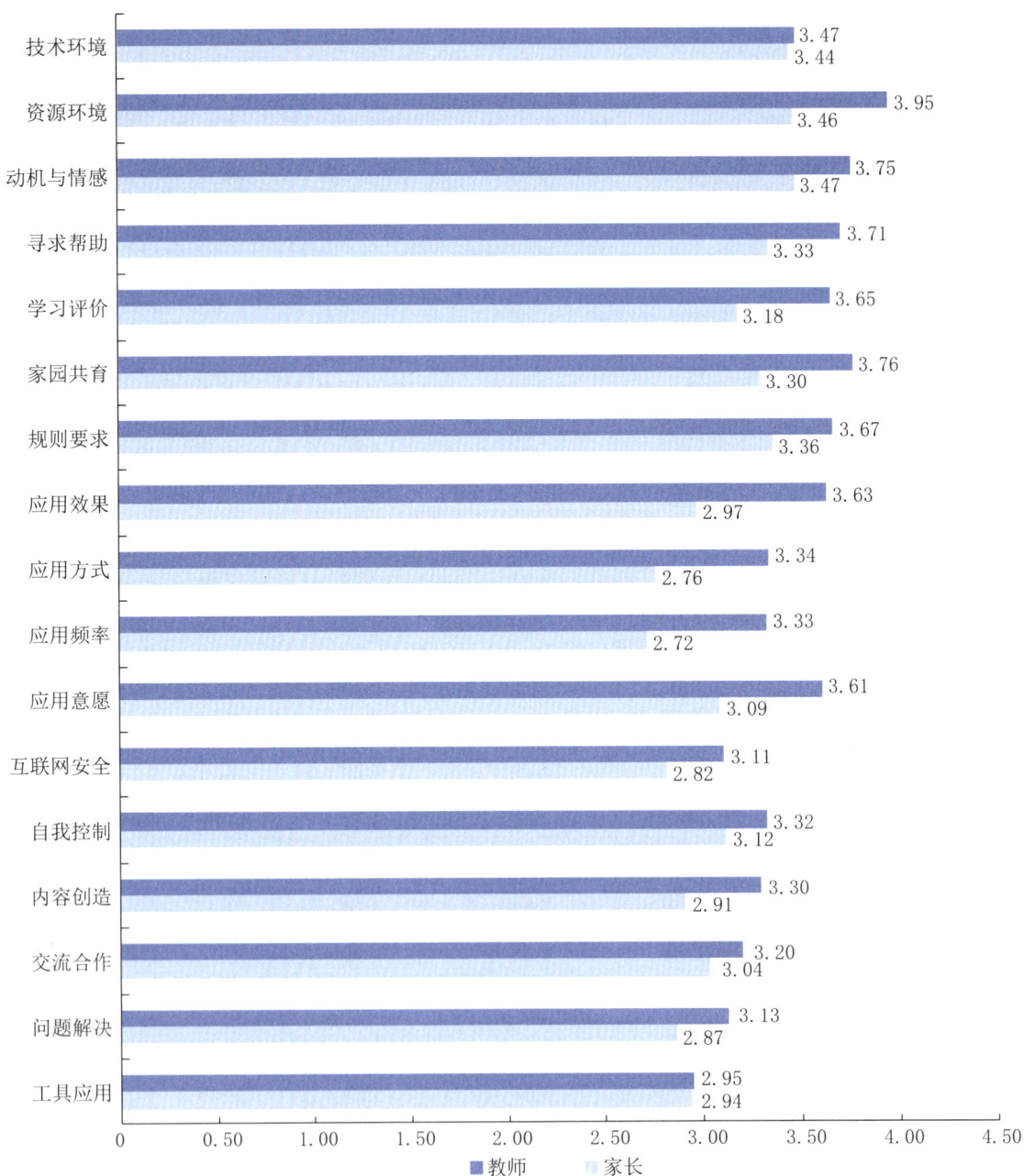

二级指标	教师	家长
技术环境	3.47	3.44
资源环境	3.95	3.46
动机与情感	3.75	3.47
寻求帮助	3.71	3.33
学习评价	3.65	3.18
家园共育	3.76	3.30
规则要求	3.67	3.36
应用效果	3.63	2.97
应用方式	3.34	2.76
应用频率	3.33	2.72
应用意愿	3.61	3.09
互联网安全	3.11	2.82
自我控制	3.32	3.12
内容创造	3.30	2.91
交流合作	3.20	3.04
问题解决	3.13	2.87
工具应用	2.95	2.94

图 1-4　2023 年教师、家长视角下学龄前儿童互联网学习二级指标指数（总分 5 分）

解决、交流合作以及内容创造等方面的诸多能力。

如图 1-4 所示，教师视角下的学前教育互联网学习资源环境指数得分最高，为 3.95，说明教师视角下幼儿获得互联网教育资源方面较多。家长视角下的学前教育互联网学习动机与情感指数得分最高，为 3.47，说明家长对于幼儿互联网学习拥有较强的动机和情感支持。教师对学前教育互联网学习工具应用水平的评价指数得分最低，为 2.95，说明幼儿在园期间需要花更多时间了解和使用互联网学习软件工具。家长对学前教育互联网学习应用频率水平的评价指数得分最低，为 2.72，说明家长认为学前幼儿互联网学习频率不高。

1.2.2　教师视角下学龄前儿童互联网学习发展水平指数

数据显示，教师视角下的学前教育互联网学习能力、互联网学习应用、互联网学习服务和互联网学习环境水平指数得分分别是 3.48、3.70、3.57 和 3.48，其中互联网学习应用维度指数最高。

通过进一步差异分析发现，教师视角下的学龄前儿童互联网学习发展指数水平在教师性别（$t=4.11$，$P<0.001$）、年龄（$F=64$，$P<0.001$）、教龄（$F=19.61$，$P<0.001$）、受教育程度（$F=39.63$，$P<0.001$）、职称（$F=25.63$，$P<0.001$）、教师所在园所办园性质（$F=31.50$，$P<0.001$）和级别（$F=62.79$，$P<0.001$）上存在显著差异。处于 25 周岁以下年龄段教师所在班级幼儿呈现较高的互联网学习水平，这可能是由于年轻教师接受互联网新事物的能力较强。硕士研究生学历的教师所在班级幼儿互联网学习水平发展指数高于其他学历的教师班级。5 年及以下教龄的教师班级幼儿互联网学习发展的指数最高，教师教龄与年龄存在高相关，因此也进一步印证前文所述教师年龄对幼儿的互联网学习发展指数的影响。此外，从幼儿园级别和性质可以看出，一级园幼儿园幼儿互联网学习发展指数均值高于其他级别幼儿园，公办幼儿园幼儿互联网学习发展水平高于其他类别幼儿园幼儿，这与政府对公办园信息化建设的政策支持与引领有关。

1.2.3　家长视角下学龄前儿童互联网学习发展水平指数

数据显示，家长视角下的学前教育互联网学习能力、互联网学习应用、互联网学习服务和互联网学习环境发展水平指数得分分别是 2.89、3.32、3.45 和 3.15。与教师视角相比，家长视角下幼儿互联网学习指数在四个维度上的得分都比较低。

通过进一步差异分析发现，家长视角下学前教育互联网学习发展水平指数在幼儿的居住地区（$t=55.09$，$P<0.001$）、幼儿年龄段（$F=847.52$，$P<0.001$）、家长年龄段（$F=149.32$，

$P<0.001$）、家长受教育程度（$F=1\,260.09$，$P<0.001$）、照看方式（$F=244.83$，$P<0.001$）、家庭人均月收入（$F=1\,568.93$，$P<0.001$）、幼儿首次接触网络年龄（$F=1\,659.26$，$P<0.001$）、幼儿所在园所办园性质（$F=908.77$，$P<0.001$）和级别（$F=1\,260.49$，$P<0.001$）等方面存在显著差异。城镇家庭的幼儿互联网学习发展综合水平以及四个维度指数均比农村地区的高。5—6岁幼儿互联网学习发展四大维度指数较高，整体呈现出幼儿年龄越大互联网学习发展水平越高的趋势；母亲对幼儿互联网学习发展评价指数较高，从问卷填写者以幼儿母亲居多也可以看出，母亲是大部分幼儿学习、生活中关系最紧密的人，母亲对幼儿各方面需求的理解也更为全面；25—35周岁年龄段家长对幼儿的互联网学习发展影响较大；硕士研究生学历的家长对幼儿互联网学习发展评价最高；"白天祖辈或保姆带，晚上或周末父母自己带"的幼儿在家的互联网学习发展水平较高，"祖辈或保姆带"的幼儿在家的互联网学习发展水平较低；家庭人均收入越高，幼儿互联网学习发展水平越高；中外合作幼儿园的幼儿互联网学习发展水平最高；一级园幼儿的在家互联网学习发展水平相较其他级别幼儿园的幼儿水平更高；家长对幼儿整体评价越高，幼儿在互联网学习发展，水平指数上表现越高。

1.2.4 不同地区学龄前儿童互联网学习发展水平指数

习近平总书记指出，教育公平是社会公平的重要基础，要不断促进教育发展成果更多更公平惠及全体人民，以教育公平促进公平正义。党的二十大首次将"推进教育数字化"写入报告。通过数字化教育建设，打破地域限制、缩小校际差别，实现优质资源普惠共享，缩小区域差异。2021年教育部等九部门印发《"十四五"学前教育发展提升行动计划》，提出优化普惠性资源布局，推进普惠性资源扩容增效，等等。作为我国教育事业的重要组成部分，中西部地区教育在实现教育整体质量全面提升、加快推进教育强国建设、推动区域协调发展的征程中肩负着重要的历史使命。中国教育科学研究院教育战略与宏观政策研究所所长、研究员吴霓提出："教育数字化是一辆'快车'，能帮助中西部地区教育实现跨越式发展。"

对东部、中部、西部、东北部四个地区的学前教育互联网学习发展水平指数进行单因素方差分析，结果显示不同地区的幼儿互联网学习发展综合水平之间存在显著差异（$F=22$，$P<0.001$）。如图1-5所示，对不同地区学前教育互联网学习发展水平进行比较分析，东部、中部、西部、东北部地区的学龄前儿童互联网学习发展综合指数得分分别为3.29、3.20、3.00和3.17；2023年，东部地区发展水平依然在四个地区中是最高的，西部地区互联网学习发展水平是四个地区中最低的。

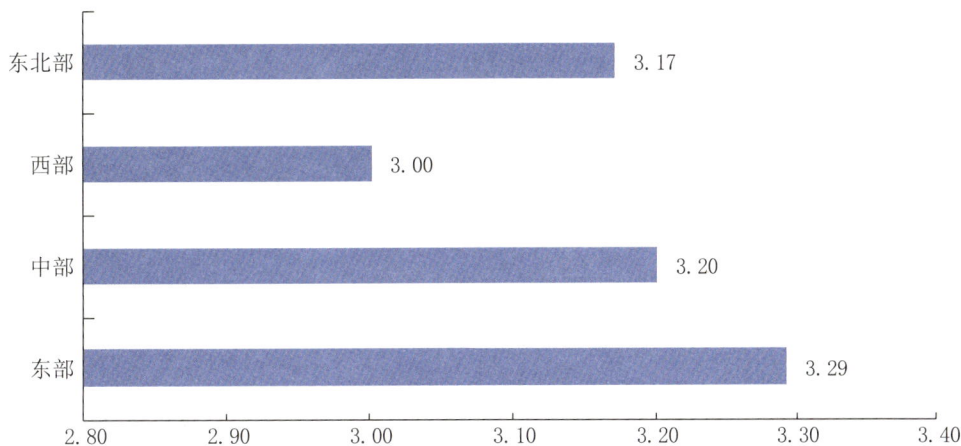

图 1-5　不同地区学龄前儿童互联网学习综合指数对比（总分 5 分）

如图 1-6 所示，具体来看，东部地区在互联网学习发展水平四大维度指数上均最高，西部地区均最低。四个地区的互联网学习能力与学习应用维度指数相较于互联网学习服务和学习环境维度指数较低，这与问卷中教师反映的幼儿在园综合指数、家长反映的幼儿在家综合指数的规律一致，说明幼儿的互联网教育在学习能力和学习应用方面有更多的提升空间。

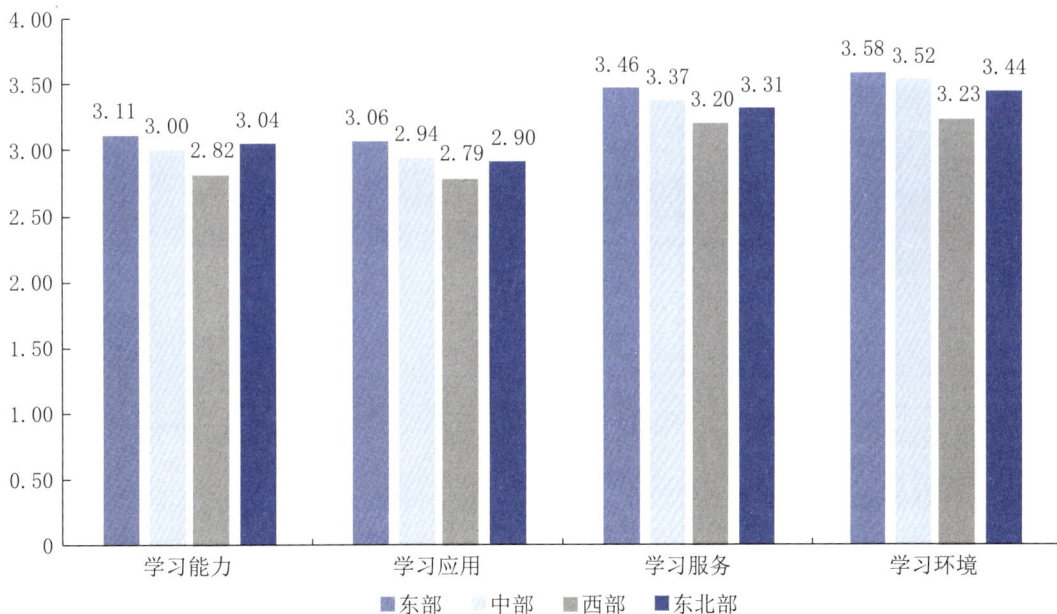

图 1-6　不同地区学龄前儿童互联网学习发展水平四大维度指数对比（总分 5 分）

从当前调查可以看出，西部地区虽然在学前教育互联网学习发展水平指数上落后于东部地区，但区域间的差距在不断缩小。2022 年，西部地区的学前教育互联网学习服务和学习环境维度指数得分均超过了 3.00，西部地区学前教育互联网学习服务与学习环境建设取得了初步成效。通过"以东带西""以大带小"的资源共享模式，信息技术对教育的影响已经日趋明显。

1.3　幼儿园教师互联网教学与发展支持综合指数

　　由于学龄前儿童的互联网学习离不开教师的指导和支持，因此，互联网学习年度特征还包括了幼儿园教师互联网教学和发展支持的情况分析。幼儿园教师的互联网教学与发展支持包括教学能力、应用能力、教学支持和教学环境四个维度。

1.3.1　幼儿园教师互联网教学总体情况

　　2023 年，幼儿园教师互联网教学与发展支持综合指数得分为 3.70，整体处于较高水平，如图 1-7 所示。互联网教学与发展支持综合指数的四个维度，即互联网教学能力、互联网教学应用、互联网教学支持和互联网教学环境的指数得分分别为 3.70、3.72、3.62 和 3.72。其中，互联网教学支持水平最低，表明在教师互联网教学支持方面还存在一定的提升空间。

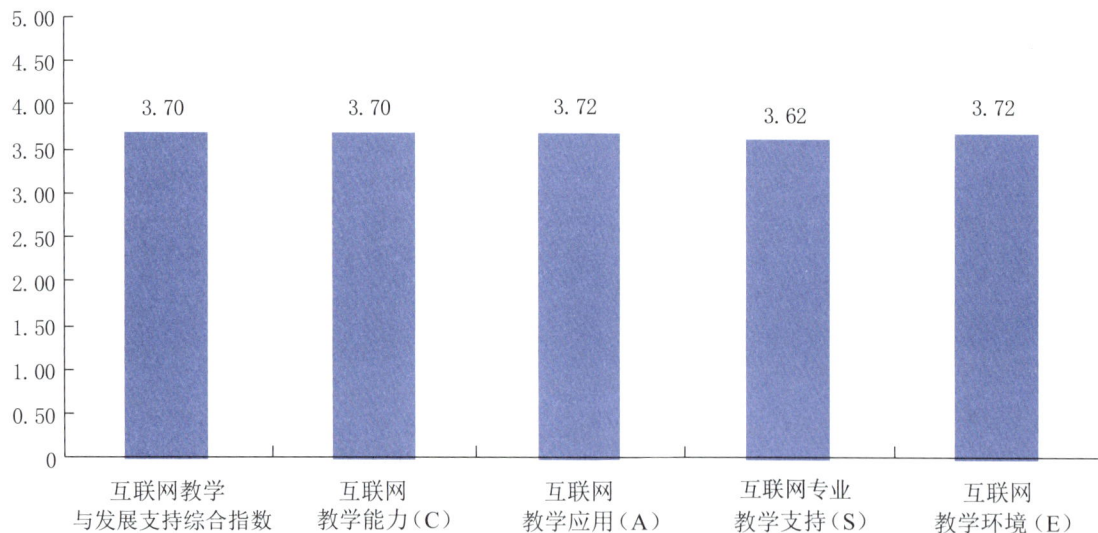

图 1-7　2023 年幼儿园教师互联网教学发展水平综合指数（总分 5 分）

　　如图 1-8 所示，幼儿园教师互联网教学"应用意愿"指数得分最高，为 3.81，说明教师在幼儿教育中愿意使用互联网教学；而在教学支持中"活动参与"的指数得分最低，为 3.61，一方面可能由于线下活动较少，另一方面可能是因为教师教学任务较重，没有时间参与活动，未来教师需要增加参与互联网教学专业发展活动的机会。

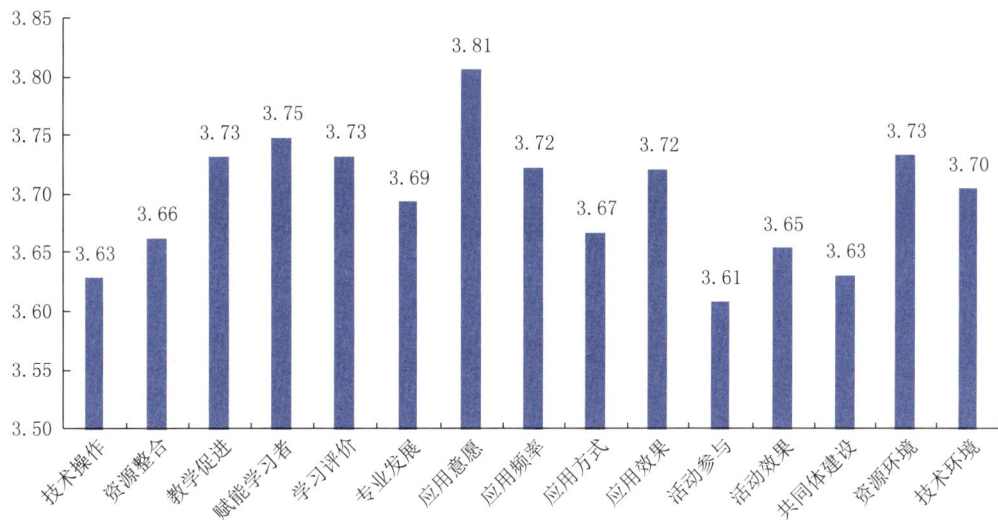

图 1-8　2023 年幼儿园教师互联网教学二级维度发展水平指数（总分 5 分）

1.3.2　幼儿园教师互联网教学特征的差异分析

通过进一步的单因素方差分析发现，幼儿园教师互联网教学与发展支持指数水平在教师性别、教师年龄、教师专业发展情况、教师受教育程度、教师职称、教师所在园所办园性质和级别上存在显著差异（$P<0.05$）。5—6 岁年龄班的教师互联网教学发展水平指数较高；整体来说，教师越年轻，互联网教学水平越高；硕士研究生学历的教师的互联网教学水平高于其他学历的幼儿园教师；21—25 年教龄的教师的互联网教学发展水平指数最高；正高级职称的教师的互联网教学发展水平指数最高；公办幼儿园教师的互联网教学发展水平高于其他类别幼儿园教师；示范性幼儿园教师的互联网教学发展水平指数均值高于其他级别幼儿园教师。

1.3.3　幼儿园教师互联网教学与发展支持指数各维度的关系

根据教师自我报告的互联网教学能力、互联网教学应用、互联网教学支持以及互联网教学环境情况，我们发现，各维度之间两两相关且相关度较高，这表明教师的互联网教学能力和应用情况比较依赖专业发展水平、所获得的支持以及所提供的教学环境（见表 1-4）。

表 1-4　各维度的相关分析

	教学能力	教学应用	教学支持	教学环境
教学能力	1			
教学应用	0.884[**]	1		
教学支持	0.844[**]	0.872[**]	1	
教学环境	0.876[**]	0.895[**]	0.895[**]	1

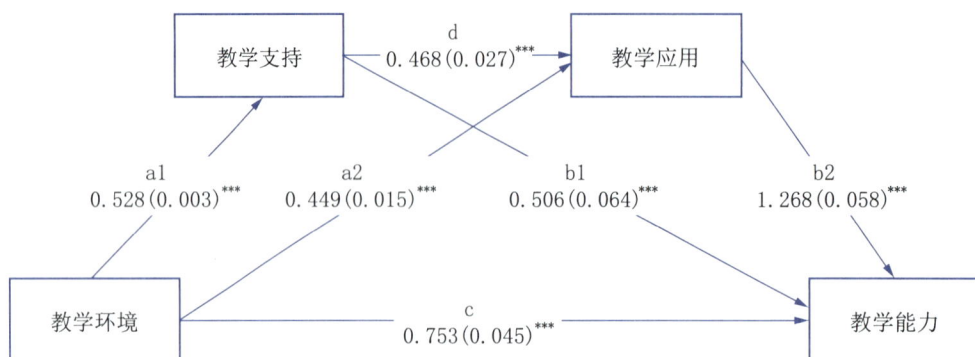

图 1-9　链式中介效应路径图

此外，我们对各维度之间的预测作用做了详细的分析，结果表明，教学支持、教学环境、教学应用都可以显著预测教学能力。具体而言，教学环境创设不仅能够直接预测教师的教学能力，还可以通过对教学支持预测教师的教学能力；也可以通过增加教师的教学应用来预测教师的教学能力。同时，链式中介验证结果表明（见图 1-9），教学环境可以通过支持教师的教学，从而预测其互联网教学的各类应用意愿和能力，并且进一步预测教师的教学能力（见表 1-5、表 1-6）。

表 1-5　模型参数

R	R 方	调整后 R 方	标准估算的错误	F	显著性
0.906	0.821	0.821	6.804	14129.916	0.000

表 1-6　专业发展、教学环境、教学应用和教学能力的回归分析

	未标准化系数		标准化系数	t	共线性	
	B	标准误	β		容忍值	VIF
（常量）	6.677	0.336		19.851[***]		
教学支持	0.506	0.039	0.137	12.983[***]	0.173	5.769
教学环境	0.753	0.025	0.347	29.861[***]	0.144	6.964
教学应用	1.268	0.03	0.454	42.97[***]	0.174	5.764

1.4　小结

通过对学龄前儿童互联网学习特征指数分析发现，整体而言，2023 年学前教育互联网学

习综合指数得分为 3.18，相较于 2021 年有所下降。从不同视角来看，教师视角下的综合指数略高于家长视角下的综合指数。从地区来看，东部地区的综合指数在四个地区中最高，西部地区的综合指数在四个地区中最低，四个地区的互联网学习能力与学习应用指数略低于学习服务和学习环境指数。

通过对教师互联网教学特征指数分析发现，2023 年学前教育互联网教学与发展支持综合指数得分为 3.70，处于较高水平。从不同维度来看，互联网教学应用指数最高，互联网教学支持指数最低，未来需要增加对教师互联网教学支持力度，特别是增加教师参与互联网教学专业发展的相关活动。

第二章

CHAPTER 2
学前教育领域互联网学习指数特征

本章节将从学龄前儿童互联网学习能力、互联网学习应用、互联网学习环境和互联网学习服务等四个方面，对学前教育领域互联网学习指数特征进行分析。

2.1 学龄前儿童互联网学习能力指数特征

学龄前儿童互联网学习能力主要体现在六个方面：一是工具应用，主要关注幼儿互联网学习相关软硬件设备选择的合理性与使用的熟练度；二是问题解决，主要关注幼儿根据问题和学习需要，利用互联网搜索、选择、浏览、使用信息的情况；三是交流合作，主要关注幼儿利用互联网工具交流、分享与开展团队合作，并遵循互联网空间礼仪的情况；四是内容创造，主要关注幼儿利用互联网资源或工具进行多种媒体形式内容创造的情况；五是自我控制，主要关注幼儿在认知与元认知层面采取合适的学习策略提高互联网学习的效率与效果，如自制力、自觉性、坚持性、自我延迟满足等；六是互联网安全，主要关注幼儿在利用互联网的同时保护自身与他人隐私并回避潜在安全风险的情况。

为能反映出调研结果的年度变化、家园视角以及分层比较的特征，在数据分析过程中采用了年度问卷数据比较、教师与家长问卷数据比较和交叉分析等三项比较策略。从调研分析结果可看出：2023 年，学龄前儿童互联网学习能力指数相对 2021 年来说，教师视角下的能力指数有所上升，但家长视角下的能力指数有所下滑，如图 2-1 所示。

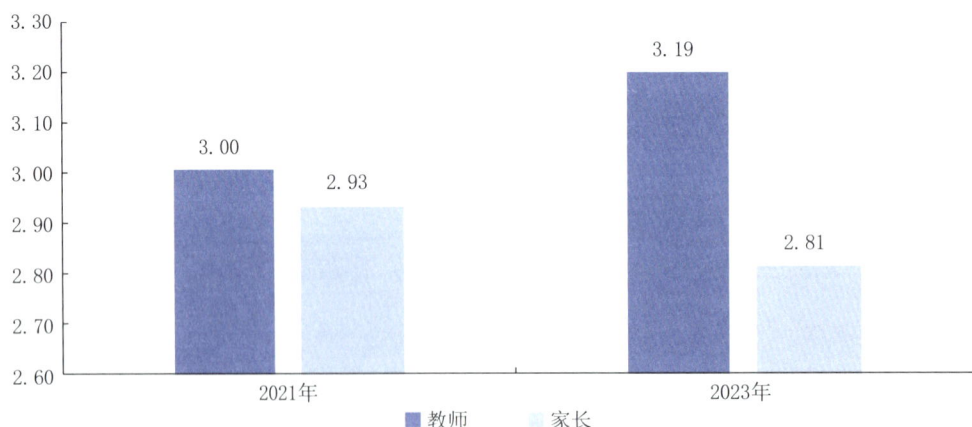

图 2-1　2021 年和 2023 年教师、家长视角下学龄前儿童互联网学习能力指数对比（总分 5 分）

学前教育互联网学习能力各维度指数水平如图 2-2 所示。对比 2021 年问卷数据，发现在教师视角下，学龄前儿童互联网学习能力各维度指数皆呈上升趋势，但在家长视角下大部分维度指数呈下降趋势。整体来说，教师视角下的学龄前儿童互联网学习能力综合指数显著高于家长视角下的综合指数，表明在学前教育阶段，幼儿在园互联网学习能力要高于在家互联网学习能力。

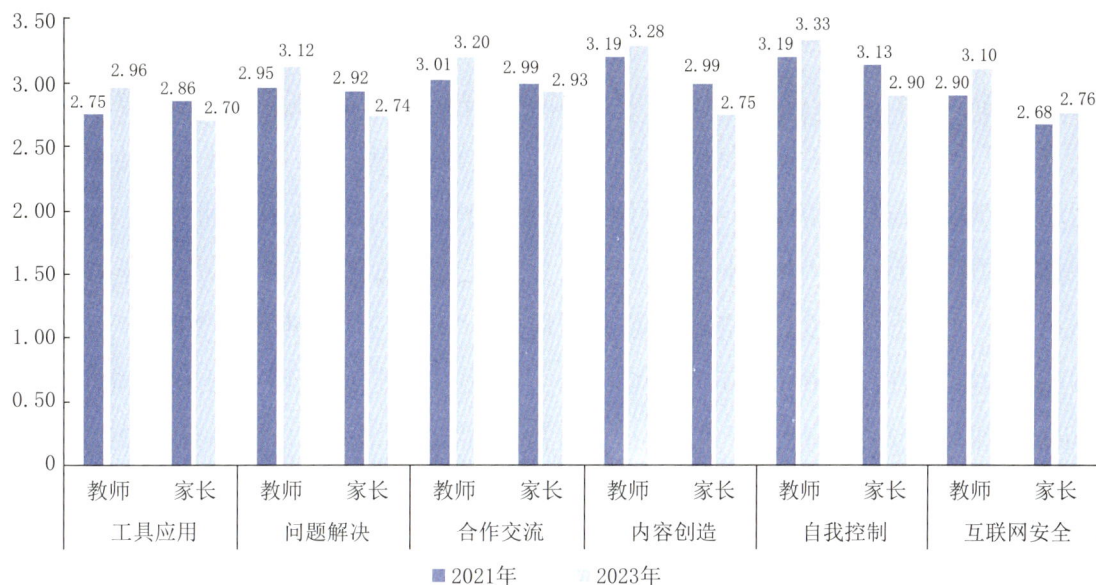

图 2-2　2021 年和 2023 年教师、家长视角下学龄前儿童互联网学习能力各维度指数对比（总分 5 分）

在具体的可比维度比对中，如图 2-3 所示，教师视角下的学龄前儿童互联网学习能力各维度指数得分平均分上升了 0.17，各维度上升数据分别为："工具应用"维度比 2021 年上升了 0.21 分，"问题解决"维度比 2021 年上升了 0.17 分，"合作交流"维度比 2021 年上升了 0.19 分，"内容创造"维度比 2021 年上升了 0.09 分，"自我控制"维度比 2021 年上升了 0.14 分，"互联网安全"维度比 2021 年上升了 0.20 分。其中，"工具应用"和"互联网安全"上升幅度较大，"内容创造"上升幅度最小。从这些数据中可以发现，在学前教育数字化转型的当下，幼儿使用互联网进行学习的机会大大增加，在幼儿园中可接触到的玩教具也随之日益增多，提

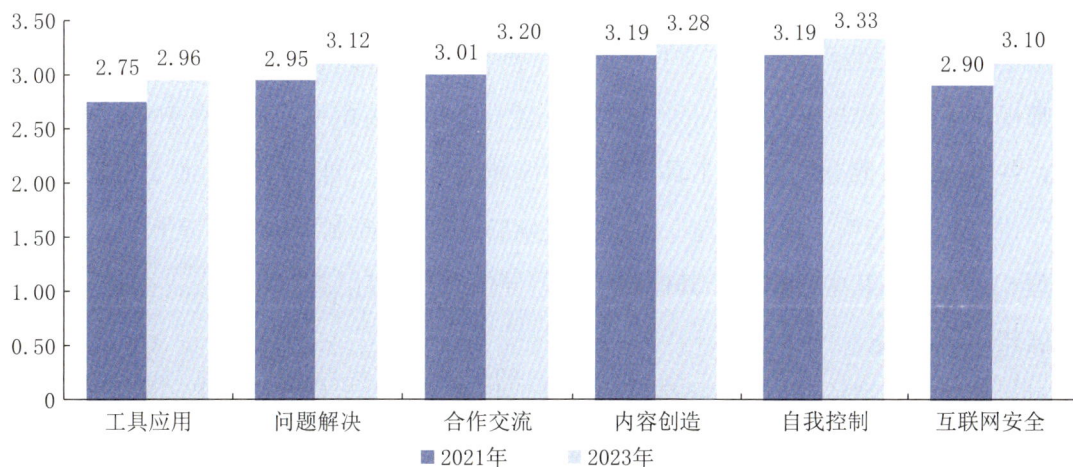

图 2-3　2021 年和 2023 年教师视角下学龄前儿童互联网学习能力各维度指数对比（总分 5 分）

升了幼儿互联网学习能力。

《上海市教育数字化转型实施方案（2021—2023）》提到，"强化网络安全体制机制，深化落实网络安全责任制，以学校为最小单位落实网络安全主体责任。提供重点系统和关键信息基础设施的检测、防御、响应等保障服务……落实网络安全等级保护制度，强化网络安全隐患与风险信息的互通共享、关联分析和联动应对……"。这也促使园所在实施数字化转型的同时开始重视幼儿互联网安全，关注幼儿在互联网学习时自身保护与个人隐私的问题。

在具体的可比维度比对中，如图 2-4 所示，家长视角下的学龄前儿童互联网学习能力各维度指数得分平均分下降了 0.13，各维度数据分别为："工具应用"维度比 2021 年下降了 0.16分，"问题解决"维度比 2021 年下降了 0.18 分，"合作交流"维度比 2021 年下降了 0.06 分，"内容创造"维度比 2021 年下降了 0.24 分，"自我控制"维度比 2021 年下降了 0.23 分，"互联网安全"维度比 2021 年上升了 0.08 分。其中，"内容创造"和"自我控制"两个维度下降幅度较大，"互联网安全"是唯一小幅上升的维度。

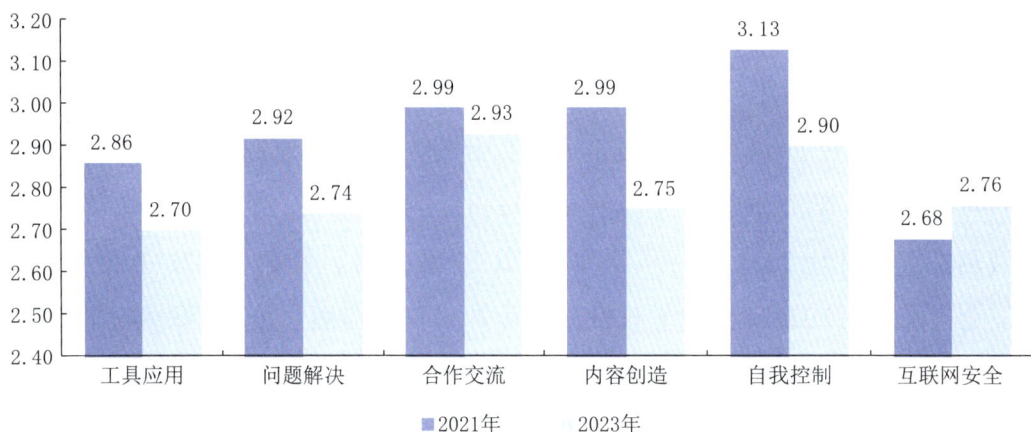

图 2-4　2021 年和 2023 年家长视角下学龄前儿童互联网学习能力各维度指数对比（总分 5 分）

如图 2-5 所示，2023 年教师、家长视角下学龄前儿童互联网学习能力各维度指数对比发现，教师视角下的指数与家长视角下的指数存在差异。教师视角平均数据高于家长视角平均数据 0.37，各维度差异值分别为："工具应用"维度相差 0.26，"问题解决"维度相差 0.38，"合作交流"维度相差 0.27，"内容创造"维度相差 0.53，"自我控制"维度相差 0.43，"互联网安全"维度相差 0.34。其中，相较于其他维度的差异值，"内容创造"和"自我控制"两个维度的差异值较大。

比对教师视角与家长视角各维度数据后发现，相较于家庭，幼儿园提供了更多有利于幼儿利用互联网资源或工具进行多种媒体形式内容创造的机会。同时，在互联网学习过程中，幼儿园也比家庭有更多让幼儿接受并尝试自主管理的方法和策略。

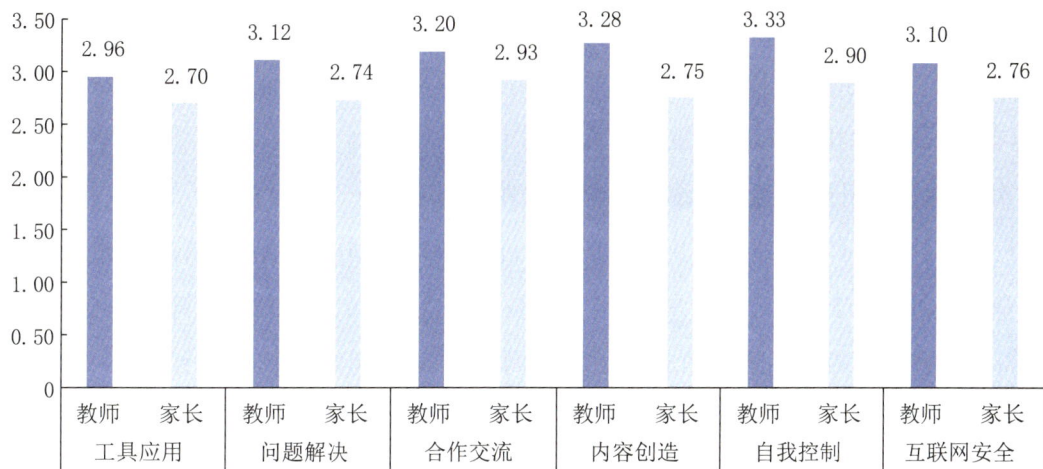

图 2-5　2023 年教师、家长视角下学龄前儿童互联网学习能力各维度指数对比（总分 5 分）

2.1.1　工具应用

在教师、家长视角下学龄前儿童互联网工具应用维度层面，调研结果显示，相较 2021 年，2023 年教师认可度呈显著上升趋势，家长认可度则呈显著下降趋势，两者截然相反，如图 2-6 所示。

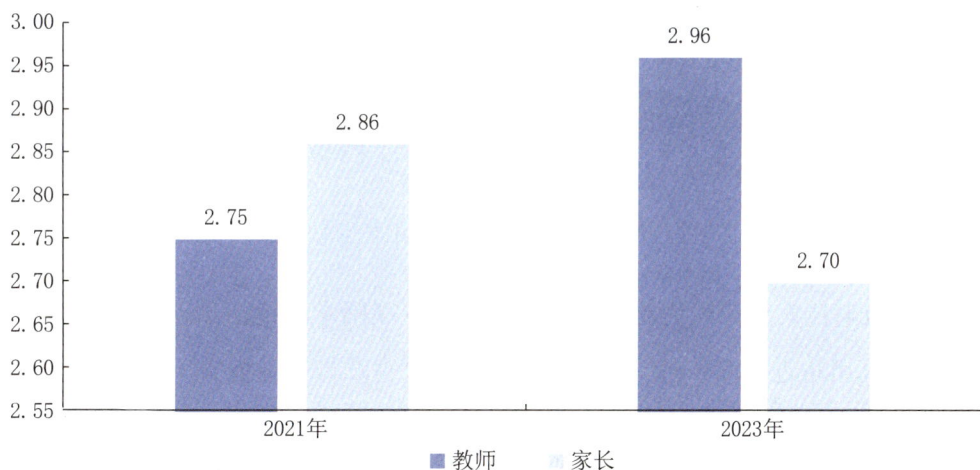

图 2-6　2021 年和 2023 年教师、家长视角下学龄前儿童互联网工具应用维度指数对比（总分 5 分）

通过数据对比发现，教师视角下学龄前儿童互联网工具应用能力的均分由 2.75 上升至 2.96，表明在当下数字化转型的背景下，幼儿园提供的信息化玩教具或设备种类日益丰富多元，为教师在一日活动中的各个环节提供了多角度观察幼儿对信息化工具应用的途径。比如，在来园时利用晨检机器人进行自主健康监测；在运动中使用运动手环进行自我运动管理；在学习或者游戏中则运用到了更多智能玩教具支持幼儿探索和发现。

家长视角下学龄前儿童互联网工具应用能力的均分则由 2.86 下降至 2.70，说明在结束长期的居家生活之后，家长认识到幼儿过早、过多使用互联网工具对身体健康，特别是视力的影响，从而有意识地控制使用时间、减少了信息化工具的使用。

一、幼儿独立使用互联网学习设备和学习软件比例不高

如图 2-7 所示，对幼儿独立使用互联网学习设备和学习软件的调查情况表明，有 29.62%（其中完全符合占 11.73%，符合占 17.89%）的教师和 28.40%（其中完全符合占 9.55%，符合占 18.85%）的家长认为幼儿能够独立使用互联网学习设备和学习软件。分别有 39.55%（其中完全不符合占 13.27%，不符合占 26.28%）的教师和 37.37%（其中完全不符合占 13.32%，不符合占 24.05%）的家长认为幼儿不能独立使用互联网学习设备和学习软件。

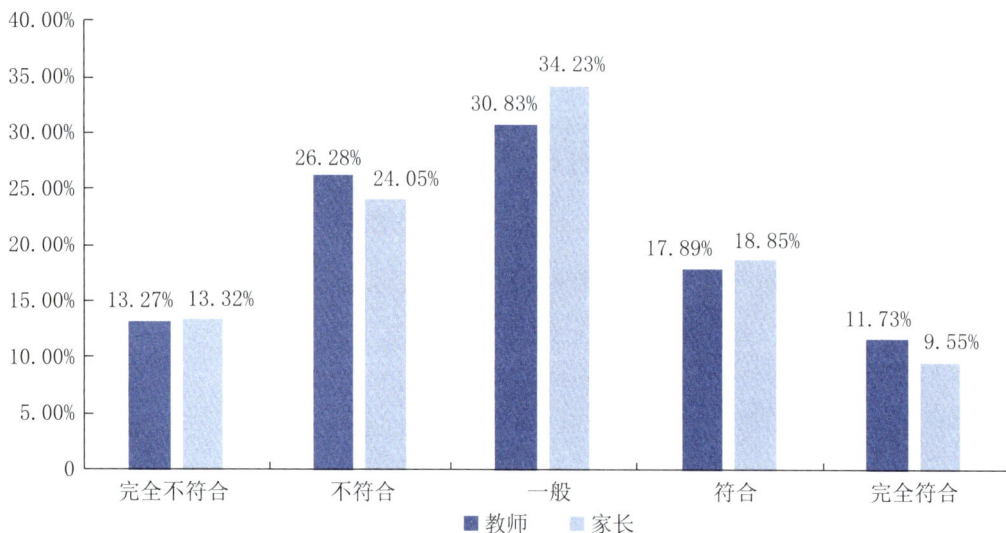

图 2-7 幼儿独立使用互联网学习设备和学习软件的调查情况

通过数据调查对比发现，认为幼儿不能独立使用互联网学习设备和软件进行学习的教师和家长比认同的要高出将近 10%。《上海市幼儿园信息化建设与应用指南（试行）》在幼儿园信息化建设硬件设施的发展性指标中提出："幼儿园可探索利用物联网、人工智能等新技术，建设符合幼儿学习与发展特点、满足幼儿探索与体验需求的智慧活动环境，配备数字化玩教具，发展幼儿的思维能力和动手操作能力。"这些设备和软件为幼儿提供了丰富的学习资源和便捷的学习方式，有助于培养幼儿的自主学习能力和兴趣。

二、智能手机是幼儿互联网学习使用最多的工具

如图 2-8 所示，幼儿可以熟练使用哪种电子设备的调查情况表明，智能手机是幼儿操作最为熟练的电子设备，该选项在教师调查中占 59.25%，在家长调查中占 62.05%，比例明显高于其他电子设备。这归因于当下智能手机的高普及率和操作便利性。

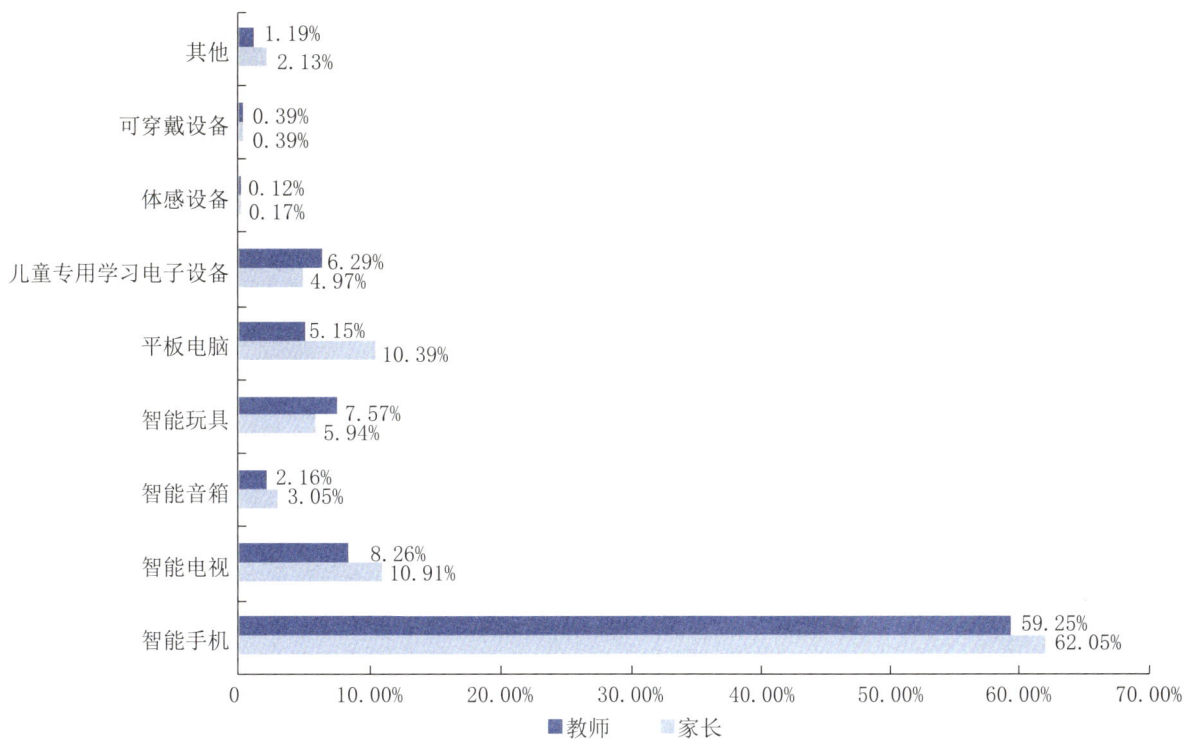

图 2-8　幼儿可以熟练使用哪种电子设备的调查情况

2023 年上半年，《光明日报》记者联合有关专家，面向全国 31 个省、自治区、直辖市学龄前儿童家庭展开抽样调查；此外，又对北京、浙江、重庆等多地学龄前儿童及家长进行访谈，深入了解当前学龄前儿童使用移动终端状况。调查显示，学龄前儿童首次接触网络年龄呈现明显低龄化趋势。70.4% 的学龄前儿童已经开始接触并主动使用智能手机等移动终端。在这七成已经使用智能手机的学龄前儿童中，最早接触的年龄集中在 3 周岁，占 34.5%；4 周岁开始接触并使用的占 21%。这说明幼儿在很小的时候就开始与电子设备打交道，有充足的时间和机会熟悉和掌握手机的使用。

排在第二位的是智能电视，该选项在教师调查中占 8.26%，在家长调查中占 10.91%。因为当下智能电视的功能逐渐多元化，在幼儿园或家中的普及率也逐渐增高。智能电视除了播放功能，还拥有了更多与幼儿互动的可能性。幼儿可通过智能电视屏幕实现投屏、游戏、搜索、涂鸦等各种功能。这些功能使得幼儿使用智能电视开展学习与游戏的机会大大增加。

在教师调查中排名第三位的是智能玩具，而在家长调查中排在第三位的则是平板电脑。这说明在教育数字化转型的背景下，幼儿园有更多的经费投入信息化智能玩具上，如智能机器人、VR 设备、体感游戏等。相较而言，家庭提供的互联网学习工具较为单一，幼儿通常更多使用平板电脑进行游戏、沟通或学习。

三、幼儿网络应用操作方式逐渐呈多元化特点

如图 2-9 所示，幼儿熟悉的网络应用操作的调查结果中，无论是对教师还是家长的调查都表明，"触摸操作"均延续了之前的调查结果，继续占据首位（其中教师为 42.36%，家长为 41.67%）。这和当下触摸操作类电子产品在市场中持续占据较大比重有关，比如智能手机、平板电脑等幼儿使用频率较高的电子设备，采用的均是"触摸操作"的方式。

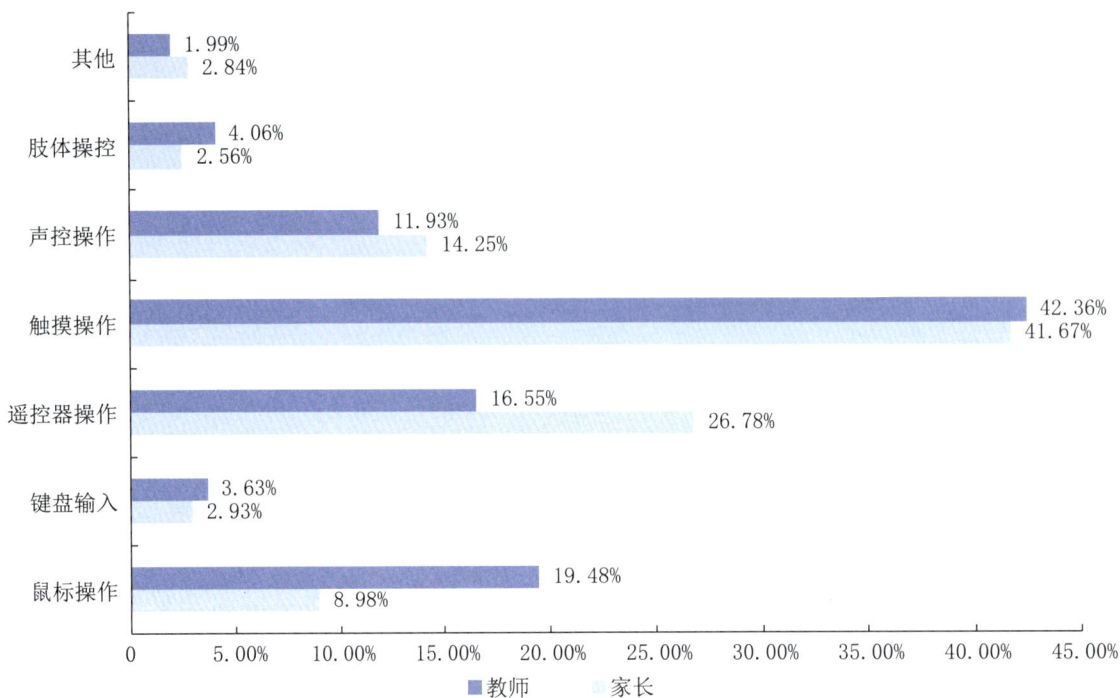

图 2-9　幼儿熟悉的网络应用操作的调查情况

从数据对比中发现，家长视角下位列第二位的幼儿熟悉的网络应用操作是"遥控器操作"，达到了 26.78%，说明幼儿在家中使用遥控器操控电子设备的机会也较多。14.25% 的家长认为幼儿能够熟练使用声控操作，位列第三位。当下在家庭中各种声控设备逐渐普及，幼儿能通过与设备对话交互的方式，实现影音娱乐、信息查询等功能操作。

教师视角下位列第二位的幼儿熟悉的网络应用操作是"鼠标操作"，占 19.48%。这也和幼儿园提供的信息化用具品类有关。在幼儿园，幼儿使用电脑上网查阅资料、播放媒体资源、互动游戏的机会较多。

从数据来看，教师和家长均认为幼儿不太熟悉"键盘输入"和"肢体操控"这两种网络应用操作方式。这是由于幼儿的精细动作发展尚不完善，且尚未完全认识键盘上的字母或文字，因此，幼儿在使用键盘等设备时还存在一定的困难与局限。

2.1.2　问题解决

从数据对比中发现，在问题解决维度上，家长视角下指数得分为 2.74，教师视角下指数得分为 3.12。t 检验发现，相较于 2021 年教师、家长视角下学龄前儿童互联网问题解决维度指数仅有 0.03 分的差距，2023 年家长视角下的得分要显著低于教师视角下的得分，如图 2-10 所示。

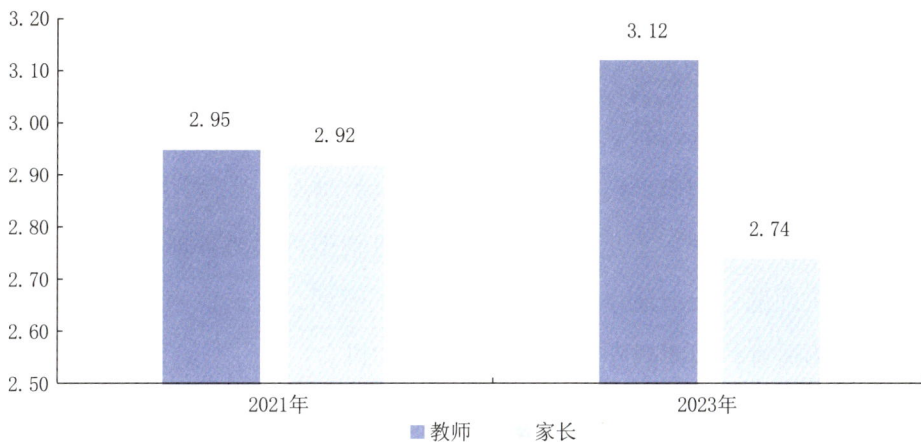

图 2-10　2021 年和 2023 年教师、家长视角下学龄前儿童互联网问题解决维度指数对比（总分 5 分）

一、幼儿具有初步的网络搜集学习资源的意识和能力

对幼儿能通过上网搜索找到自己想要的学习资源的调查情况表明，有 39.56%（其中完全符合占 12.87%，符合占 26.69%）的教师和 30.66%（其中完全符合占 7.45%，符合占 23.21%）的家长认为幼儿能通过上网搜索找到自己想要的学习资源，如图 2-11 所示。教师和家长较高的认可度反映出，随着互联网的普及和技术的发展，越来越多的幼儿开始接触和使用网络资源进行学习。

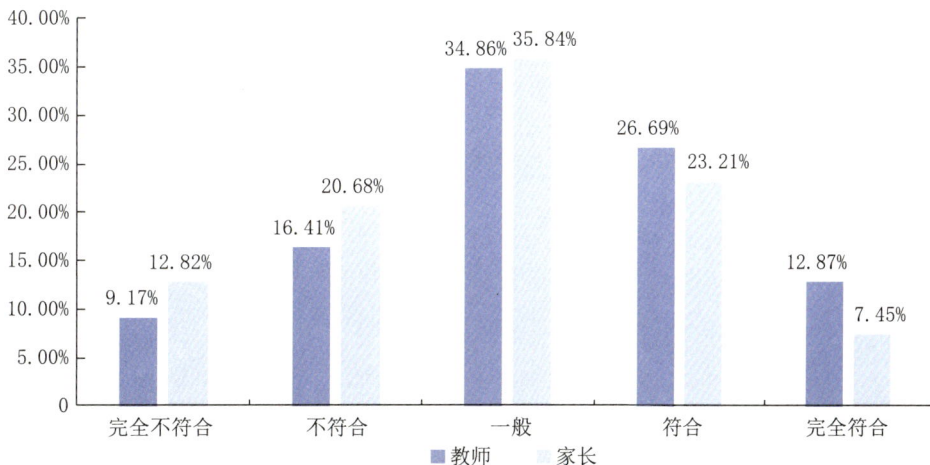

图 2-11　幼儿能通过上网搜索找到自己想要的学习资源的调查情况

通过线下对 50 多位教师、家长进行访谈后发现，语音输入是幼儿上网搜索时运用最多的方式。在家庭日常生活中，较多使用学习机、家庭智能机器人、教育应用程序等工具来获取丰富的学习资源；在幼儿园中，更多地会使用教委的官方途径进行上网搜索，如课程通、3D 课程资源库、儿童友好网站等等。家长与教师认为，幼儿已经具有一定的网络工具使用基础和网络学习能力。在信息化时代，应当继续支持和引导幼儿运用网络资源解决学习中的问题。

但是，从图 2-11 中还可以发现，34.86% 的教师和 35.84% 的家长在此项调查中选择了"一般"，25.58%（完全不符合占 9.17%，不符合占 16.41%）的教师和 33.50%（完全不符合占 12.82%，不符合占 20.68%）的家长认为幼儿不能通过上网搜索找到自己想要的学习资源。在不认同的人群中，家长的比例显著高于教师。这表现出教师对幼儿使用网络资源的意识和能力更加有信心，这可能和教师在与幼儿共同开展活动的过程中，能更多地关注到幼儿使用网络资源来搜集资料并解决问题有关。通过家长访谈进一步了解到，家长认为幼儿年龄较小、搜索能力不足、网络资源不适宜，因而减少了幼儿使用网络的机会。

二、幼儿对互联网学习的内容有自己的选择喜好

如图 2-12 所示，幼儿对互联网学习的内容有自己的选择喜好的调查表明，有 44.89%（其中完全符合占 11.69%，符合占 33.20%）的家长认为幼儿有自己的选择喜好，只有 24.02%（其中完全不符合占 10.04%，不符合占 13.98%）的家长认为自己的孩子没有选择喜好。有 43.89%（其中完全符合占 13.82%，符合占 30.07%）的教师认为幼儿有自己的选择喜好，只有 22.83%（其中完全不符合占 8.35%，不符合占 14.48%）的教师认为幼儿没有选择喜好。可见，随着幼儿自我意识的不断发展，以及对互联网学习方式越来越熟悉，他们在选择相关的学习内容时会有自己的选择喜好。

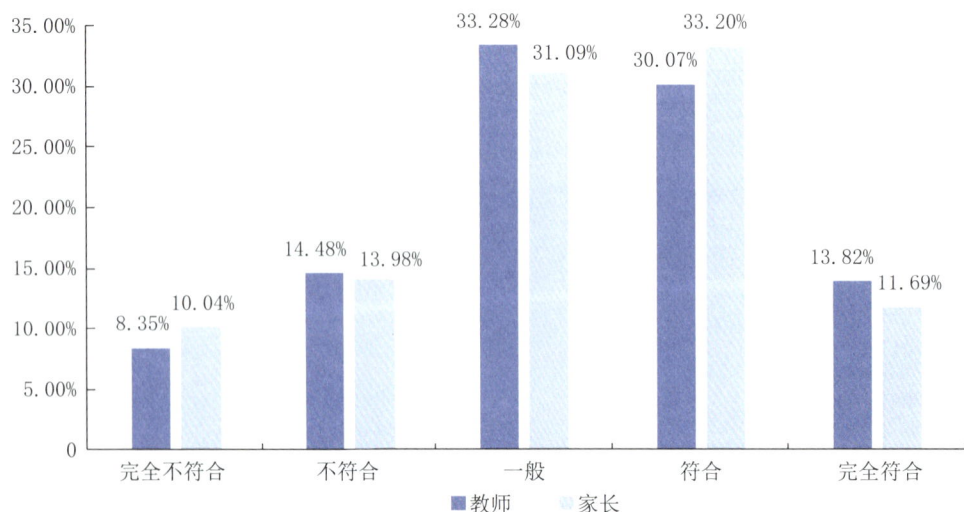

图 2-12 幼儿对互联网学习的内容有自己的选择喜好的调查情况

三、部分幼儿能运用网上学到的知识解决生活中的问题

如图 2-13 所示，对幼儿能够运用网上学到的知识解决生活中的问题的调查表明，有 39.56% 的教师和 30.65% 的家长表示符合和完全符合，34.86% 的教师和 35.84% 的家长表示一般，25.58% 教师和 33.50% 的家长表示幼儿不能运用网上学到的知识解决问题。

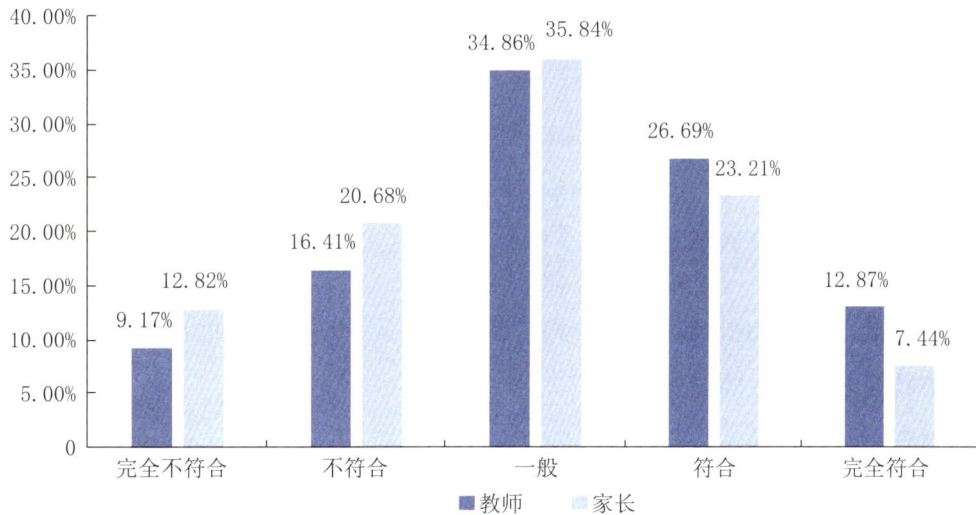

图 2-13　幼儿能够运用网上学到的知识解决生活中的问题的调查情况

通过以上数据及线下访谈可以发现，有三分之二左右的教师和家长觉得幼儿能运用网上学到的知识解决生活中的问题。如在"动物大世界"的活动中，幼儿上网搜索相关图片和视频来发现、验证蝈蝈和蟋蟀的区别，并了解两种动物的生活习性；在讨论、记录每日天气的时候，幼儿会运用之前检索天气信息的相关经验，用较科学的方式来记录当天的天气情况与变化。这说明随着幼儿接触网络机会的增加，越来越多的幼儿能够通过网络学习的方式来解决生活中的实际问题，这与互联网学习的优势有极大关系。

2.1.3　交流合作

在学龄前儿童互联网交流合作维度上，家长视角下指数得分为 2.93，教师视角下指数得分为 3.20。通过对比发现，较之 2021 年，家长视角下的得分下降了 0.06，教师视角下的得分上涨了 0.19，家长视角下的得分要显著低于教师视角下的得分。这可能是由于幼儿园和家庭的互联网学习环境有所不同造成的（见图 2-14）。

一、与家庭相比，幼儿园提供的社交平台和机会更为多元

在幼儿园，教师基于儿童视角的学习需求，会创设各种交流合作的方式，比如云社区联动、云上课堂、连线谈话、视频直播等。在这些交流合作中，幼儿能够接触到更多的人或事，

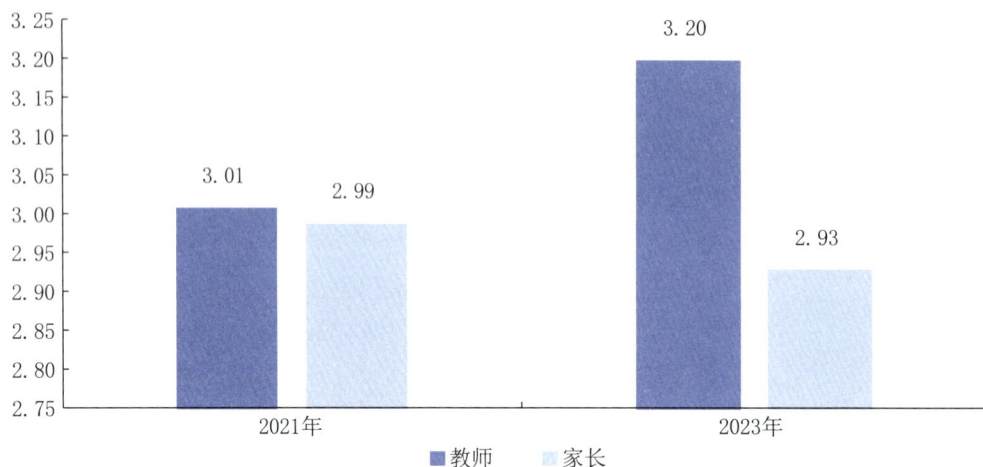

图 2-14　2021 年和 2023 年教师、家长视野下学龄前儿童互联网交流合作维度指数对比（总分 5 分）

利用互联网进行交流合作的机会就更多。相对而言，在家中，幼儿互联网交流合作的机会比较少，更多的方式是较为单一的人机互动。

二、超过三分之一的幼儿能够利用互联网与他人沟通交流

如图 2-15 所示，对在互联网学习中，幼儿可以利用互联网与他人沟通情况的调查表明，有 38.56%（其中完全符合占 12.48%，符合占 26.08%）的教师认为幼儿可以利用互联网与他人沟通，有 35.69%（其中完全符合占 9.19%，符合占 26.50%）的家长认为幼儿可以利用互联网与他人沟通，可见超过三分之一的幼儿已经能够在互联网学习中，通过各种方式在互联网上与他人进行交流。

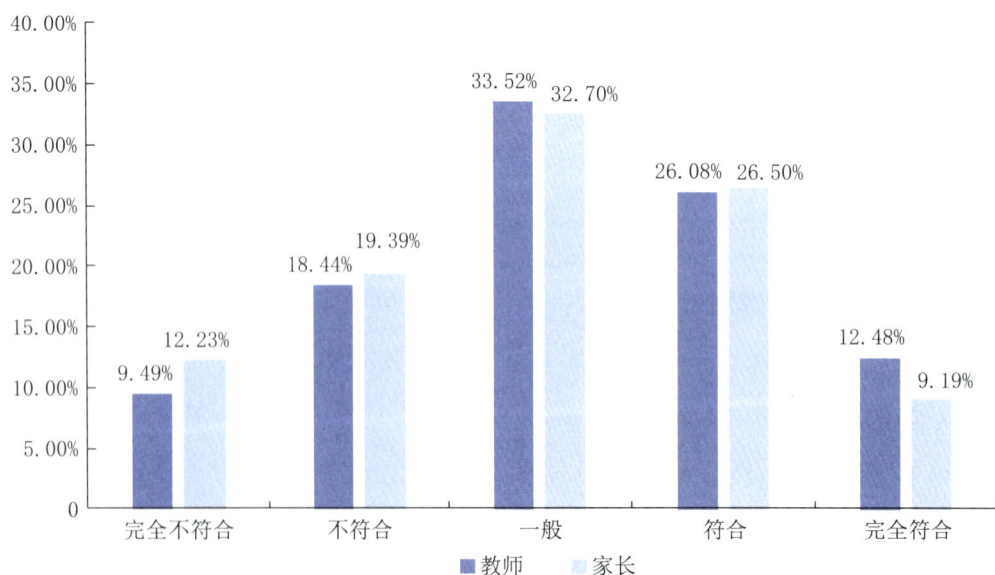

图 2-15　在互联网学习中，幼儿可以利用互联网与他人沟通的调查情况

在线下的访谈中发现，在幼儿园中，最常见的互联网沟通交流方式是视频通话。幼儿可以使用智能手机、智能手表、平板电脑或电脑上的视频通话软件，与家人、朋友或老师进行实时视频通话。其次，社交媒体也是较为主流的分享平台。幼儿可以在家长的监护下使用适合他们年龄的社交媒体平台，与其他用户分享照片、视频和文字。再次，在线教育平台是家庭中常用的沟通平台。居家学习期间，各类在线教育平台逐渐增多，幼儿通过在线教育平台参加各种课程和活动，既可以与其他幼儿和老师进行互动和交流，又能够在家长的陪伴下进行学习。最后，幼儿园的社群环境也为幼儿互动、分享、交流提供了更多的途径，幼儿可以在幼儿园内部网络建立的小型社区平台上和园内的伙伴、老师进行互动、分享和交流。

2.1.4 内容创造

如图 2-16 所示，在内容创造维度上，家长视角下指数得分为 2.75，教师视角下指数得分为 3.28。t 检验发现，家长视角下得分要显著低于教师视角下得分。同时，2023 年的数据相较 2021 年，教师视角下指数得分略微上升，高了 0.09，而家长视角下指数得分则明显降低，低了 0.24。

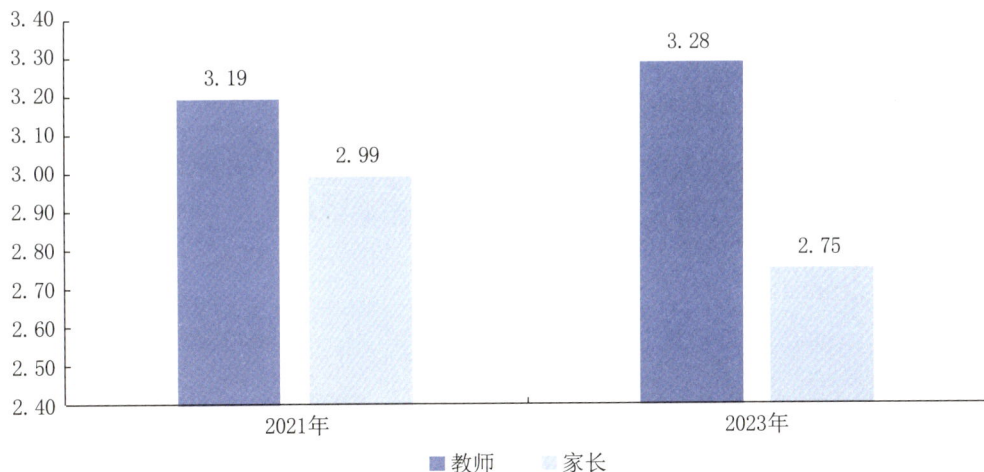

图 2-16 2021 年和 2023 年教师、家长视角下学龄前儿童互联网内容创造维度指数对比（总分 5 分）

一、与家庭相比，幼儿园提供的创造机会和工具更为丰富

通过数据对比发现，相较家庭，幼儿园有更多利于幼儿进行内容创造的互联网资源或工具，教师能发现或支持幼儿进行多种媒体形式的内容创造；在幼儿园中幼儿也会有更多的平台和机会，进行分享和交流。

二、不同视角下，幼儿的创造分享能力存在较大差异

如图 2-17 所示，对幼儿能够借助互联网进行作品的创造分享的调查表明，有 41.38% 的教

师认为幼儿能够借助互联网进行作品创作与分享。有 33.13% 的教师和 32.50% 的家长对幼儿能够利用相关互联网工具、软件来创造分享持中立态度，选择了一般。同时，还有 37.91% 的家长认为幼儿不能利用互联网进行创作与分享。

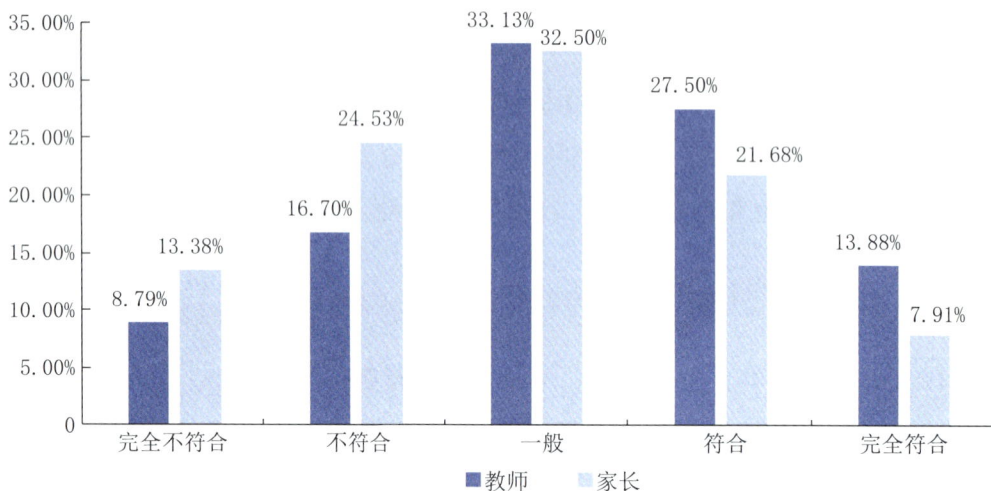

图 2-17　幼儿能够借助互联网进行作品的创造分享的调查情况

2.1.5　自我控制

如图 2-18 所示，在自我控制维度上，家长视角下指数得分为 2.90，教师视角下指数得分为 3.33。t 检验发现，家长视角下得分要显著低于教师视角下得分。同时，2023 年的数据相较 2021 年，教师视角下指数得分略微上升，高了 0.14，而家长视角下指数得分则明显降低，低了 0.23。

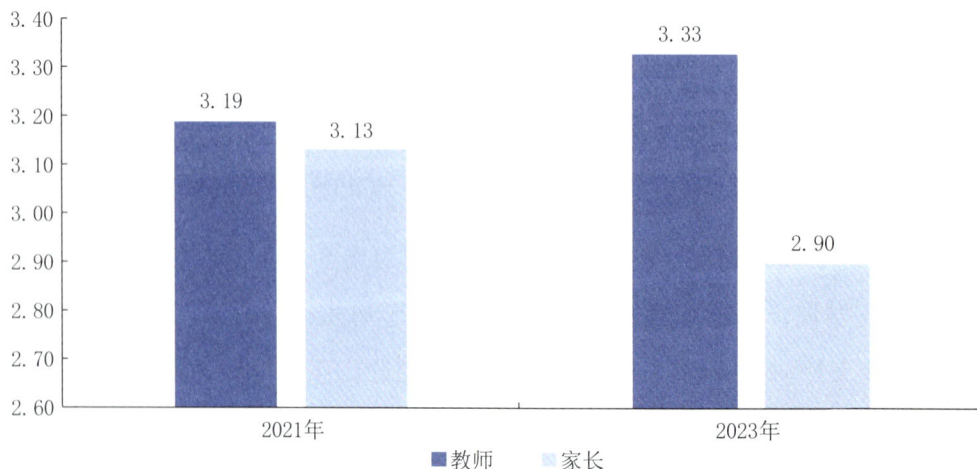

图 2-18　2021 年和 2023 年教师、家长视角下学龄前儿童互联网自我控制维度指数对比（总分 5 分）

通过数据对比发现，相较家庭，幼儿在幼儿园中的规则意识相对更强一些，教师会通过游戏等幼儿容易接受的方式帮助幼儿尝试自我管理和自我控制。而在家庭中，家长缺少帮助幼儿进行自我控制的方法和策略。

一、幼儿在互联网学习中培养任务意识和时间观念需要成人的进一步支持

如图 2-19 所示，幼儿在互联网学习时能完成预定的任务要求的调查情况表明，有 38.79%（其中完全符合占 12.47%，符合占 26.32%）的教师和 29.48%（其中完全符合占 7.45%，符合占 22.03%）的家长认为幼儿能够完成预定的任务要求；34.28% 的教师和 34.08% 的家长表示一般；26.93% 的教师和 36.44% 的家长表示不能。从数据上可以发现，有接近四成的教师认为幼儿能够完成预定的互联网学习任务，有超过三分之一的家长则认为幼儿不能完成预定的互联网学习任务。另有三分之一的教师和家长持中立态度，即幼儿有时能完成预定任务，而有时不能，呈现出一种不确定的状态。

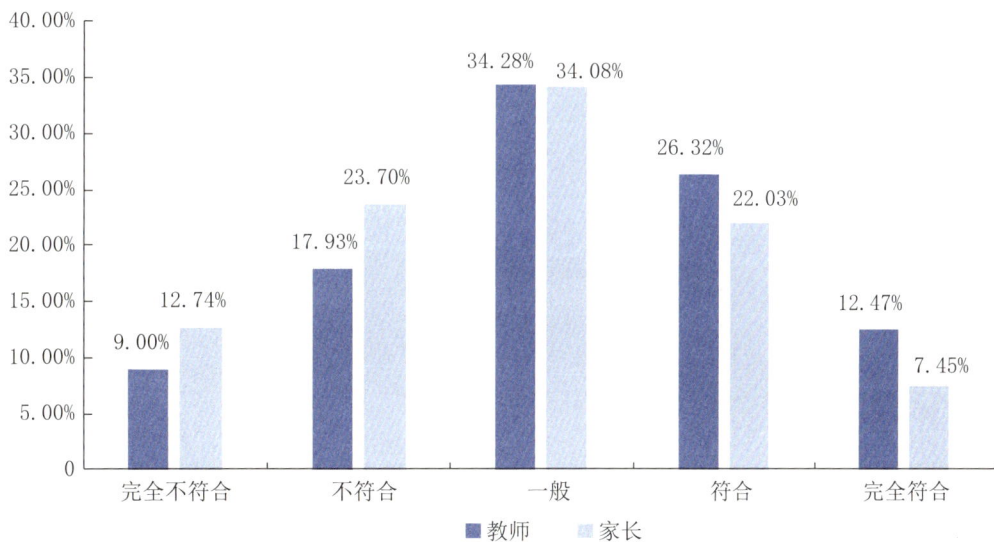

图 2-19　幼儿在互联网学习时能完成预定的任务要求的调查情况

从调查结果可以发现，在幼儿园环境中，幼儿完成预定的互联网学习任务调查情况得分要远远高于家庭环境，这可能与幼儿园中的学习环境、学习方式以及群体影响有关。在幼儿园中，教师常常会通过学习环境的创设来提示幼儿，如提供 1 分钟、3 分钟、5 分钟、10 分钟等不同时长的沙漏或学习工具，或平台本身自带的倒计时提示等，来提示幼儿活动时长。同时，同伴的影响力也不容小觑，幼儿园的小组合作也是常见的学习方式之一，在完成任务过程中，同伴的任务意识和时间观念也会间接影响到幼儿自身的任务完成情况。

《3—6 岁儿童学习与发展指南》提出要重视培养幼儿的任务意识。幼儿在 1.5—2 岁开始出现任务意识的萌芽，3—4 岁初步形成任务意识，5—6 岁时开始具有一定的控制能力，任

务意识明显提高。因此，在幼儿互联网学习时，教师或家长可以设置一些适合幼儿年龄特点的、简单的任务，并鼓励幼儿去完成。比如，通过游戏化的方式激发幼儿的学习兴趣，并提供任务和目标，幼儿需要按照游戏的规则和要求完成游戏；通过在线学习平台参加各种课程和活动，可以按照指定的时间和任务完成学习内容；通过观看学习视频来获取新知识和经验，可以按照视频的时间安排和内容顺序进行学习，这些都有助于培养幼儿的时间观念和任务意识。

二、超过三分之一的幼儿在互联网学习中有时间观念，但仍需成人提醒

如图 2-20 所示，在幼儿按约定时间结束上网的调查情况中，有 42.43%（其中完全符合占 13.85%，符合占 28.58%）的教师和 38.78%（其中完全符合 10.22%，符合 28.56%）的家长认为幼儿能够遵守约定，31.49% 的教师和 32.97% 的家长表示一般，26.08% 的教师和 28.25% 的家长表示不能。

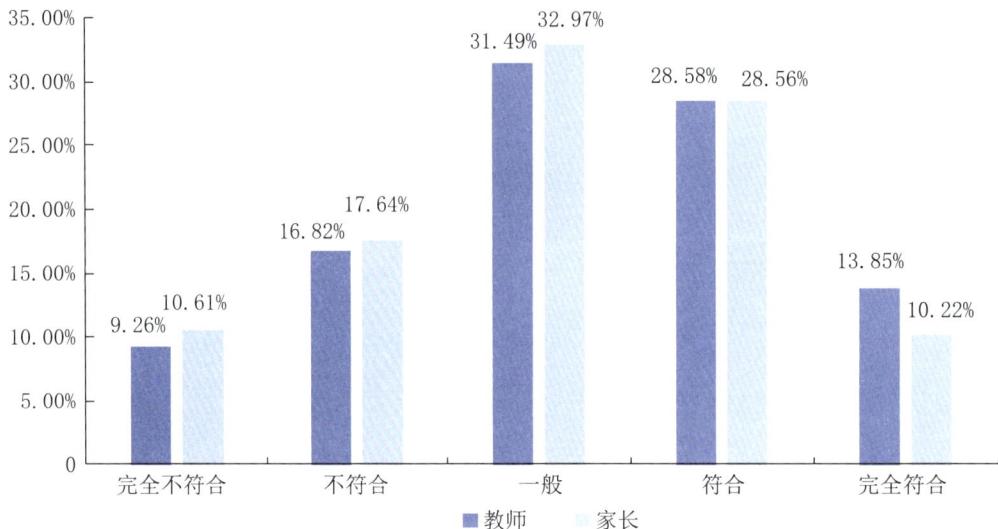

图 2-20　幼儿按约定时间结束上网的调查情况

从调查结果来看，在教师与家长看来，有将超过三分之一的幼儿能"按约定时间结束上网"，说明部分幼儿开始有一定的自制力和控制力，在互联网学习时具有时间观念。

与此同时，如图 2-21 所示，在家长被问到"如果约定的游戏时间已到，幼儿最可能的表现状况"时，占比最高的是"在大人提醒后马上停止并退出游戏"，占比为 35.78%，说明不少幼儿在游戏或互联网学习时，还是需要成人提醒的。排在第二、第三位的分别是"按照约定主动停止并退出游戏"（占比为 33.51%）、"在大人多次要求和命令下停止并退出游戏"（占比为 18.68%），从这两项数据可以看出，一半以上的幼儿还是需要成人的提醒或介入才能有效控制上网时间。总的来说，幼儿的自控能力与年龄差异、个体差异有关，部分幼儿控制

能力较弱，需要成人的提醒，自控能力较强的幼儿能按约定结束游戏，占比呈现出均衡的特点。

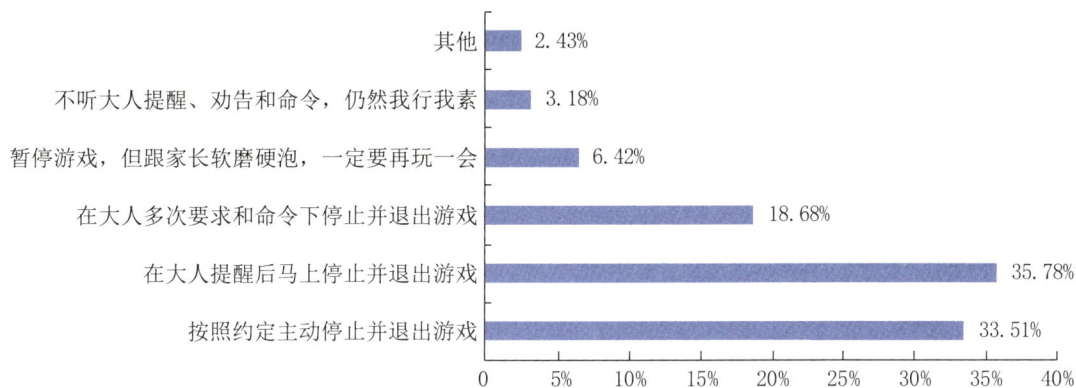

图 2-21　如果约定的游戏时间已到，幼儿最可能的表现状况的调查情况

三、近半数幼儿可在互联网学习中保持良好专注力，但仍需进一步提升学习品质

如图 2-22 所示，幼儿在互联网学习中能保持良好专注力的调查情况表明，47.09%（其中完全符合占 14.31%，符合占 32.78%）的教师认为幼儿可以做到，有 40.08%（其中完全符合占 9.79%，符合占 30.29%）的家长认为幼儿可以做到。还有超过三分之一的教师与家长持中间态度，说明幼儿的专注力时强时弱，可能会因外部因素的影响而有所不同。

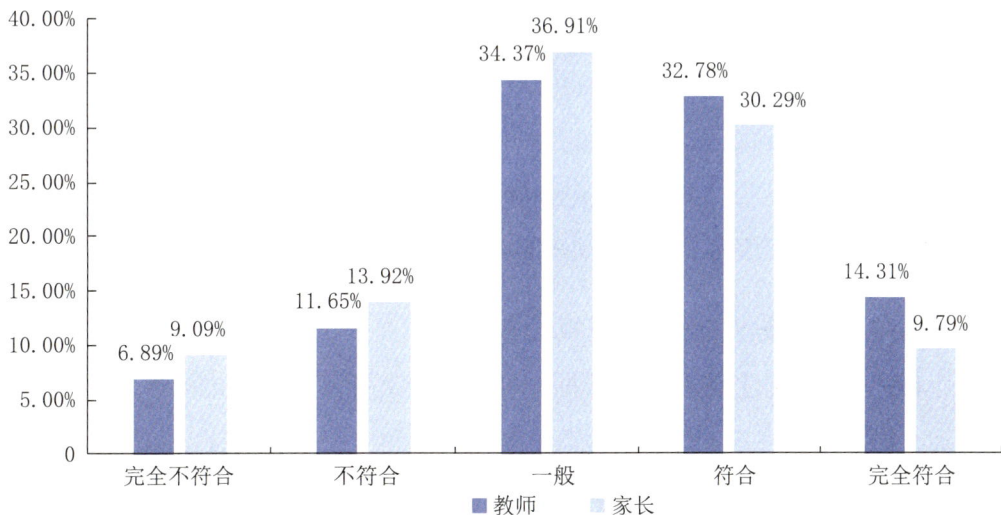

图 2-22　幼儿在互联网学习中能保持良好专注力的调查情况

从数据中可以发现，近半数幼儿可以在互联网学习中保持良好专注力。其中，教师视角下的占比比家长视角下的占比高出约 7%，说明在幼儿园里幼儿的专注度更高，这可能与在幼儿园和在家庭中幼儿互联网学习的具体内容相关。在幼儿园，教师会提供经过专业筛选的、符合

幼儿年龄特点与发展需求的资源。同时，适宜的内容也进一步引发幼儿的学习兴趣，让幼儿在学习中更好地保持专注力。

《3—6 岁儿童学习与发展指南》提出要重视幼儿的学习品质，帮助幼儿逐步养成认真专注的良好学习品质。[①] 专注力是个体记忆力、思维力、创新力、想象力等认知能力的基础。[②] 不同年龄阶段的幼儿专注力时长不同，专注力时长会随着年龄的增长而增加。因此，教师和家长可以在幼儿进行互联网学习时，结合幼儿的年龄特点，培养幼儿的专注力。

2.1.6 互联网安全

如图 2-23 所示，在互联网安全维度上，2023 年的数据相较 2021 年，教师视角下与家长视角下的指数得分都略微提升。说明这两年在互联网隐私安全的问题上，教师与家长都在有意识地培养和提高幼儿的自我保护意识。

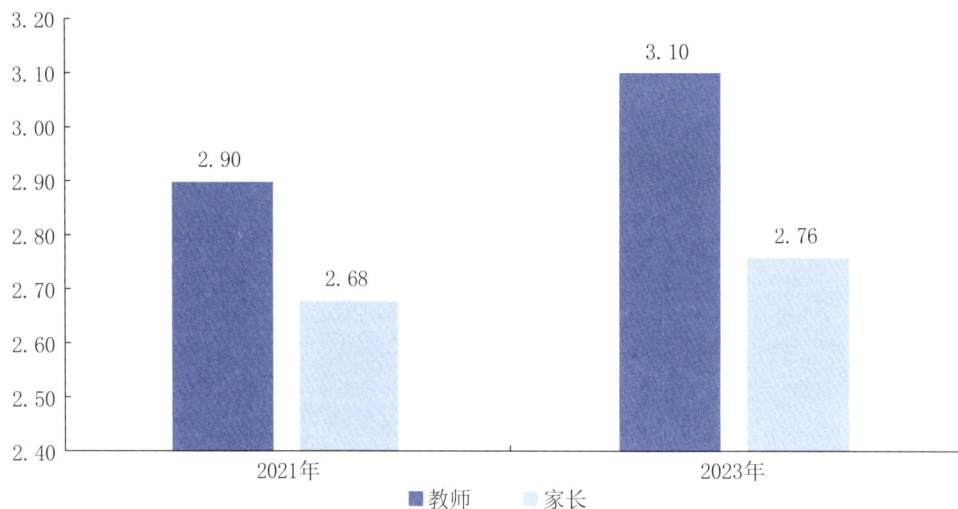

图 2-23　2021 年和 2023 年教师、家长视角下学龄前儿童互联网安全维度指数对比（总分 5 分）

一、幼儿园对互联网安全工作更加重视，策略更多

通过对比教师视角与家长视角指数数据，可以看到家长视角下指数得分为 2.76，教师视角下指数得分为 3.10。家长视角下得分要显著低于教师视角下得分，相较家庭环境，幼儿园对互联网安全工作做得更加细致、到位，网络隐私安全、数据安全的意识更强。2021 年上海市教育

---

① 教育部 . 教育部关于印发《3—6 岁儿童学习与发展指南》的通知［EB/OL］.（2012-10-09）［2024-02-20］. http://www.moe.gov.cn/srcsite/A06/s3327/201210/t20121009_143254.html.

② 央广网 . 2023 年儿童专注力白皮书发布［N/OL］.（2023-09-15）［2024-02-18］. https://reader.gmw.cn/2023-09/15/content_36835383.htm.

委员会发布的《上海市幼儿园信息化建设与应用指南（试行）》对幼儿园信息化建设网络条件提出了具体要求："幼儿园应使用市、区教育信息化管理部门统一提供的教育云网资源，提高信息安全性，降低购置和维护成本。""幼儿园无线网络的建设应与上海教育认证中心学前教育子域或区统一身份认证系统进行对接，以提供安全可靠的接入认证。"因此，在教育局内部局域网络控制的前提下，幼儿园所提供的互联网学习资源相对是安全的、绿色的。

二、教师与家长对幼儿可能面临的互联网风险感知水平和内容均不同

如图 2-24 所示，对幼儿能够有意识地回避互联网安全风险的调查情况表明，超过三分之一（其中完全符合占 12.58%，符合占 23.72%）的教师认为幼儿能够回避互联网安全风险，如知道不能随意打开各种弹窗广告等。选择"一般"的教师和家长占比十分接近，分别是31.72% 和 31.03%。还有接近四成（其中不符合占 24.13%，完全不符合占 16.05%）的家长则认为幼儿尚不能有意识地回避互联网安全风险。由此可见，在"幼儿能够有意识地回避互联网安全风险"这个能力上，教师与家长的认同感是有很大差异的，幼儿在两个不同环境中的表现是不同的。

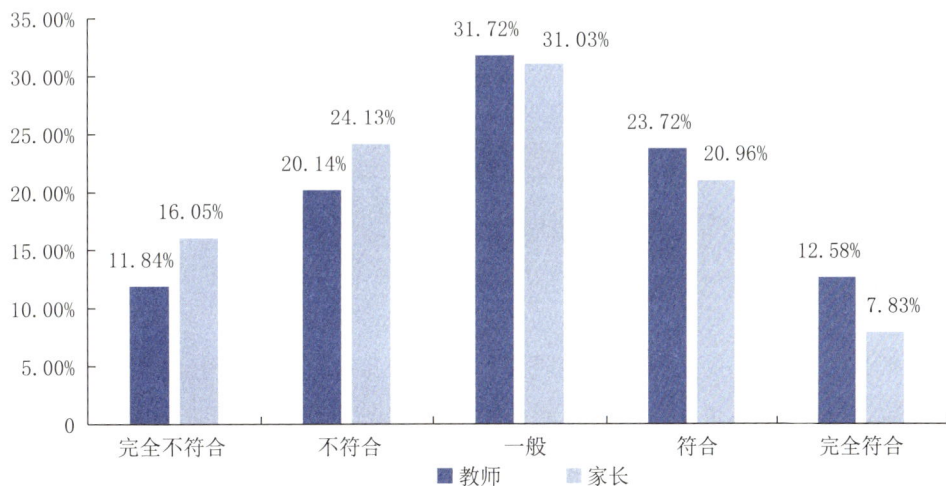

图 2-24　幼儿能够有意识地回避互联网安全风险的调查情况

通过年度问卷数据比较、教师与家长问卷数据比较和交叉分析等三项比较的方式，对比2021 年与 2023 年的数据发现，如图 2-25、图 2-26 所示，无论是家长视角下还是教师视角下，得分在"完全符合"和"符合"选项上都大幅提升。其中，教师视角下上升了 7.75%（其中完全符合占 4.24%，符合占 3.51%），家长视角下上升了 5.17%（其中完全符合占 2.84%，符合占2.33%）。但仍有接近三分之一（其中完全不符合占 11.84%，不符合占 20.15%）的教师和接近四成的家长（其中完全不符合占 16.05%，不符合占 24.13%）认为幼儿没有回避互联网安全风险的意识。

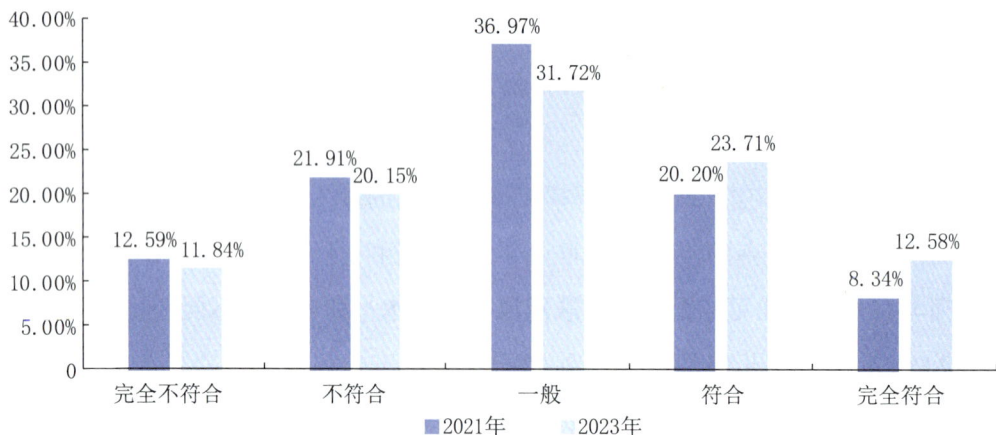

图 2-25　2021 年和 2023 年教师视角下幼儿能够有意识地回避互联网安全风险的调查情况

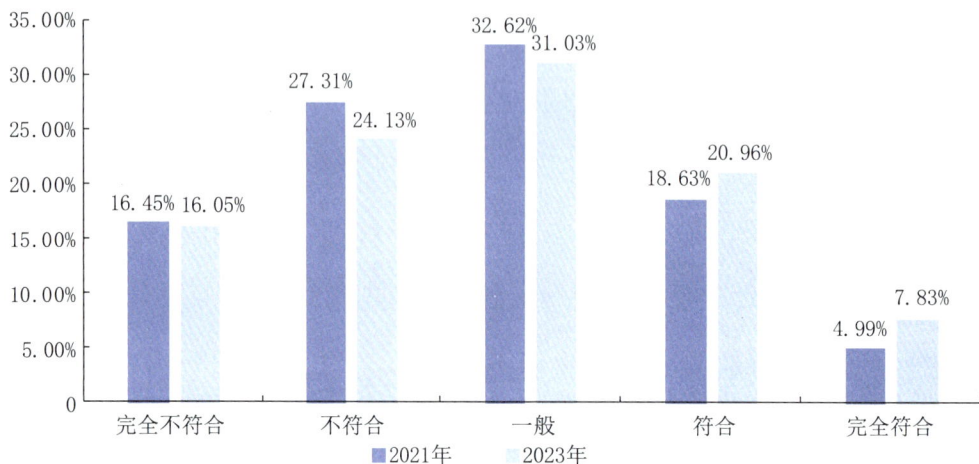

图 2-26　2021 年和 2023 年家长视角下幼儿能够有意识地回避互联网安全风险的调查情况

　　综合以上数据发现，互联网安全已经成为幼儿园与家庭乃至整个社会都关注的问题。通过访谈发现，教师和家长对于幼儿在使用互联网时存在的安全风险感知水平十分接近，诸如眼睛健康的安全风险；互联网学习的内容可能存在安全风险，对孩子身心健康的影响；钓鱼软件、网络诈骗对个人隐私的安全风险；等等。

　　学龄前儿童心智发展尚不完全，依然需要成人的持续关注与引导。在访谈中了解到，教师和家长也在使用许多方法来规避互联网学习时可能存在的安全风险。比如，教师或家长在为幼儿提供网络设备时，会陪同并关注幼儿使用网络状况，帮助幼儿筛选学习内容；安装绿色浏览器或儿童友好软件；提前下载或缓存学习内容；设置严格的访问权限；设置设备密码和使用时间；告诉幼儿不要随意泄露个人信息、不要相信陌生人的信息等。除此之外，部分互联网学习设备也起到了很好的监管作用。例如，一些手机和应用软件推出了"儿童模式""青少年模式"，为儿童安全上网保驾护航。

2.1.7 分析与小结

本节主要从工具应用、问题解决、交流合作、内容创造、自我控制和互联网安全六个方面来探讨学龄前儿童互联网学习能力的特点。

在工具应用方面，幼儿独立使用互联网学习设备和学习软件的比例不高，究其原因：王思宇（2019）从元认知视角出发，发现幼儿的年龄、认知发展水平以及自控能力都会影响他们的互联网学习；张慧和李娜（2020）的研究表明，家长对于幼儿使用互联网的态度，与其教育程度、经济收入水平以及是否了解幼儿互联网使用的利弊有关，该研究结果与李玉（2021）的研究结果一致。与智能手机相比，可穿戴设备的使用率较低，这是由于目前大多数可穿戴设备针对的对象主要是成年人，对学龄前儿童来说，仍存在一些问题。斯特雷克和霍伊（Straker & Howie，2016）在其研究中发现，可穿戴设备对幼儿的身心健康会产生影响，要注重隐私与安全问题，同时也要注重可穿戴设备的尺寸与重量符合学前儿童的发展。在此基础上，还要关注可穿戴设备的耐用性、待机时长以及设备成本问题。幼儿操作方式呈现多元化特点，陈晓明（2017）认为，在为幼儿设计互联网学习设备时，要对界面友好性以及操作难易程度等因素多加考虑，将其设计为针对幼儿的功能与应用，使其适宜幼儿。

在问题解决方面，幼儿具有搜索资源的意识和能力，并且幼儿对互联网学习的内容有自己的选择喜好。学龄前儿童倾向于认为互联网上的一切都是有效和可靠的（Eskela-Haapanen & Kiili，2019）。成人必须要了解幼儿的互联网行为，教授他们相关的媒体素养与技能，使其能够灵活运用，同时也要确保幼儿参与安全的互联网活动（Blackwell et al.，2014）。因此成人应该着重关注幼儿教育平台和应用软件的选择、幼儿的学习过程以及网络安全。另外，多数教师和家长认为，幼儿能够运用互联网所学知识来解决生活中的问题，阿拉德等人（Allard et al.，2009）在其研究中表明，互联网是一个有效的资源库，通过互动，人们可以提高工作能力与成效。由此可见，互联网有大量带有直观性与情境性的学习资源，幼儿通过与其互动来收集信息，能够更好地解决问题。

在交流合作与内容创造方面，幼儿园能为幼儿提供相比家庭更丰富的互联网机会与工具，而教师与家长对幼儿的创造分享能力的看法，具有较大的差异。多蒂等人（Doty et al.，2001）指出，大多数家长认为仅通过互联网学习的幼儿可能会忽略故事的文本内容，因为幼儿会被动画或视觉和声音效果所吸引，只关注外在的感官刺激，而忽视了认知方面的收获。

在自我控制和互联网安全方面，幼儿的专注力需要成人的支持，虽然幼儿在学习过程中已经具有时间观念，但仍需成人的提醒。教师和家长可以在幼儿进行互联网学习时，结合幼儿的年龄特点，来培养幼儿的专注力（Cardoso et al.，2021）。首先，可以确定适当的互联网学习时间，恩卡弗等人（Uncapher et al.，2017）指出儿童平均每天在数字技术和媒体设备上花费大量时间，过度使用数字技术可能对幼儿的思想和大脑产生影响。其次，为幼儿创造安静的、无干扰的学习环境。再次，选择适合幼儿年龄的资源。最后，成人的陪伴十分重要。如果成人具有合理使用互联网的态度，那么他们会为幼儿在幼儿园或家庭中创造一个以儿童为中心的互联网学习环境，并支持教师为幼儿提供多种教学指导和帮助，以提高幼儿的表现（Wu et al.，2014）。

2.2　学龄前儿童互联网学习应用指数特征

学龄前儿童互联网学习应用是指幼儿在学习活动中应用互联网的意愿、策略、效果以及获得提升的能力，它主要体现在四个方面：一是应用意愿，主要是指幼儿利用互联网进行学习的意愿；二是应用频率，主要是指幼儿利用互联网进行学习的频率；三是应用方式，主要是指幼儿利用互联网开展多种类型的学习活动；四是应用效果，主要是指幼儿利用互联网达成的学习效果。

为能反映出调研结果的年度变化、家园视角以及分层比较的特征，数据分析过程中采用了年度数据比较、教师与家长调研数据比较和交叉分析等三项比较策略。从调研分析结果可看出：在应用意愿上，教师和家长都认同幼儿互联网学习具有潜在的使用价值，互联网学习能够提高幼儿的学习兴趣或能成为幼儿学习的补充形式；教师比家长更赞同幼儿通过互联网进行学习，家长不赞同的原因主要是互联网学习会危害幼儿的视力。在应用频率上，大部分幼儿在园每周进行互联网学习的次数在 2—5 次，互联网学习开展次数随年龄的增长而增加；幼儿在园一日生活中接触互联网频率最高的是学习活动，其次是来园和离园。在应用方式上，幼儿注意力集中时间短，信息技术的发展使得幼儿可以利用移动学习工具进行微学习。在应用效果上，互联网应用有效促进了幼儿的精细动作发展，有助于教师提高工作效率，但家长对幼儿互联网学习应用效果持观望态度。

2.2.1　应用意愿

在学龄前儿童互联网学习应用意愿层面，调研结果显示，幼儿对于在互联网学习感到愉快，超三成家长明确感觉到幼儿愿意在网上学习，超半数教师也认为幼儿喜欢进行互联网学习，愿意引导幼儿学会如何正确在互联网上学习或在课堂上利用互联网展开教学，应用意愿也略高于家长。幼儿对互联网学习的积极接受的态度，使得教师群体和家长群体都认同幼儿互联网学习具有潜在价值。但是，部分家长和教师还是担心幼儿在互联网学习会对眼睛视力造成不良影响，同时忧心网上不良信息会对幼儿造成负面影响，因此教师和家长目前对幼儿互联网学习应用仍持审慎的态度并继续观望。

一、教师视角下的幼儿互联网学习应用意愿略高于家长，呈现支持但审慎的状态

通过分析对于"您赞同孩子通过互联网进行学习"的调查研究，结果表明教师对幼儿互联网学习持赞成或非常赞成态度的占55.74%，家长对幼儿通过互联网进行学习持赞成或非常赞成态度的占30.39%。如图2-27所示，相对于教师群体来说，家长群体对幼儿通过互联网进行学习赞同度更低。虽然有超过一半的教师和三成的家长赞成幼儿使用互联网学习，但仍有近四成的教师和大部分家长对学前儿童进行互联网学习持审慎的态度，既认可互联网学习对幼儿的优势，也对相应的健康、安全问题有担忧与顾虑。总体而言，教师和家长对幼儿网上学习的态度是复杂的，既有支持也有担忧。这反映了网上学习作为一种新兴教育方式所面临的挑战和机遇。随着技术的进步和教育理念的更新，相信这种态度会逐渐趋于理性和开放。

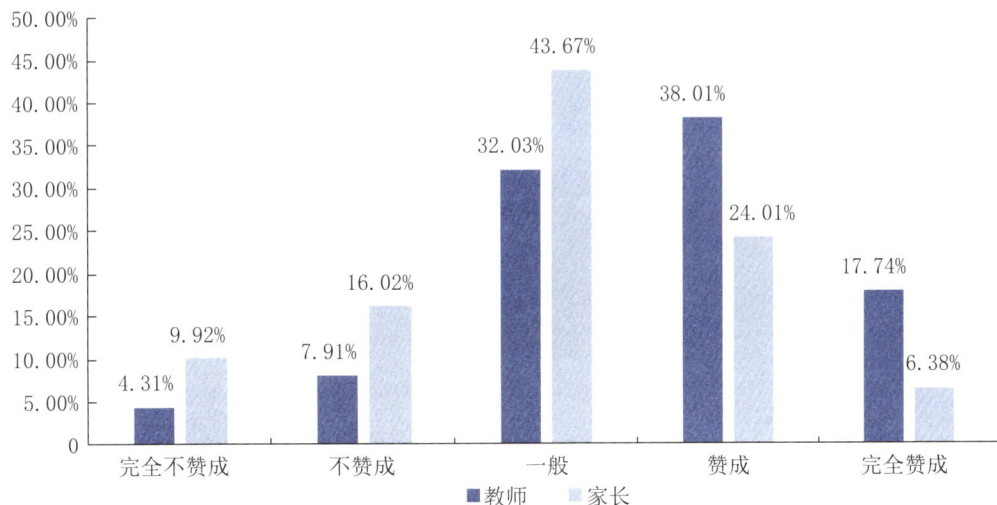

图2-27　教师和家长对幼儿互联网学习意愿的赞成度

如图2-28和图2-29所示，与2021年相比，2023年教师对幼儿使用互联网学习的赞成度有所提高。持赞成或完全赞成意见的占比从2021年的53.69%增至2023年的55.74%，增幅达2.05%。然而，家长群体对幼儿互联网学习的赞成度呈下降趋势，从2021年的35.82%降至2023年的30.40%，下降了5.42%。这表明家长对幼儿使用互联网学习仍然存在一些担忧和疑虑。为了解决家长的担忧和疑虑，需要采取多种措施加快完善学前互联网教育，以增强更多家长对学前互联网教育的信心。通过加强宣传和教育、建立合作伙伴关系、加强监管和管理以及提供个性化服务等措施，可以逐步改变家长的态度，促进幼儿通过互联网进行学习的发展。

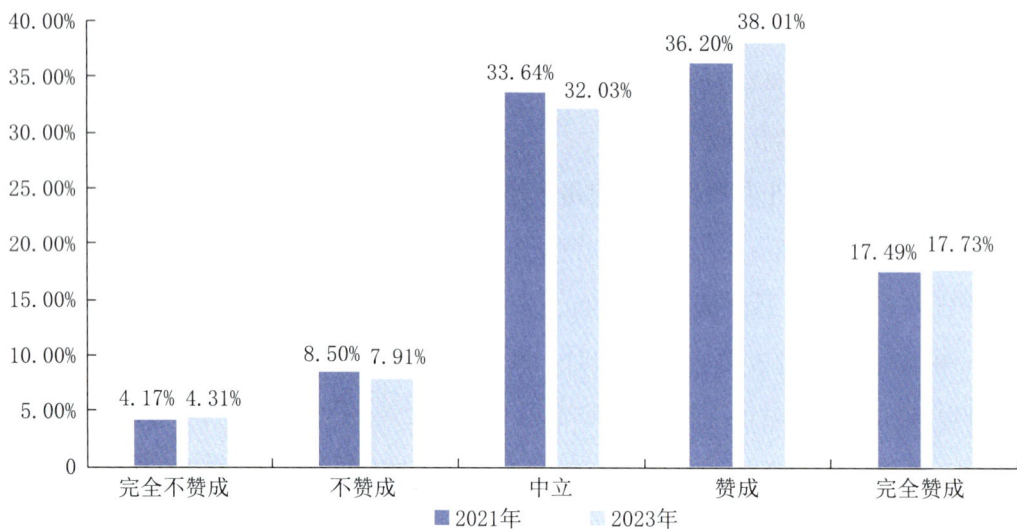

图 2-28 2021 年和 2023 年教师对幼儿互联网学习意愿的赞成度

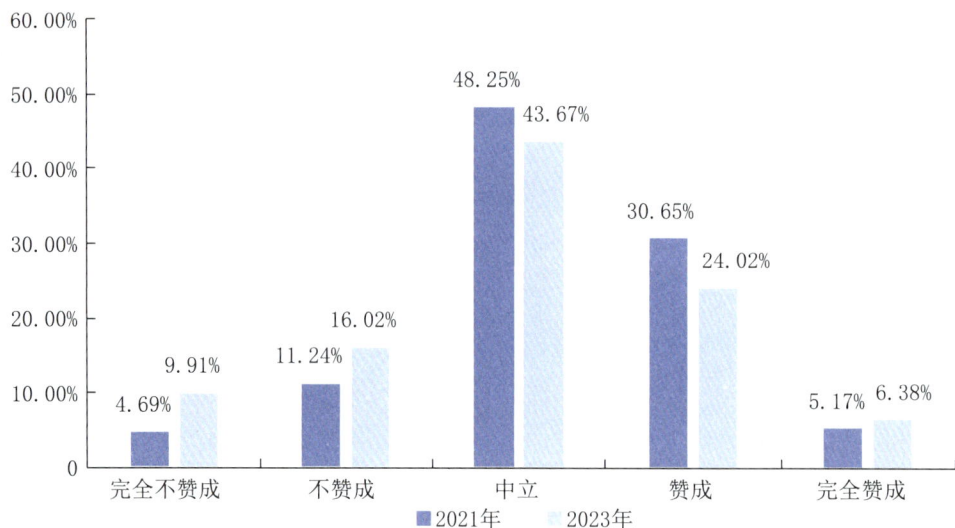

图 2-29 2021 年和 2023 年家长对幼儿互联网学习意愿的赞成度

二、教师和家长认同幼儿互联网学习具有潜在的价值

教育部印发的《幼儿园教育指导纲要（试行）》提出了可以从生活或媒体中幼儿熟悉的科技成果入手，引导幼儿感受科学技术对生活的影响，做好科学启蒙教育。教育部推行的《教育信息化 2.0 行动计划》中明确指出需要积极推进"互联网＋教育"的教育新模式，加强人工智能、大数据、云计算等新技术在教育领域的应用，促进教育现代化和教育强国建设，真正走出一条中国特色的教育信息化发展路子。相关教育政策的发布和实施对幼儿互联网学习起到了积极的指导作用。

在"您赞成幼儿开展互联网学习的主要原因是（按重要性由高到低排序）"的调查中发现，

教师与家长赞成幼儿开展互联网学习主要原因前三位相同，分别是"互联网学习能够提高幼儿的学习兴趣""互联网学习可以成为幼儿学习的补充方式"和"互联网学习有利于幼儿按照自己的速度开展个性化学习"，教师与家长认为三者重要性的顺序不同（如图 2-30 所示）。其中，"互联网学习能够提高幼儿的学习兴趣"选项中，教师群体与家长群体观点差异较大，教师赋分为 6.20 分，家长赋分是 4.53 分；"互联网学习可以成为幼儿学习的补充方式"选项中，教师赋分为 6.17 分，家长赋分是 6.32 分；"互联网学习有利于幼儿按照自己的速度开展个性化学习"选项中，教师赋分为 4.16 分，家长赋分是 3.15 分。"互联网学习能提高幼儿的学习兴趣"为教师赞成的首要原因，"互联网学习可以成为幼儿学习的补充方式"为家长赞成的首要原因。由此分析，家长和教师赞成幼儿互联网学习的原因多在于对互联网学习教育意义和潜在价值的发现与认同，但教师更关注幼儿学习兴趣的提高，例如当人工智能走进幼儿园，在让幼儿体会了科技进步的同时，更是点燃了他们深度思考和理解人工智能的激情。而家长更关注互联网学习带来的补充学习的效果。

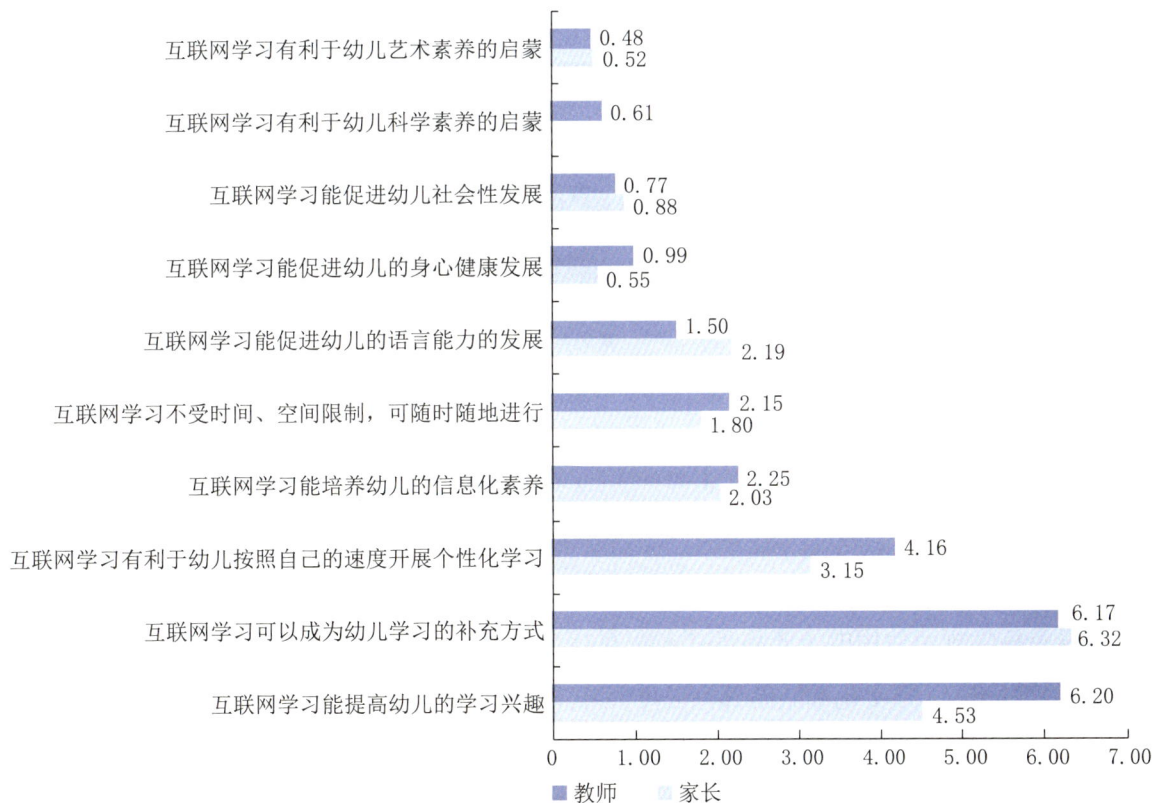

图 2-30　教师、家长赞同幼儿互联网学习的原因分析 ①

---

① 综合得分 =（∑ 频数 × 权值）/ 本题填写人次；首位选项的权值为 10，末尾选项的权值为 1。

三、互联网学习会危害视力是教师和家长不赞同幼儿互联网学习的主要原因

在对"您不赞成幼儿开展互联网学习的主要原因是（按重要性由高到低排序）"的数据显示，教师、家长不赞同的原因排序具有高度的一致性，首要原因是认为"互联网学习会危害幼儿的视力"，家长群体对该选项赋分达 8.30 分，教师群体对该选项赋分达 7.94 分，其次是"幼儿上网缺少网络保护，容易受到不良网络信息的影响"，家长群体对该选项赋分为 3.28 分，教师群体赋分为 3.30 分，如图 2-31 所示。

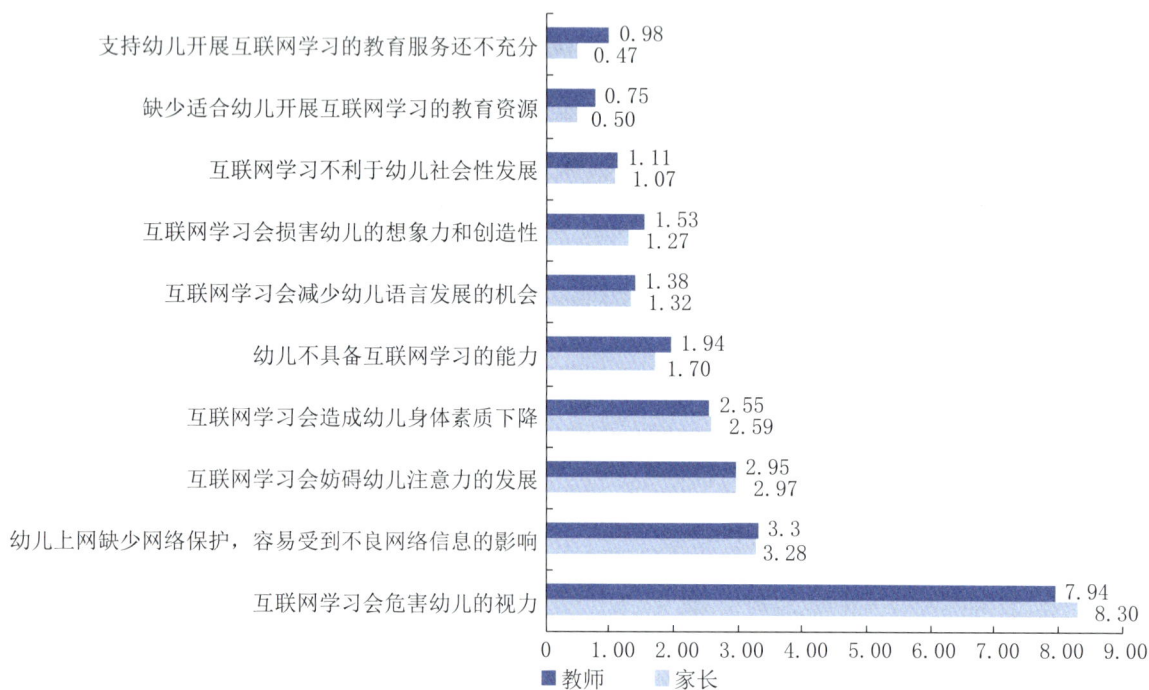

图 2-31 教师、家长不赞同幼儿互联网学习的原因分析 ①

2021 年 4 月，教育部办公厅等十五部门印发《儿童青少年近视防控光明行动工作方案（2021—2025 年）》(以下简称《方案》)，力求到 2025 年每年持续降低儿童青少年近视率，有效提升儿童青少年视力健康水平。《方案》提出引导儿童青少年自觉爱眼护眼，养成良好生活方式，以及科学规范使用电子产品等要求，在社会层面引发对儿童青少年视力保护方面的进一步关注。2021 年 11 月文化和旅游部办公厅发布《关于加强网络文化市场未成年人保护工作的意见》，旨在加强网络文化市场对未成年人的保护工作，通过建立健全相关机制和制度，提高从业人员的素质和能力，加强法治宣传和教育引导，优化网络内容建设，努力做到增强正向价值引导、丰富内容供给，以及通过压实市场主体责任等措施，为未成年人创造一个更加健康、

---

① 综合得分 =（Σ 频数 × 权值）/ 本题填写人次；首位选项的权值为 10，末尾选项的权值为 1。

安全的网络环境。

对于"您不赞成幼儿开展互联网学习的主要原因是（按重要性由高到低排序）"的结果，教师群体和家长群体也对"互联网学习会妨碍幼儿注意力的发展""互联网学习会造成幼儿身体素质下降"等选项赋分相近。其中家长对"互联网学习会妨碍幼儿注意力的发展"选项赋分为 2.97 分，"互联网学习会造成幼儿身体素质下降"选项赋分为 2.59 分。在教师群体选项赋分中，对"互联网学习会妨碍幼儿注意力的发展"赋分是 2.95 分，对"互联网学习会造成幼儿身体素质下降"赋分是 2.55 分。

四、幼儿更喜爱多元化、多样化的互联网学习方式

根据皮亚杰的认知发展理论，幼儿处于身心发展的关键期，他们的认知、情感和社交能力都在快速发展。多元化、丰富性的互联网学习方式能够满足幼儿的好奇心、探索欲望和创造力，促进他们的全面发展。在多元化、多样化的互联网学习方式中，幼儿可以接触到各种不同的学习资源和学习方式。例如，他们可以通过观看视频、听音频、阅读图文等方式获取信息，也可以通过互动游戏、在线实验等方式进行实践操作。这些方式不仅符合幼儿的认知特点，还能够激发他们的学习兴趣和积极性。此外，多元化、多样化的互联网学习方式还可以为幼儿提供更加个性化的学习体验。每个幼儿都有自己的兴趣和特长，多元化、多样化的学习方式可以让幼儿根据自己的喜好和需求选择适合自己的学习内容和方式，从而更好地发挥自己的潜能。

通过对"幼儿喜欢进行互联网学习"的调查分析，结果发现有 59.47% 的教师表示符合或完全符合，29.85% 的教师表示一般，10.68% 的教师表示不符合或完全不符合。有 37.51% 的家长表示符合或完全符合，41.54% 的家长表示一般，20.95% 的家长表示不符合或完全不符合（见图 2-32）。相对教师群体来说，家长不认为幼儿喜欢进行互联网学习。这种情况可能是因为，幼儿园内互联网教学资源丰富、学习形式多样，幼儿可互动场景较多，能充分满足幼儿探索的需求，更易受到幼儿的喜爱。并且教师在日常的教学过程中，能够直接感受到幼儿对互联网学习的热爱和接受程度。例如苏州市相城区第一幼儿园园长浦雪华在她的《数字化赋能·助推幼儿园户外游戏》中谈到，相城区第一幼儿园实现了数字化互动教学，幼儿在园与机器人老师进行互动，并且利用 AI 编程游戏融合户外建构，利用信息技术辅助幼儿的户外探索。而在家中，能为幼儿提供互联网学习的方式比较单一，主要以智能手机、平板电脑为主。这可能限制了幼儿在互联网上的学习体验，也可能导致家长会对幼儿在互联网上学习的兴趣和能力产生一定的质疑，也许是家长认为幼儿并不喜欢在互联网上进行学习的原因之一。

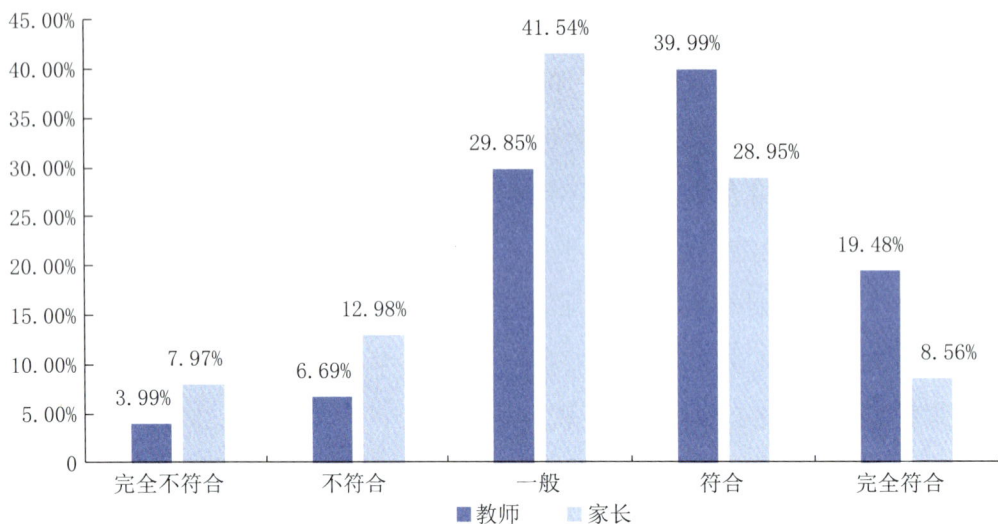

图 2-32　教师、家长认为幼儿喜爱互联网应用的情况

2.2.2　应用频率

随着信息技术的迅速发展，幼儿互联网学习已经成为教育领域备受关注的话题。越来越多的家长和教师开始重视幼儿在互联网上的学习机会，这也促使幼儿教育和数字化技术深度融合，并逐渐走向成熟阶段。与 2021 年相比，教师和家长对幼儿互联网学习的认同度不断提升，意识到互联网学习的频率和时长对幼儿的学习效果有着重要影响。越来越多的教师积极探索和应用各种互联网学习工具和平台，开始实施互联网学习教学活动，逐渐增加互联网学习的时间安排，让幼儿有更多的机会接触和使用互联网学习资源，以激发幼儿学习兴趣、满足幼儿的学习需求。

一、幼儿参与互联网学习的频率随年龄增长而增加

幼儿互联网学习在现代社会中越来越受到重视。最新的研究数据显示，随着幼儿年龄的增长，他们参与互联网学习的频率也在不断增加。从家长的角度来看，幼儿进行互联网学习的应用频率指数为 2.54。而从教师的角度来看，这一指数则更高，达到了 3.25。这意味着在幼儿园环境中幼儿进行互联网学习的应用频率，明显高于在家中。

进一步对教师的问卷调研数据进行交叉分析，可以看出在不同年龄段的幼儿中，教师经常组织班里的幼儿开展互联网学习的比例呈现出递增的趋势。具体来说，0—1 岁的幼儿占比为 38.64%，1—2 岁的幼儿占比为 39.37%，2—3 岁的幼儿占比为 37.85%，3—4 岁的幼儿占比为 41.52%，4—5 岁的幼儿占比为 43.80%，5—6 岁的幼儿占比为 42.99%。这些数据表明，随着幼儿年龄的增长，教师开展互联网学习的比例也在逐渐增加，如图 2-33 所示。可以发现，在 3 岁以下的幼儿中，教师开展互联网学习的比例在 30%—40% 之间，在 3 岁以上的幼儿中，教

师开展互联网学习的比例超过了 40%，且随着幼儿年龄的增长，开展互联网学习的比例也随之增加。这可能是因为，随着年龄的增加，幼儿互联网学习的能力也在不断提高，尤其是 4—6 岁的幼儿开始适应集体生活，好奇心、探索能力、任务意识在不断增强，更适合开展互联网学习，这也促使教师更多地组织和引导他们进行互联网学习。

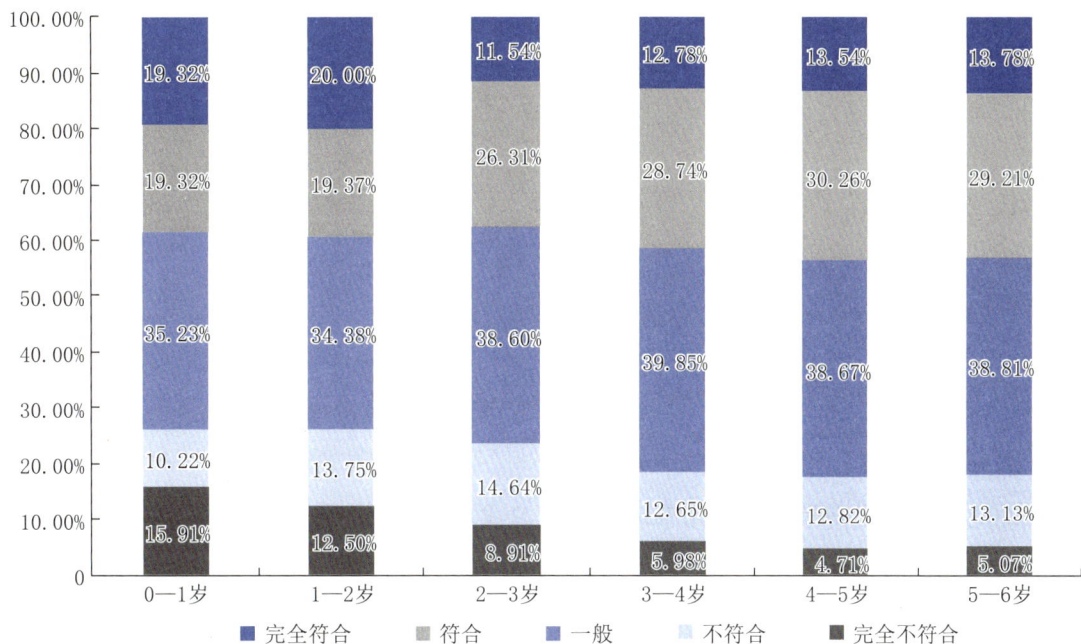

图 2-33　2023 年不同年龄段幼儿开展互联网学习状况

二、科技赋能教育，打造数字化幼儿园

近年来，幼儿园业务场景和数字技术的深度融合与创新已经成为教育领域的热门话题。如图 2-34 所示，对教师的问卷"您班级的幼儿在以下哪类在园活动中接触到互联网学习频率较高"调查结果显示，在幼儿园一日生活的各个环节中，幼儿在园活动中接触到互联网学习频率最高的一项是学习活动，其次是来园和离园，排名第三的是游戏活动。

《幼儿园教育指导纲要（试行）》中明确提出要充分利用现代化教育手段来开展幼儿的一日生活。借助"互联网 +"技术，可以革新教学手段，特别是对于 3—6 岁的幼儿来说，他们的思维主要以形象思维为主。通过使用"互联网 +"技术呈现幼儿学习活动中的图片、音频、视频等多媒体资源，能够有效调动幼儿的感官系统，同时，直观生动的学习资源也方便幼儿理解。此外，"互联网 +"技术还有助于对幼儿进行科学管理，例如每日入园和离园都采用智能化管理手段，能够有效保障幼儿的人身安全。上海市浦东新区智慧校园项目的建设试点校——上海市浦东新区西门幼儿园，结合"快乐探究"特色课程和四年发展规划，以一平台（数据通融的管理平台）、二画像（师生数字画像）、四空间（生活、运动、阅读、探究智慧学习空间）

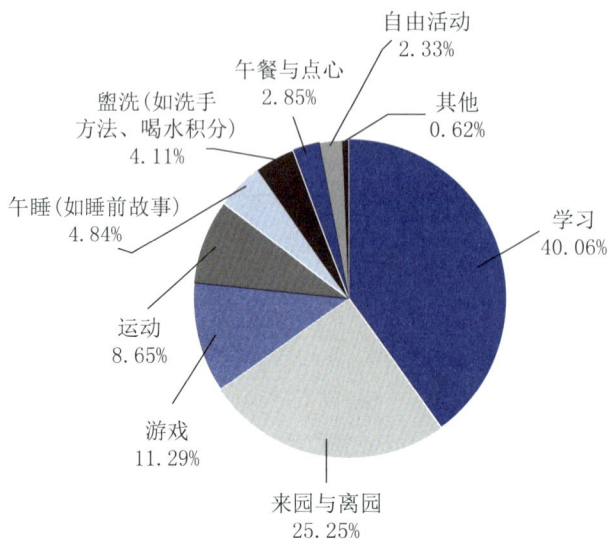

图 2-34 "您班级的幼儿在以下哪类在园活动中接触到互联网学习频率较高"的调查情况

为建设内容，打造了一座"玩中学"乐园。在这个数字化转型浪潮下，我们需要进一步开发更多"互联网+"与学前教育的融合方向，以助力幼儿园教育的高质量发展。

三、幼儿在园互联网学习应用频率较高，学习次数集中在一周2—5次

根据最新的调研数据显示，如图 2-35 所示，幼儿在幼儿园中进行互联网学习的频率较高，一周的学习次数主要为 2—5 次。通过比较 2021 年、2023 年教师"在过去的一周，您班级的学龄前儿童进行了几次互联网学习"的调研数据发现，2023 年幼儿过去一周进行 2—5 次的互联网学习占比最高，且相比 2021 年增长了 11.64%，表明越来越多的教师开始在班级中开展互

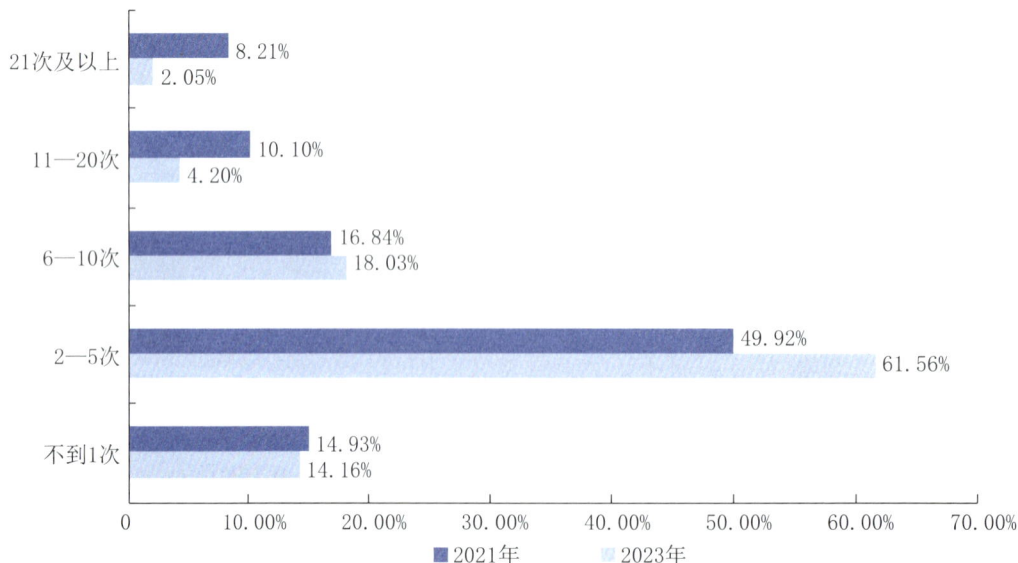

图 2-35 2021 年和 2023 年幼儿一周内进行互联网学习的次数

联网学习教育，以满足幼儿的学习需求。其次是为幼儿一周安排 6—10 次互联网学习，且相比于 2021 年增长了 1.19%，说明教师对于幼儿的互联网学习安排更加多样化，教学内容也不再局限于传统的学习方式。但一周被安排 10 次以上互联网学习的占比较少，且相比于 2021 年来说有所下降，这可能是因为教师在安排互联网学习时更加注重平衡和适度，避免过度依赖互联网学习而忽略了其他重要的学习方式和活动。教师意识到互联网学习只是幼儿教育的一部分，需要与其他学习方式相结合，以提供全面的学习体验。

四、幼儿在家互联网学习时长多于在园互联网学习时长，在家须合理控制

如图 2-36 所示，对教师和家长"在过去的一周幼儿平均每天进行互联网学习的累计时长"的调查结果显示，教师和家长更关注的一个重要问题是幼儿在过去一周内平均每天进行互联网学习的累计时长。根据统计数据，可以看到不同时间段内幼儿在园和在家进行互联网学习的情况。

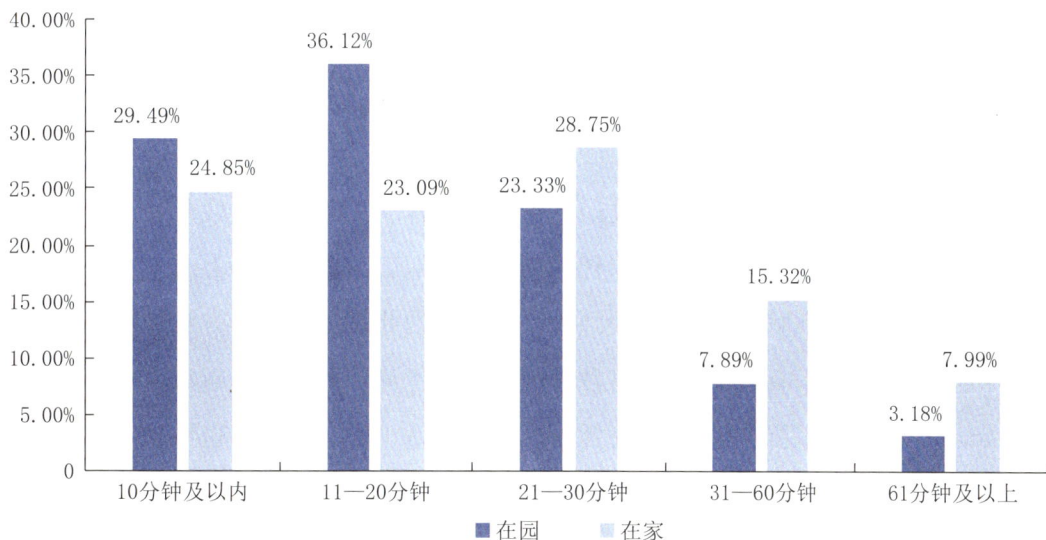

图 2-36　幼儿进行互联网学习时长的比较分析

首先，对幼儿在园进行互联网学习的情况进行调查研究。根据调查结果显示，有 29.49% 的幼儿在园进行互联网学习的累计时长在 10 分钟及以内，这意味着幼儿在幼儿园里只进行了短暂的互联网学习。另外，有 36.12% 的幼儿在园进行互联网学习的累计时长在 11—20 分钟，这部分幼儿在幼儿园里进行了一些互联网学习活动。此外，还有 23.33% 的幼儿在园进行互联网学习的累计时长在 21—30 分钟，这部分幼儿在幼儿园里进行了相对较长时间的互联网学习。最后，有 11.07% 的幼儿在园进行互联网学习的累计时长超过了 31 分钟，这部分幼儿在幼儿园里进行了较长时间甚至超过一个小时的互联网学习。

其次，对幼儿在家进行互联网学习的情况进行调查研究。根据调查结果显示，有

24.85% 的幼儿在家进行互联网学习的累计时长在 10 分钟及以内，这意味着幼儿在家庭环境中进行互联网学习的时间较为短暂。另外，有 23.09% 的幼儿在家进行互联网学习的累计时长在 11—20 分钟，这部分幼儿在家庭环境中进行了一些互联网学习活动。此外，还有 28.75% 的幼儿在家进行互联网学习的累计时长在 21—30 分钟，这部分幼儿在家庭环境中进行了相对较长时间的互联网学习。最后，有 23.31% 的幼儿在家进行互联网学习的累计时长超过了 31 分钟，这部分幼儿在家庭环境中进行了较长时间甚至超过一个小时的互联网学习。

值得注意的是，2019 年世界卫生组织在《世界卫生组织：为了健康成长，儿童需要少坐多玩》报告中建议，2—5 岁儿童每天接触电子屏幕的时间不能超过一个小时。[①] 通过比较发现，大多数幼儿在园每天进行互联网学习的时间控制在半个小时以内，这符合幼儿的身心特点，也说明了幼儿园对幼儿接触互联网进行了合理的管理和限制。然而，与此同时，家长也需要注意到幼儿在家中进行互联网学习的时间相对较长。因此，家长需要合理安排和控制幼儿每日进行互联网学习的时间，以确保幼儿的健康成长。

2.2.3　应用方式

随着信息技术的飞速发展，微学习已经成为一种适合幼儿学习的有效方式。通过移动学习工具，我们可以为幼儿提供定制化的微课程活动，满足他们的个性化学习需求，使他们能够在碎片化的时间里进行高效的学习。尽管教师和家长对于幼儿采用微学习方式进行互联网学习的态度存在一定差异，但他们都认识到了这种学习方式的优势和适用性。越来越多的教师开始在班级中开展幼儿互联网主题学习，他们对互联网教学的认识逐渐加深。这种学习方式能够提供丰富多样的学习资源，激发幼儿的学习兴趣和主动性。

一、信息技术的进步推动幼儿微学习

幼儿进行微学习可以促进他们的全面发展，提高学习兴趣和能力，为未来的学习和生活打下坚实的基础。随着信息技术、网络技术与移动通信技术的进步与不断发展，互联网进入微时代，催生了一系列微产品。[②] 幼儿的注意力集中时间相对较短，在学习过程中需要多种感官信息的刺激。因此，幼儿园在安排各项活动时需要遵循幼儿的这种身心发展规律和学习特点。正是基于这种需求，信息技术发展下针对幼儿学习的微课和微学习应运而生。微学习通过智能手

---

① 世界卫生组织. 世界卫生组织：为了健康成长，儿童需要少坐多玩［EB/OL］.（2019-04-24）［2023-02-18］. https://www.who.int/zh/news/item/24-04-2019-to-grow-up-healthy-children-need-to-sit-less-and-play-more.
② 康彩英. 幼儿园微课资源的建设和应用研究［J］.学周刊，2017（24）：184—185.

机、平板电脑等移动学习工具呈现班本化微课程活动，具有时间短、不受时空限制等特点①，能够满足幼儿个性化的学习需求，并使得幼儿可以在碎片化的时间里进行高效学习。

对于幼儿采用微学习方式进行互联网学习的情况，教师和家长的观点存在一定的差异。如图 2-37 所示，对幼儿会采用微学习方式进行互联网学习的调查情况显示，从教师群体层面来看，有 43.62% 的教师表示符合或完全符合，33.92% 的教师表示一般，22.46% 的教师表示不符合或完全不符合。从家长群体层面来看，有 26.11% 的家长表示符合或完全符合，35.76% 的家长表示一般，38.13% 的家长表示不符合或完全不符合。相较于家长来说，教师认为幼儿采用微学习方式进行互联网学习频率更高。这可能是因为，一方面互联网学习方式灵活、便捷，教师可以以微课为主要形式通过较短的学习时长来激发幼儿的学习兴趣，拓宽幼儿视野；另一方面幼儿园一些活动中存在一些过渡环节，教师可利用这些零散时间给幼儿播放有声读物、视频等。

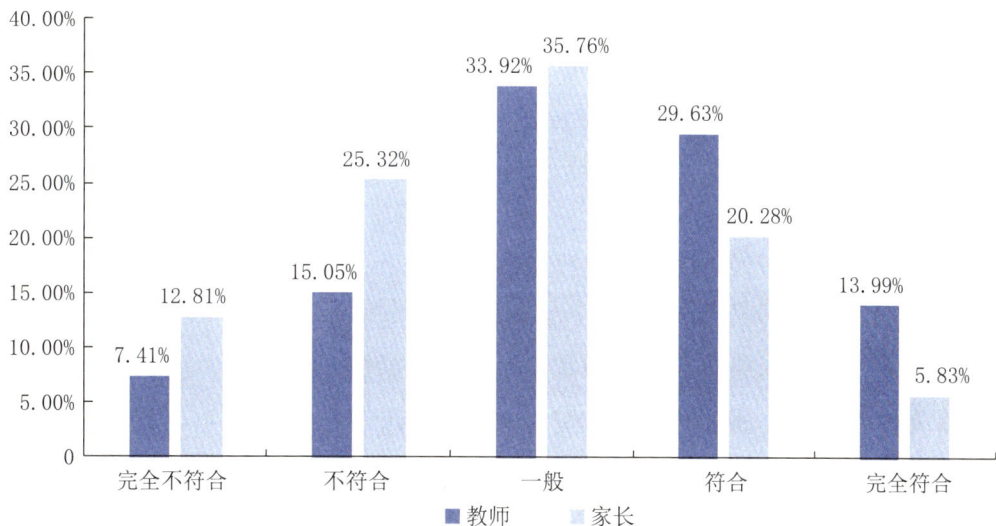

图 2-37　幼儿会采用微学习方式进行互联网学习的调查情况

二、互联网通过多种途径助力幼儿的主题学习

自《教育信息化 2.0 行动计划》实施以来，互联网教学资源平台建设不断完善，教师可获得的教学资源日益丰富；与此同时，互联网便捷性使得教师能够轻松地查找到自己所需的资料。此外，通过互联网呈现的学习资料更加直观、有趣，这激发了幼儿使用互联网进行主题学习的兴趣。

如图 2-38 所示，对教师问卷"我班级经常开展幼儿互联网主题学习"的调查结果显示，

---

① 石蕾."三微融合"提升幼儿园精准教研实效［J］.早期教育：教育教学，2021（11）：26—28.

2023 年有 16.12% 的教师表示完全符合，32.04% 的教师表示符合，33.63% 的教师表示一般，12.11% 的教师表示不符合，6.10% 的教师表示完全不符合。相较于 2021 年，2023 年表示符合和完全符合的教师增加了 5.92%。

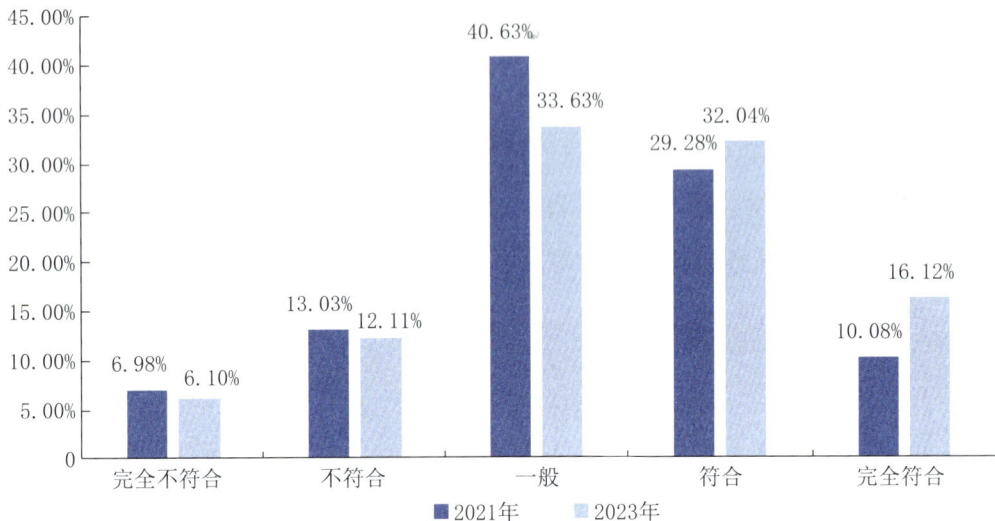

图 2-38　2021 年和 2023 年教师开展幼儿互联网主题学习的调查情况

2.2.4　应用效果

调查研究发现，教师对幼儿互联网学习应用效果更有信心，认为互联网学习对幼儿的学习与发展有很大帮助，而家长则仍处于观望状态，大部分家长对此持中立态度。为了提高家长的信心，可以采取加强沟通、提供更多教育资源和案例、组织参观等措施。调研数据显示，相较 2020 年和 2021 年，有更多的教师认为互联网学习方式提高了工作效率，可以进一步提高幼儿学习效果。但也因为互联网学习发展不断加快，在便捷教师教学工作的同时，也提高了对教师利用互联网开展教学活动的能力的要求，所以仍有部分教师认为互联网学习方式降低了工作效率。因此，需要进一步研究和探索如何更好地利用互联网学习的优势，并提供支持和培训。调查还发现，互联网能够促进幼儿的精细动作发展，提高幼儿的思维能力和语言能力。

一、教师对幼儿互联网学习应用效果更有信心，而家长却持观望态度

如图 2-39 所示，教师对于幼儿互联网学习应用效果更有信心，而家长则持观望态度。在对"互联网学习对幼儿的学习与发展有很大帮助"的调查情况中，从教师群体层面来看，有 57.17% 的教师表示认同或完全认同，有 32.20% 的教师表示一般，10.64% 的教师表示不认同或完全不认同。从家长群体层面看，有 27.98% 的家长表示认同或完全认同，47.19% 的家长表示一般，24.82% 的家长表示不认同或完全不认同。通过比较两个群体的态度可以发现，教师

群体更倾向于赞同互联网学习对幼儿的学习与发展具有重要帮助的观点，而大部分家长则对幼儿互联网学习的应用效果持中立态度。这表明教师更加相信互联网学习能够为幼儿的学习和发展带来积极的影响。接下来可以采取更多措施来完善幼儿互联网教育，以增加家长对幼儿互联网学习应用效果的信心。

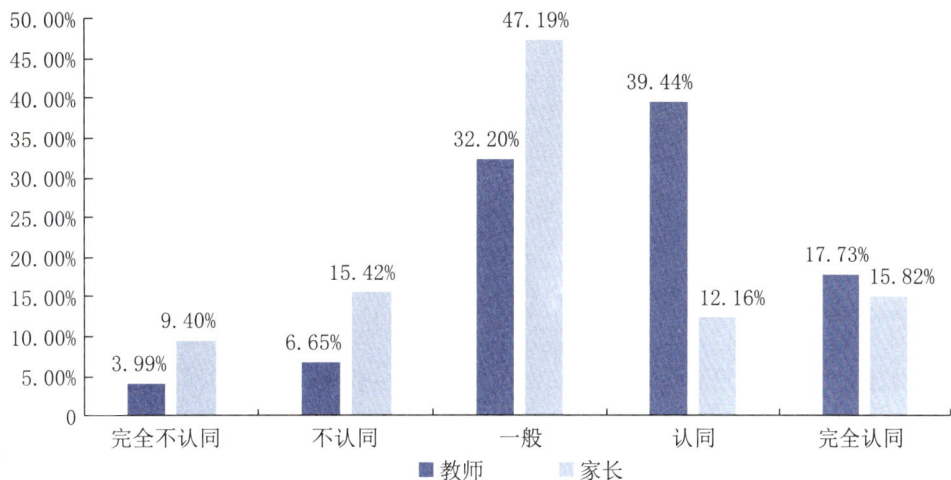

图 2-39　教师、家长认可"互联网学习对幼儿学习与发展有很大帮助"程度的对比

从 2021 年和 2023 年教师对于"互联网学习对幼儿的学习与发展有很大帮助"的调查结果的对比中发现，2023 年相较于 2021 年，教师对"互联网学习对幼儿的学习与发展有很大帮助"的认同度提高了 10.30%，其中完全认同提高了 5.94%，认同提高了 4.36%，如图 2-40 所示。这一趋势表明，随着信息技术的不断发展，教师对于幼儿互联网学习的信心逐渐增强。

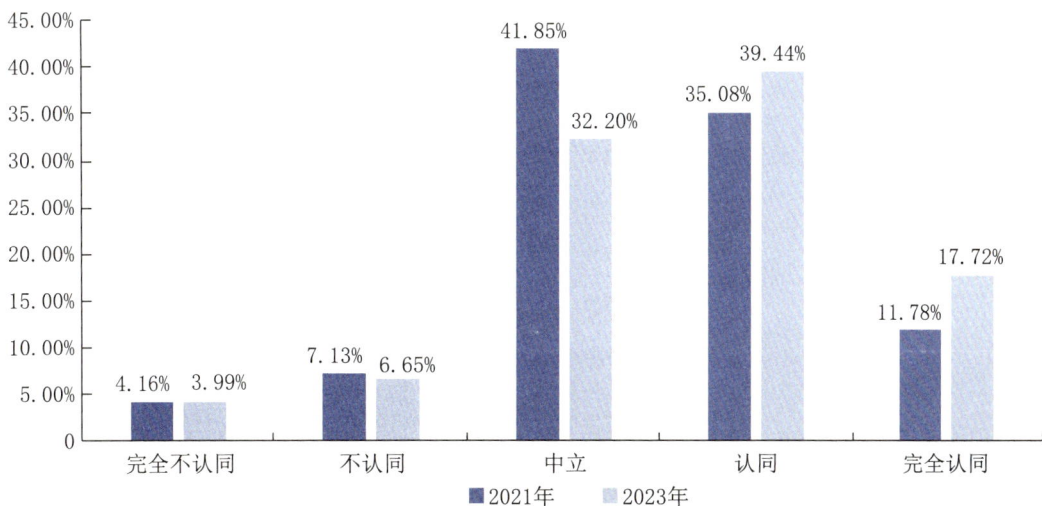

图 2-40　2021 年和 2023 年教师认可"互联网学习对幼儿学习与发展有很大帮助"程度的对比

二、互联网学习方式的应用提高了教师的工作效率

根据图 2-41 所示的调研数据，我们可以看到在 2020 年、2021 年和 2023 年，教师对于"幼儿的互联网学习方式提高了教师的教学工作效率"这一观点的态度有所变化。具体来说，2023 年的数据显示，有 60.51% 的教师表示符合或完全符合这一观点，相较于 2020 年和 2021 年的数据，这一比例略有增长。在 2020 年，只有 47.96% 的教师表示非常符合或符合这一观点；到了 2021 年，这一比例略微上升至 51.76%。这些数据表明，大多数教师对幼儿通过互联网学习所带来的应用效果持肯定态度。他们认为，幼儿的互联网学习方式能够提高教学工作效率。这可能是因为互联网学习为教师提供了更多的资源和工具，使得他们能够更加便捷地进行教学活动。通过互联网，教师可以随时随地获取到丰富的教学资料和信息，从而更好地准备课程和设计活动。此外，互联网学习还可以提供个性化的学习体验，满足不同幼儿的学习需求，进一步提高教学效果。

但需要注意的是，在 2023 年的调研数据中，有 10.49% 的教师表示不符合或完全不符合这一观点。相较于 2020 年的 9.88%，这一比例略有增长。这可能是因为互联网学习对于教师的要求也相应提高了。互联网学习需要教师进行课程重构和活动设计，这不仅增加了教师的工作内容，还对教师的工作能力提出了更高的要求，所以部分教师认为互联网学习方式降低了工作效率。

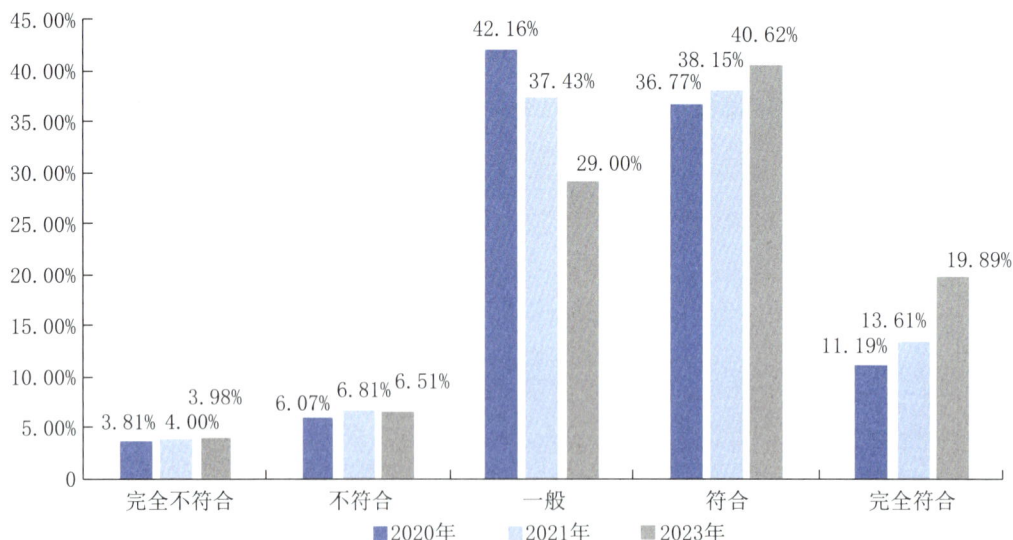

图 2-41 2020 年、2021 年和 2023 年"幼儿的互联网学习方式提高了教师的教学工作效率"的调查情况

三、互联网能够促进幼儿的精细动作发展

如图 2-42 所示，对"互联网对幼儿帮助作用最大的方面"调查发现，教师和家长的观点基本一致。具体来说，有 35.25% 的教师和 32.23% 的家长认为精细动作发展是互联网对幼儿帮

助最大的方面。其次是思维能力发展，分别有 18.22% 的教师和 19.64% 的家长认为这是互联网对幼儿帮助较大的方面。另外，语言能力发展也被认为是互联网对幼儿帮助较大的方面，分别有 13.53% 的教师和 16.75% 的家长持这一观点。

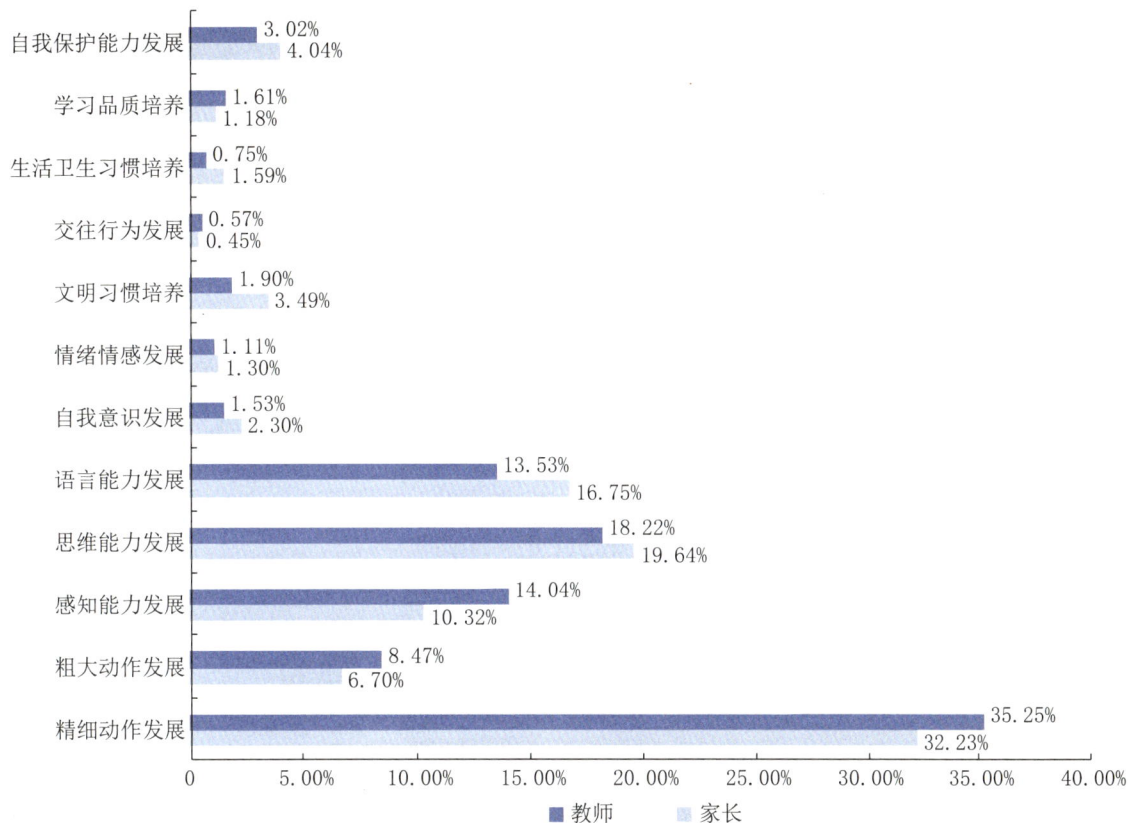

图 2-42　教师、家长认为互联网学习对幼儿帮助作用的调查情况

2.2.5　分析与小结

本章节主要从应用意愿、应用频率、应用方式、应用效果四个方面来探讨学龄前儿童互联网应用能力的特点。在应用意愿方面，教师和家长对幼儿的互联网应用意愿持不同的态度，教师更为支持但仍保留审慎的状态。大多数成人认为互联网是提高幼儿学习成绩和做好入学准备的关键工具（Cheng & Tsai，2014）。然而，一些家长和教师担心过度使用数字媒体，会影响幼儿的身心健康，如近视和社会化问题（Lan，2010）。对幼儿而言，他们对基于互联网的工具感兴趣，并且在学习和参与与互联网相关的教学活动时，更喜欢具有趣味性和创新性的应用程序（Bers et al.，2014）。

在应用频率方面，幼儿的互联网应用频率随年龄的增长而增加，幼儿园一日生活之中能够接触到互联网学习的频率较高，而幼儿在家中的互联网接触时间长于在幼儿园，需要合理控制。

随着幼儿年龄的增长，幼儿使用媒体设备的频率与时间也随之增加（Cardoso et al.，2021）。

在应用方式方面，信息技术推动了幼儿的互联网学习，幼儿能够通过互联网进行主题学习。目前我国幼儿园处于数字化转型阶段，互联网与幼儿园课程的整合成为当下趋势，幼儿园能够通过多样化的数字化游戏主题课程促进幼儿的发展（邱丹燕，2018）。

在应用效果方面，教师对幼儿互联网应用效果以及互联网提高自身工作效率更有信心，而家长却持观望态度。目前仍有部分学前教育工作者和家长的传统教育理念与将互联网纳入基于游戏的教学实践相冲突的现象（Hatzigianni & Kalaitzidis，2018）。而阿拉德等人（Allard et al.，2009）在其研究中表明，互联网是一个有效的资源库，通过互动，人们可以提高工作能力与成效。一方面，互联网能够使幼儿和成人获得丰富的信息资源，促进他们的发展，如提高解决问题的能力、创造力，培养批判性思维，提升学习品质等；另一方面，如果幼儿过度使用、不受控制、滥用或无意识使用互联网（Kelleci et al.，2009），也会对个人产生诸如近视、肥胖、负面情绪、专注力低下等影响（Vedechkina & Borgonovi，2021）。也有人认为，幼儿的性别、年龄以及互联网使用频率与互联网负面影响有关（Koruklu & Yılmaz，2013），家庭对互联网的态度和行为也影响了幼儿的互联网使用（Álvarez et al.，2013）。

2.3 学龄前儿童互联网学习环境指数特征

在学前教育领域，互联网学习环境主要涉及资源环境和技术环境这两个核心方面。资源环境着重满足幼儿需求的互联网学习资源，这包括在幼儿园和家庭环境中资源的便利性、可获取性、安全性以及质量。而技术环境则关注于支持互联网学习所需的基础设施和平台软件，例如网络连接的质量和学习平台的技术支持等，这些因素同样在幼儿园和家庭环境中发挥着关键作用。

2023年学龄前儿童互联网学习环境指数分数为3.46，相对2021年略有下降。如图2-43、图2-44所示，从不同视角来看，在教师视角下资源环境指数和技术环境指数均呈上升趋势，而在家长视角下两个指数与2021年基本持平。经过 t 检验发现，不论是资源环境指数，还是技术环境指数，教师视角下的指数均显著高于家长视角下的指数（$t_{资源环境指数}=-79.45$，$t_{技术环境指数}=-3.65$，$P<0.001$）下，这说明幼儿园相对于家庭来说获得可利用的互联网资源更多，且互联网技术环境更好。近年来，随着科学技术不断发展，加之越来越多的政策文件（比如《中共中央国务院关于全面深化新时代教师队伍建设改革的意见》《教师教育振兴行动计划（2018—2022年）》等）推动着教师教育信息化教学服务平台建设和应用，都在将人工智能等技术转化为提升教育质量、提高教学水平、增进教学效率的方法和工具。但家长依然只能以个体的身份寻求

优质的网络资源，相比于技术支持，他们更缺乏专业的资源平台。

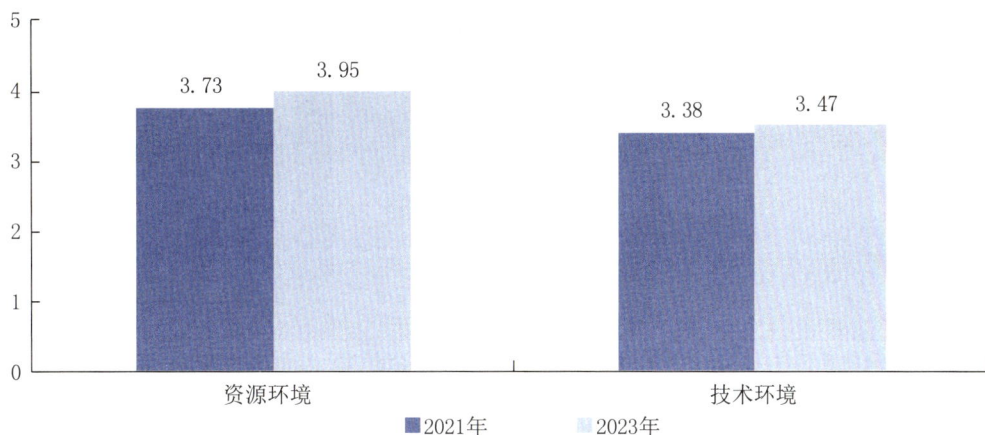

图 2-43　2021 年和 2023 年教师视角下学龄前儿童互联网学习环境指数（总分 5 分）

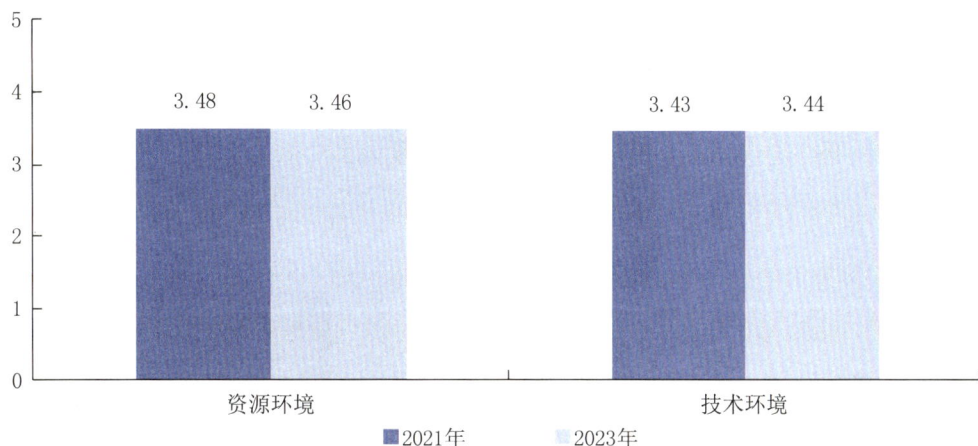

图 2-44　2021 年和 2023 年家长视角下学龄前儿童互联网学习环境指数（总分 5 分）

2.3.1　学习资源环境

2023 年度针对学龄前儿童教师和家长分别开展"在线学习资源和网络学习平台及服务满意度""为幼儿选择的互联网学习应用软件情况"等互联网学习资源环境调查。

一、家长对互联网学习资源满意度低，难以获取优质在线学习资源和平台服务

在互联网学习环境指数中，分别从教师和家长两个视角，开展对在线学习资源和网络学习平台及服务满意度的两项调查。对于"我能通过互联网获取到许多适合幼儿的高质量的在线学习资源（如儿歌音频、故事视频等）"的调查情况表明，77.14% 的教师表示完全符合或符合，仅有 55.08% 的家长表示完全符合或符合，如图 2-45 所示。这一差异也体现出教师能获取到的优质互联网学习资源更多。

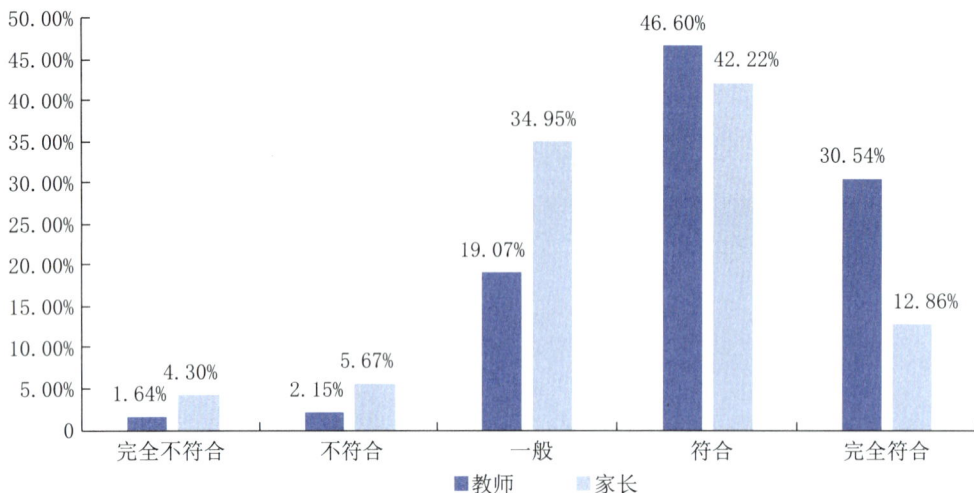

图 2-45　2023 年教师和家长对在线学习资源的满意程度

同样，对于"我能找到支持幼儿开展互联网学习的网络平台或服务"的调查情况表明，69.52% 的教师表示符合或完全符合，45.05% 的家长表示符合或完全符合，有 24.93% 的教师表示一般，40.14% 的家长表示一般，有 5.54% 的教师表示完全不符合或者不符合，而有 14.81% 的家长表示不符合或完全不符合，如图 2-46 所示。

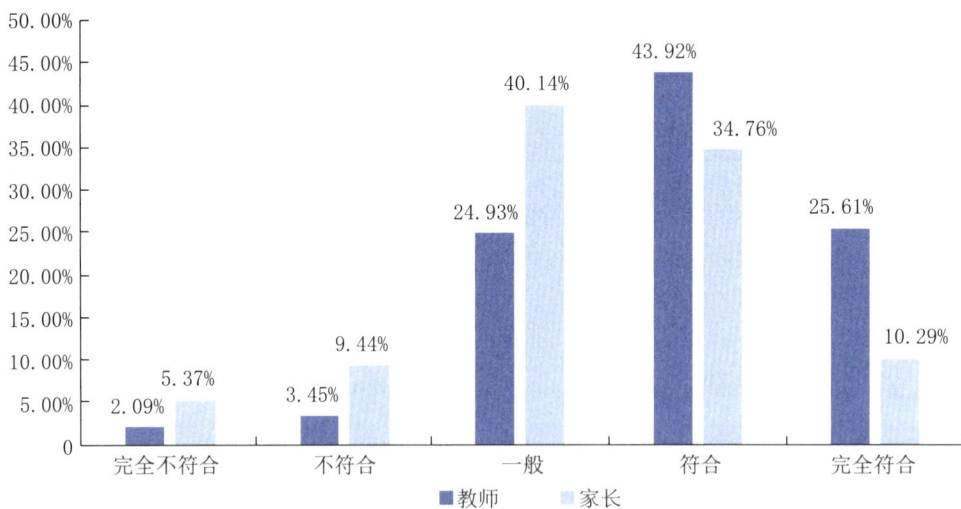

图 2-46　2023 年教师和家长对网络学习平台和服务的满意程度

从问卷中可以了解到，国家教育资源公共服务平台为幼儿园教师提供了丰富的资源，另外教师还可以通过省市自建的资源平台，或者幼儿园统一采购等方式获取资源和平台服务。这一点也能从 2021 年和 2023 年的数据对比看出，2023 年教师对网络学习平台和服务的整体满意度要比 2021 年高 11.66%（其中完全符合提高了 7.59%，符合提高了 4.07%），如图 2-47 所示。但是，家长的主要资源获取渠道是通过互联网络搜索，相对教师群体来说，家长很难了解和获取到适合幼儿的高质量的在线学习资源和网络学习平台服务。在疫情防控居家期间，家长表示自己的孩子能够每天参与由班级教师组织的线上活动，并认为由教师提供的线上活动内容质量更高、更适合幼儿。部分家长希望能够通过互联网开展家园共育，由学校为家庭提供优质学习内容、特定任务要求以及适合幼儿个性化发展的在线学习资源。

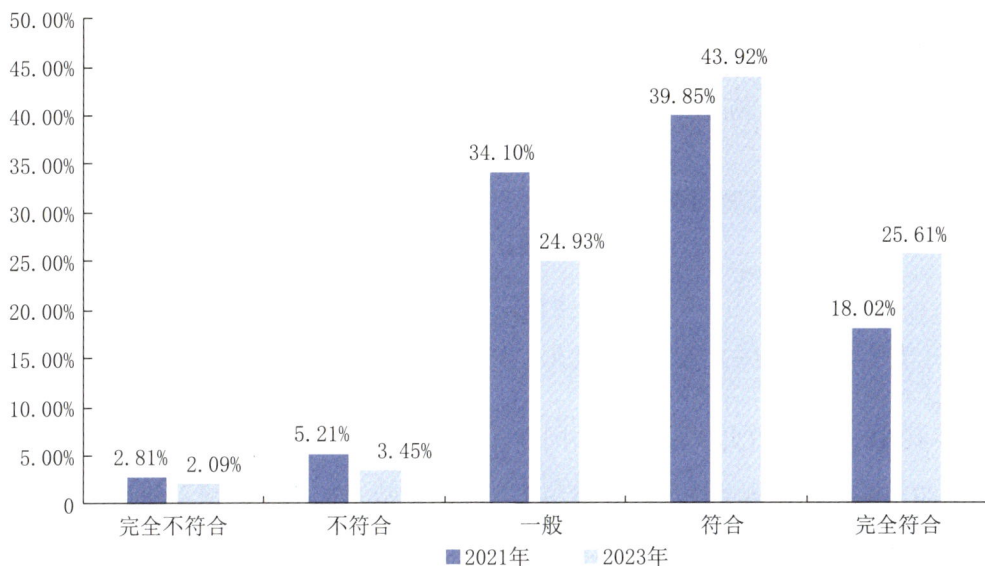

图 2-47　教师对网络学习平台和服务的满意程度

二、幼儿互联网学习语言类应用占主导地位，需求趋向多元化发展

在互联网学习环境指数中，还分别调查了教师和家长为幼儿选择的互联网学习应用软件。对于"在过去的半年中，您班级的幼儿使用过以下哪类互联网学习应用软件"的调查情况表明，语言类应用软件占 55.50%，科学类应用软件占 18.58%，艺术类应用软件占 13.28%，健康类应用软件占 9.78%，社会类和其他应用软件仅占 2.86%，如图 2-48 所示。对于"在过去的半年中，您的孩子使用过以下哪类互联网学习应用软件"的调查情况表明，语言类应用软件占 53.35%，健康类应用软件占 15.64%，科学类应用软件占 15.52%，艺术类应用软件占 11.68%，社会类和其他应用软件仅占 17.26%，如图 2-48 所示。语言类应用软件在众多幼儿教育应用软件中始终保持数量上的优势，同时也是教师和家长的首选。

在针对家长的访谈中，这一点尤为明显。大多数家长表示赞同幼儿在家利用互联网进行学习，大部分幼儿在家使用手机或平板电脑的主要目的就是学习语言。许多家长表示，自己的孩子喜欢参与在线活动，生动有趣的学习内容能够激发幼儿学习的兴趣。幼儿在互联网学习的过程中能够保持比较好的专注力。诸多语言类应用软件通过简单有趣的方法，结合幼儿语言学习的发展规律，提高幼儿语言能力，培养幼儿敢说、爱说的语言习惯。

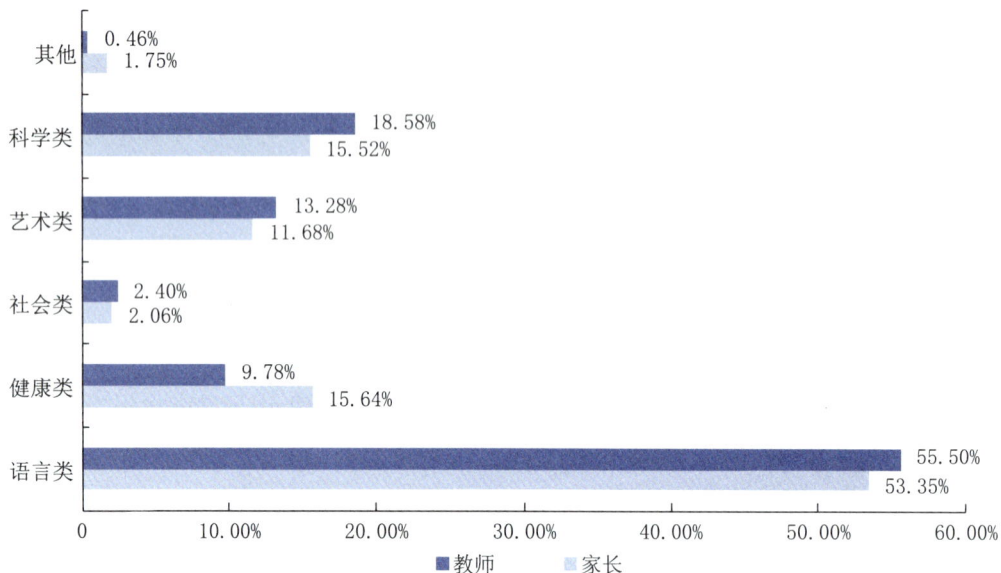

图 2-48　在过去的半年中，幼儿使用过的互联网学习应用软件的调查情况

2020 年 10 月，中共中央、国务院共同发布了《深化新时代教育评价改革总体方案》。该方案强调了幼儿园教育的科学性，倡导避免小学化的趋势；提出完善德育评价，旨在培养学生良好的思想道德观念、心理素质和行为习惯；加强体育评价，将体育纳入中考评价体系，鼓励学生进行体育锻炼，以达到国家学生体质健康标准；改进美育评价，将艺术实践活动纳入学业要求，并探索艺术类科目的中考改革试点；加强劳动教育评价，引导学生尊重并崇尚劳动，这些评价也被纳入学生的综合素质档案。这些措施旨在加速推进学生综合素质教育，促进学生在德、智、体、美、劳各方面的全面发展。

调查数据显示，无论是教师还是家长，对于科学类应用软件、艺术类应用软件、健康类应用软件都有一定的偏好，表现出多样化的需求。进一步对比发现，教师更偏好科学类应用软件，而家长则更倾向于选择健康类应用软件，这反映了学校教育与家庭教育在重点关注领域上的不同定位。

2.3.2　学习技术环境

5G 技术、AR 和 VR 等虚拟技术正逐步与学前教育深度融合。因此，2023 年度着重调查 5G 技术、AR 和 VR 等新兴技术在学前教育中的应用情况。

一、5G 技术赋能学前教育领域创新

5G 技术正成为推动学前教育领域互联网教育发展的关键力量。截至 2022 年底，中国已建成 231.2 万个 5G 基站，并在当年新增了 88.7 万个 5G 基站，标志着 5G 等新型信息基础设施建设取得了显著进展。2021 年 7 月，工业和信息化部、中央网络安全和信息化委员会办公室、国

家发展和改革委员会、教育部等十部门联合发布了《5G 应用"扬帆"行动计划（2021—2023年）》，该计划旨在加速 5G 教学终端设备以及 AR/VR 教学数字内容的研发，并推动 5G 技术在教育专网的支持以及在智慧课堂等场景中的应用。2021 年 9 月，工业和信息化部与教育部共同启动了"5G+ 智慧教育"试点项目，进一步促进 5G 等新技术与教育的深度融合。

随着 5G 技术在教育领域的深入应用，智慧幼儿园的概念开始显现。这些幼儿园将信息化技术与教学紧密结合，通过数据的采集、存储、分析和应用，实现全面、个性化、数字化的教学模式。智慧幼儿园在提升教育质量、促进幼儿健康成长、推动教育的数字化转型以及培养未来人才方面发挥着重要作用。

整个教育界正在经历一场数字化转型的浪潮，全球的教育学者正致力于将先进的信息化技术融入教育实践中，使技术更好地服务于教育。随着 5G 技术在中国的推广和普及，其在教育领域的应用越来越广泛。《教育信息化 2.0 计划》和《关于推进教育新型基础设施建设构建高质量教育支撑体系的指导意见》等政策文件提出了加速 5G 技术平台建设和促进新应用在教育领域融合的目标。5G 技术的创新不仅将推动幼儿园教育的发展，也将影响整个教育领域的未来。

调查显示，对于"幼儿园已经支持 5G 网络"的情况，59.94% 的教师认为符合或完全符合，25.12% 的教师觉得一般，而 14.95% 的教师认为不符合或完全不符合（如图 2-49）。对家庭可以使用 5G 移动网络的调查结果显示，57.33% 的家长表示符合或完全符合，23.18% 的家长觉得一般，19.50% 的家长认为不符合或完全不符合（如图 2-50）。与 2021 年相比，幼儿园 5G 网络支持率提高了 16.77%（其中完全符合提高 9.35%，符合提高 7.42%），家庭 5G 网络支持率也增加了 13.34%（其中完全符合提高 9.48%，符合提高 3.86%）。这表明无论是在幼儿园还是家庭环境中，5G 网络的覆盖率都有了显著的提升。

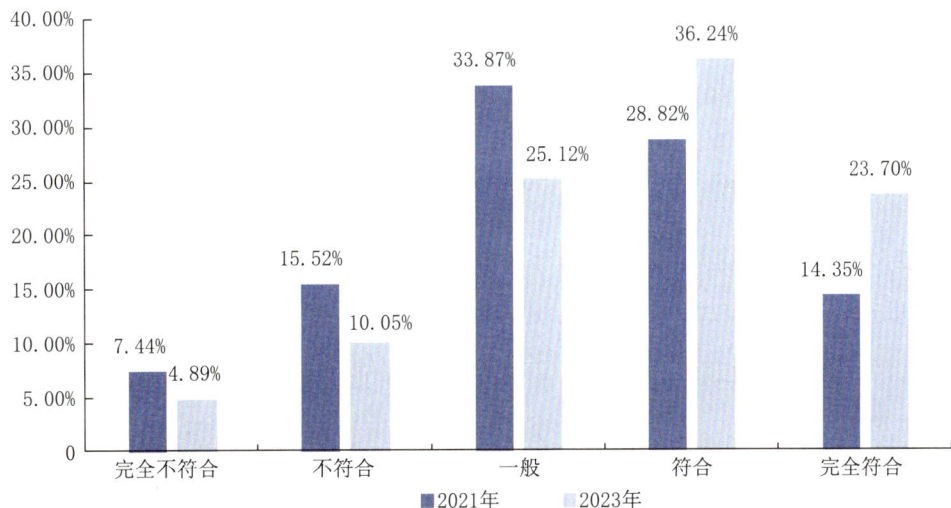

图 2-49　幼儿园已经支持 5G 网络的调查情况

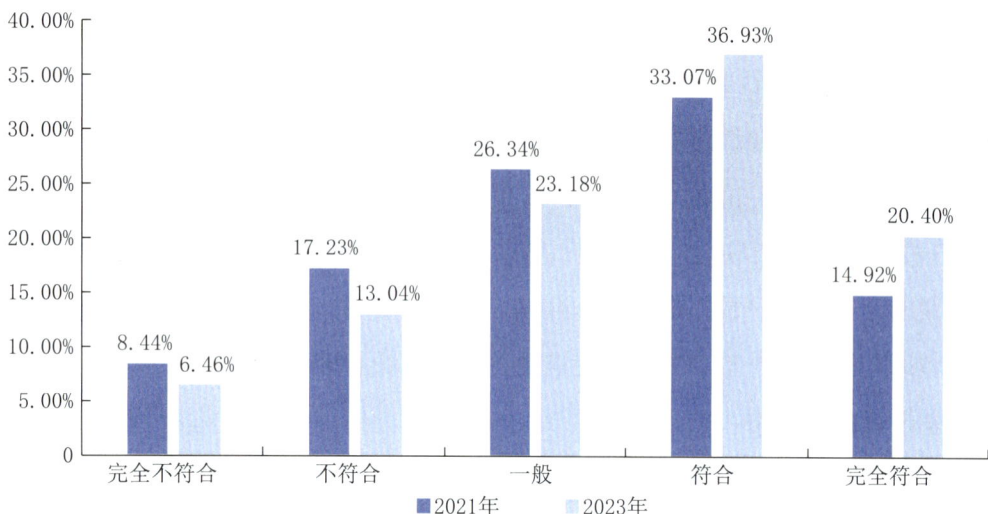

图 2-50　家庭中已经可以使用 5G 移动网络的调查情况

华东师范大学上海智能教育研究院（实验室）院长袁振国在其报告中强调，在数字化转型的时代，教育需要充分利用信息技术，深入了解教育环境中个体的具体情况，包括他们的教育需求、情绪变化、交流期望等，并评估个体能力的变化。通过结合愉快的情绪引导，可以形成更有效的学习模式。他提倡从幼儿的视角出发，为幼儿园创造智慧教育空间，打造真实、开放、丰富的智慧教育环境。这种环境应根据幼儿的需求和个性化特征来设计学习活动，真正实现幼儿园教学活动方式的创新和转变。

二、AR/VR 设备在幼儿园的普及率进一步提升，但使用率须进一步提高

AR 和 VR 等虚拟技术与实际环境的紧密结合，为幼儿园的活动带来了更加生动和多样的展现形式，让幼儿能够获得更直观的感知体验。调查显示，在回应"幼儿园至少配备了一套 AR/VR 教学设备"这一问题时，20.21% 的教师表示完全符合，33.96% 的教师认为符合，25.42% 的教师觉得一般，而 13.13% 和 7.28% 的教师分别认为不符合和完全不符合（如图 2-51）。与 2021 年的数据相比，至少配备一套 AR/VR 教学设备的幼儿园比例增加了 6.89%（其中完全符合提高 5.15%，符合提高 1.74%），显示出这类设备在幼儿园中的普及率有了进一步的提高。

如图 2-52 所示，对"幼儿园的 AR/VR 教学设备已在日常教学中应用"的调查情况显示，51.32% 的教师表示符合或完全符合，27.00% 的教师表示一般，21.68% 的教师表示不符合或完全不符合，这说明部分幼儿园还存在 AR/VR 设备闲置的情况。部分教师虽然十分认可 AR/VR 教学设备对教学活动的好处，但存在使用主体信息化应用能力不足的情况，教师对"如何在日常教学中应用 AR/VR 教学设备"还存有疑问。

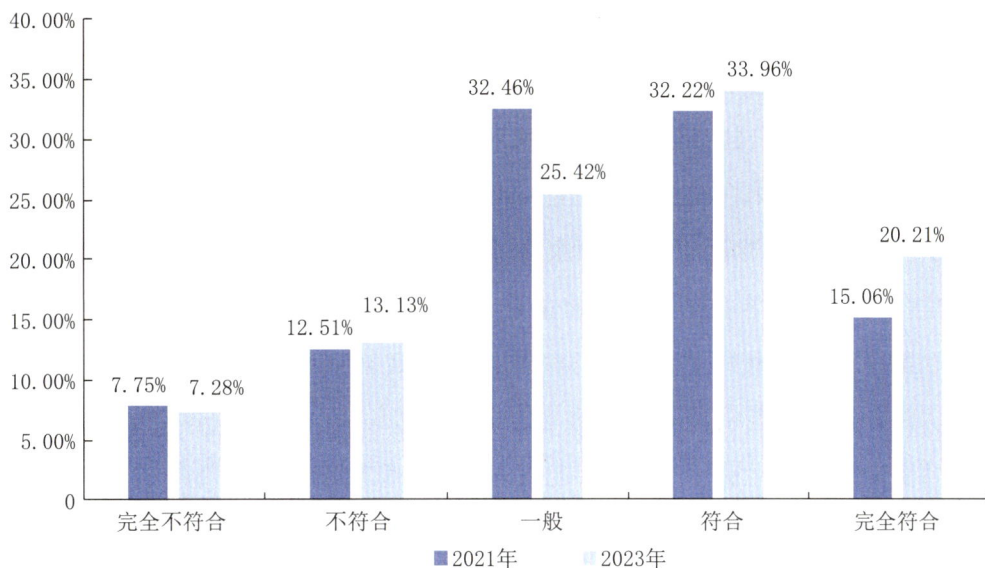

图 2-51　幼儿园至少配备了一套 AR/VR 教学设备的调查情况

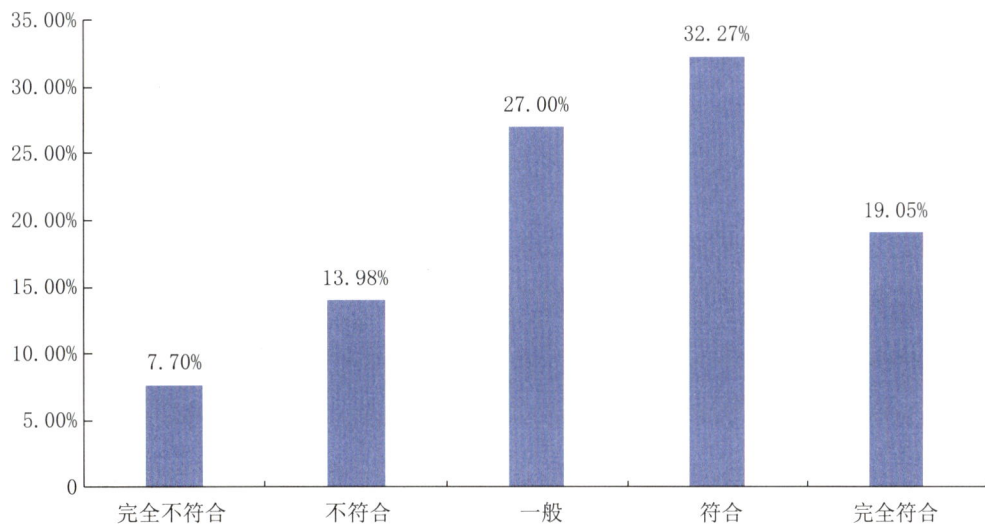

图 2-52　2023 年幼儿园的 AR/VR 教学设备已在日常教学中应用的调查情况

2.3.3　分析与小结

本小节着重探讨了学龄前儿童的互联网学习环境，特别是从学习资源环境和学习技术环境两个角度进行分析。研究表明，在学习资源方面，教师相较于家长，更能察觉到资源环境的改善。尽管教师认识到资源环境的积极变化，家长在寻找支持幼儿互联网学习的优质资源和平台方面却显得较为困难。这种现象背后的原因在于家长对优质学习资源的高需求与实际可用学习平台的不足之间存在矛盾。此外，随着高质量学前教育的发展，幼儿学习的重点从领域学习转向更加注重深度学习，这进一步提高了对资源质量的需求。因此，在选择学习平台时，家长需要仔细筛选内容并防范不良信息。调查还显示，无论是教师还是家长，都表现出对多样化互联网学习资源的需求，特别是在语言学习应用方面。

在学习技术环境方面，数字化转型的浪潮正深刻影响着教育领域。随着5G技术在中国的广泛推广和应用，智能技术在教育领域的应用日益增多。人工智能作为学前教育的前沿领域，已经被应用于智能幼儿园的编程教育、健康检测等方面。数字化智慧教学环境为实现教师的智能化教学和学生的个性化学习提供了基础保障。同时，AR/VR设备在幼儿园的普及为信息技术与教学活动的深度融合开辟了新途径。然而，AR/VR教学设备在日常教学中的应用仍面临一些局限性，例如人工智能机器人在与幼儿的交互能力、情感交流和适应性调整方面的限制。在学前教育高质量发展的背景下，人工智能技术需要降低成本、提高普及率，并优化与实际场景的结合，以支持个性化教育的实现。这包括提高人工智能机器人与幼儿的交互能力、识别情感能力，从而支持个性化教育的实践。

2.4 学龄前儿童互联网学习服务指数特征

学龄前儿童互联网学习服务考察主要包括以下五个方面：

第一，规则要求。这一点着重调查幼儿是否得到了关于互联网学习的策略和方法的支持，包括互联网学习的规则、纪律以及学习习惯的指导等。

第二，家园共育。这关注的是幼儿在互联网学习过程中能否得到教师和家长的共同支持，例如教师和家长对互联网学习持一致的看法，以及为幼儿提供适宜的学习条件或环境。

第三，学习评价。这一方面主要关注幼儿在互联网学习中能否收到来自教师、同伴和学习平台的有效评价和反馈。

第四，寻求帮助。这涉及幼儿在遇到互联网学习难题时，是否能够得到及时和满意的帮助和解答。

第五，动机与情感。这关注的是幼儿在互联网学习过程中是否能够获得足够的激励和情感支持。

这五个方面共同构成了对学前教育互联网学习服务评估的全面视角。

2.4.1 规则要求

针对规则要求的调查，主要围绕教师和家长在限定学习时间、指定学习内容和设定学习任务等三方面的情况来开展。

一、家长对幼儿互联网学习时间和内容的限制越来越宽松

学龄前儿童，尤其是3—6岁的幼儿，正处于关键的自我控制和社交技能发展阶段。因此，当幼儿接触互联网学习时，制定适当的学习规则显得尤为重要。这不仅有利于幼儿养成良好的学习习惯，也为他们未来顺利过渡到小学生活打下坚实的基础。通过比较表2-1所示的2020年、2021年和2023年的数据，我们可以观察到一个明显的趋势：在限制幼儿互联网学习时间方面，家长的同意（符合及完全符合）比例分别为70.16%、57.15%和50.08%，呈现持续下降的趋势；同样，在指定幼儿互联网学习内容方面，家长的同意（符合及完全符合）比例也从63.48%、49.21%下降到44.70%，这同样表明家长对幼儿互联网学习的内容限制越来越放宽。

从教师的角度来看，在限定幼儿互联网学习时间这一问题上，他们的认同度（符合及完全符合）分别为67.44%、58.49%和60.99%，呈现先下降后上升的趋势。同样，在为幼儿指定互联网学习内容这一问题上，教师的认同度分别为64.07%、50.50%和61.81%，也体现了相似的模式，即经历了一段下降后又有所回升。

表 2-1　2020 年、2021 年和 2023 年家长和教师对学龄前儿童互联网学习规则要求情况对比

项	视角	年份	完全不符合	不符合	一般	符合	完全符合
限定学习时间	家长	2020 年	2.69%	3.99%	23.16%	49.96%	20.20%
		2021 年	5.00%	7.85%	30.00%	45.61%	11.54%
		2023 年	7.05%	11.08%	31.79%	39.24%	10.84%
	教师	2020 年	3.60%	4.68%	24.28%	44.89%	22.55%
		2021 年	3.99%	6.49%	31.03%	42.00%	16.49%
		2023 年	3.96%	7.29%	27.76%	43.21%	17.78%
指定学习内容	家长	2020 年	2.85%	5.61%	28.06%	47.31%	16.17%
		2021 年	5.73%	10.60%	34.46%	40.04%	9.17%
		2023 年	7.37%	13.29%	34.64%	35.17%	9.53%
	教师	2020 年	3.42%	5.07%	27.44%	45.68%	18.39%
		2021 年	4.44%	8.16%	36.90%	38.62%	11.88%
		2023 年	3.93%	6.96%	27.30%	44.05%	17.76%
设定学习任务	家长	2020 年	3.31%	8.71%	35.97%	40.28%	11.73%
		2021 年	5.91%	12.21%	37.77%	36.44%	7.67%
		2023 年	6.68%	9.09%	28.45%	43.35%	12.43%
	教师	2020 年	3.45%	5.10%	27.48%	46.12%	17.85%
		2021 年	4.49%	7.95%	35.52%	39.71%	12.33%
		2023 年	3.80%	6.21%	24.60%	45.33%	20.06%

二、教师和家长普遍更重视对幼儿互联网学习任务的要求

进一步分析发现，教师和家长在限定幼儿学习时间（$t=-38.25$，$P<0.001$）、指定学习内容（$t=-53.28$，$P<0.001$）、设定任务要求（$t=-35.82$，$P<0.001$）上均存在显著差异，如图 2-53 所示，教师要求比家长要求更为严格。

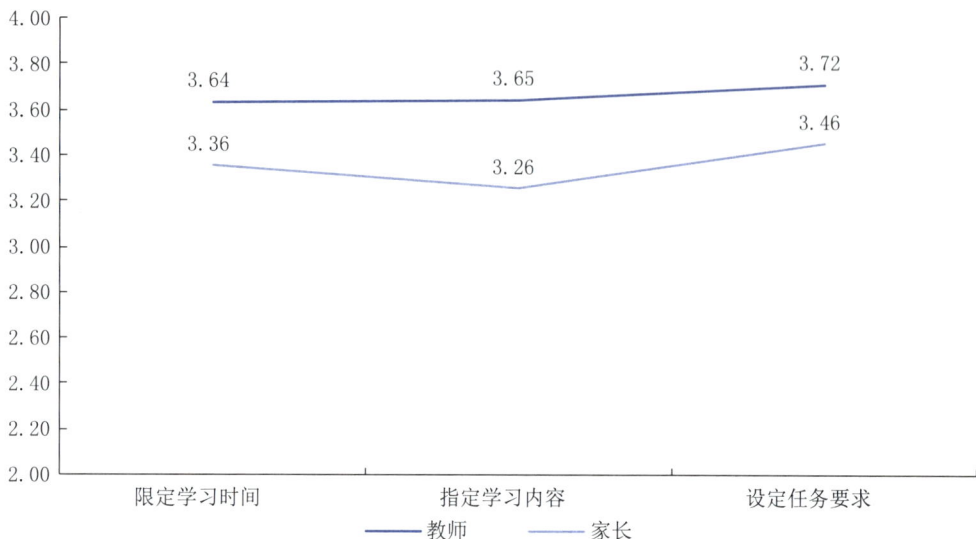

图 2-53　2023 年教师和家长对学龄前儿童互联网学习规则要求（总分 5 分）

然而，不论是教师还是家长，在"为幼儿设定互联网学习的任务要求"这一方面，他们的重视程度首次超过了对幼儿互联网学习时间的关注。这表明教师和家长都越来越注重培养幼儿对任务和规则的意识。

2.4.2　家园共育

家庭和幼儿园是幼儿成长和发展的关键环境，其中家庭教育和幼儿园教育在学前教育中扮演着各自独特的角色和职责，对幼儿的成长产生着不同的影响。为了实现学前教育促进幼儿全面发展的目标，家庭与幼儿园需要相互协作，共同参与育人过程。我国一直高度重视这种协同育人的模式。2022 年 4 月，全国妇联、教育部等十一部门联合发布了《关于指导推进家庭教育的五年规划（2021—2025 年）》，从服务家庭教育的视角出发，提出了"构建全链条的家校社协同育人机制"的战略。在相关政策的支持下，家庭、幼儿园和社会的协同育人工作已经取得了一定的成效。然而，总体来看，家庭、幼儿园和社会的协同育人机制仍面临一些发展上的挑战。数字技术的发展为家庭和幼儿园共同育人提供了新的机遇。

一、越来越多的教师能利用互联网开展家园共育

家园共育是幼儿园教育的关键环节，而将互联网技术融入家园共育的过程已成为一种不可

阻挡的趋势。根据调查，"我经常利用互联网开展家园共育"的数据显示，有 67.50%（其中完全符合 24.67%，符合 42.83%）的教师表示他们经常通过互联网进行家园共育，这一比例超过了三分之二，如图 2-54 所示。通过对比 2020 年、2021 年和 2023 年的数据，我们可以看到分别有54.24%、59.60%、67.51% 的教师经常使用互联网进行家园共育，明显呈现出逐年增长的趋势。

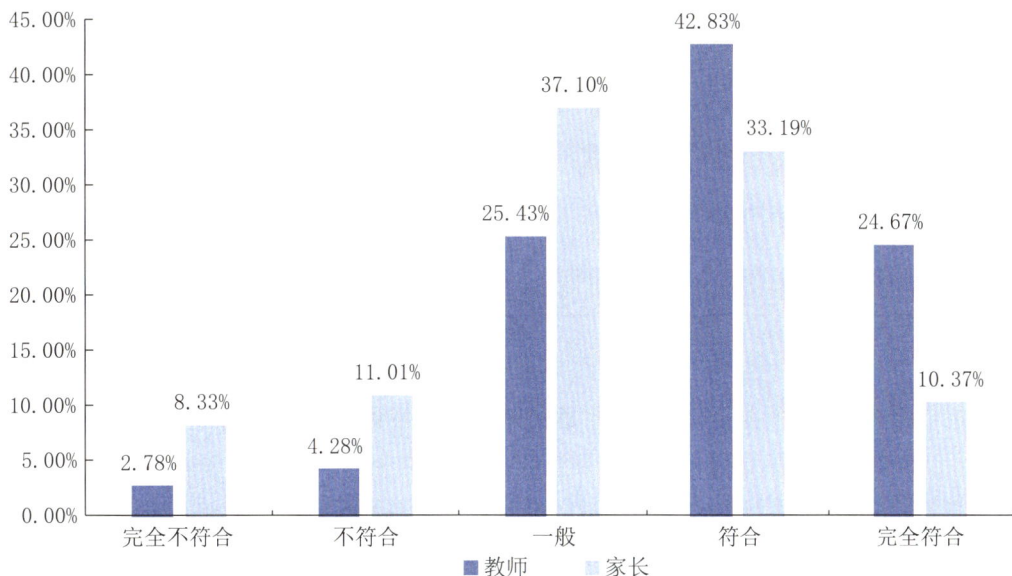

图 2-54　2023 年家长和教师对利用互联网开展家园共育的赞同度与积极性

然而，我们注意到，在"我支持幼儿园通过互联网进行家园共育"的调查中，只有 43.56% 的家长表示支持，这意味着超过一半的家长更倾向于传统的家园共育方式。年度对比数据显示，除了 2021 年因疫情导致家长无法直接到幼儿园与教师面对面沟通，从而对互联网家园共育的支持度有所提高外，到了 2023 年，家长的支持度又有所下降。进一步的分析表明，目前通过互联网进行的家园共育方式未能有效地为家长提供有价值的信息或为幼儿提供更多个性化的教育支持，也未能有效地将家庭教育与幼儿园教育紧密结合，以促进二者的有效融合。

二、微信群仍是家园交流的主要平台

如图 2-55 所展示的家园交流途径调查结果表明，微信群、钉钉群和 QQ 群是幼儿园与家长之间最常用的交流平台，其次是腾讯会议、幼儿园网站和微信公众号。利用幼儿园网站进行交流的比例仅约为 1%，并且这一比例相比 2021 年有所下降，显示出家园在线交流逐渐趋向移动化已成为一种不可逆转的趋势。近年来，随着全国各省积极推进数字校园建设，许多幼儿园也开始建设信息化平台，同时不少企业也趁机推出了家园互动 App。然而，调查结果显示，微信群依然是最主要的家园交流平台。这可能是因为目前的家园交流主要由幼儿园和教师发起，且主要以发送通知为主要内容，这决定了交流方式的选择。

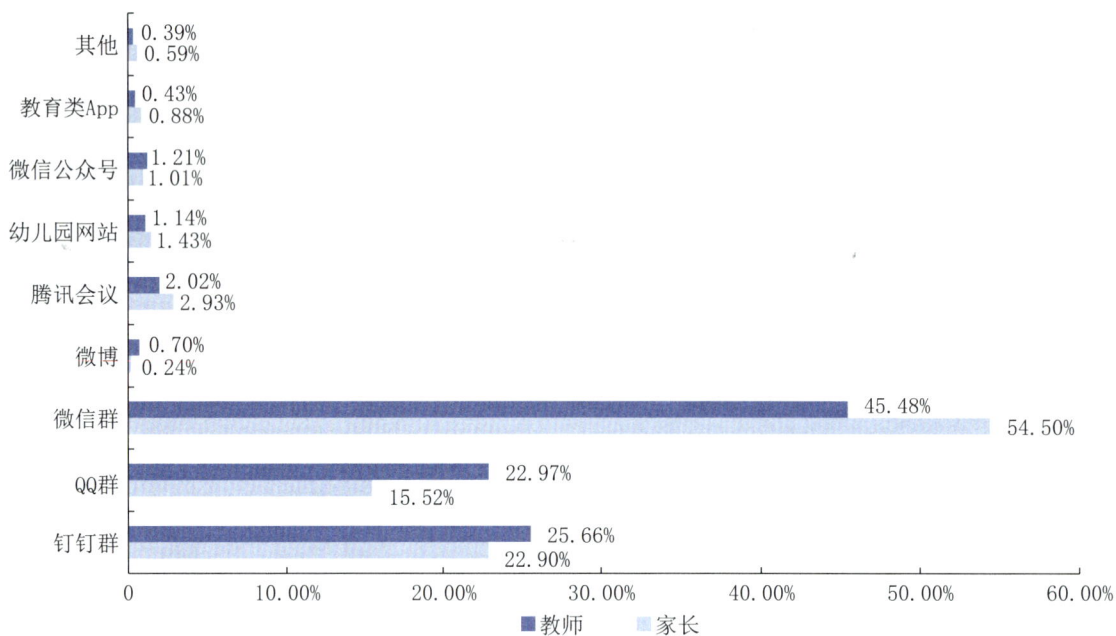

图 2-55　家园共育的常用平台

三、互联网支持开展个性化家园共育需求迫切

如图 2-56、图 2-57 所示，家长赞同幼儿园利用互联网开展家园共育的首要原因是"更加直观，可通过图片、视频等多种形式交换信息"，不赞同的首要原因是"要时时关注，太麻烦，没时间"。除了 2021 年由于需要保持安全社交距离，使得"更加便捷高效，突破了时空的限制"这一选项略微高于"更加直观，可通过图片、视频等多种形式交换信息"外，以往历年家长的选择均高度一致。我们寄予期望的"可以成为面对面交流的补充形式"始终无法得到多数家长的认可。

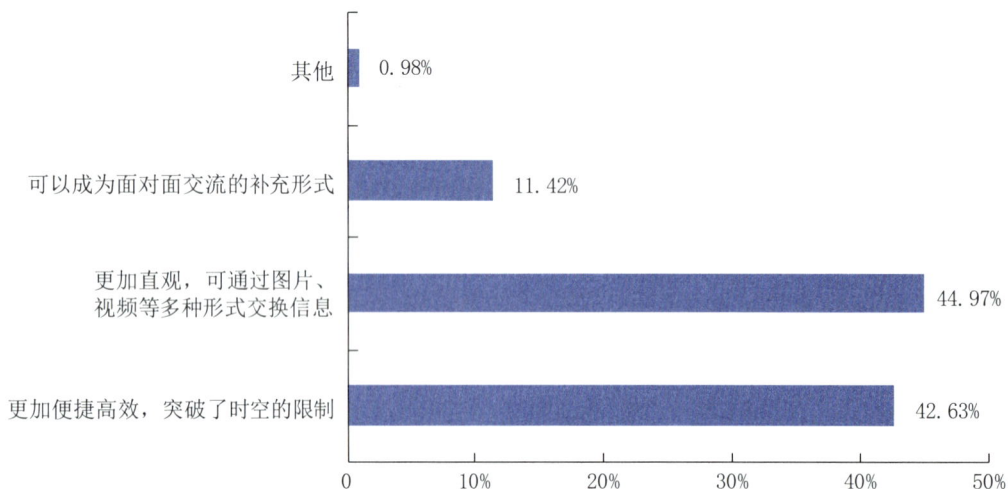

图 2-56　家长赞同幼儿园利用互联网开展家园共育的原因

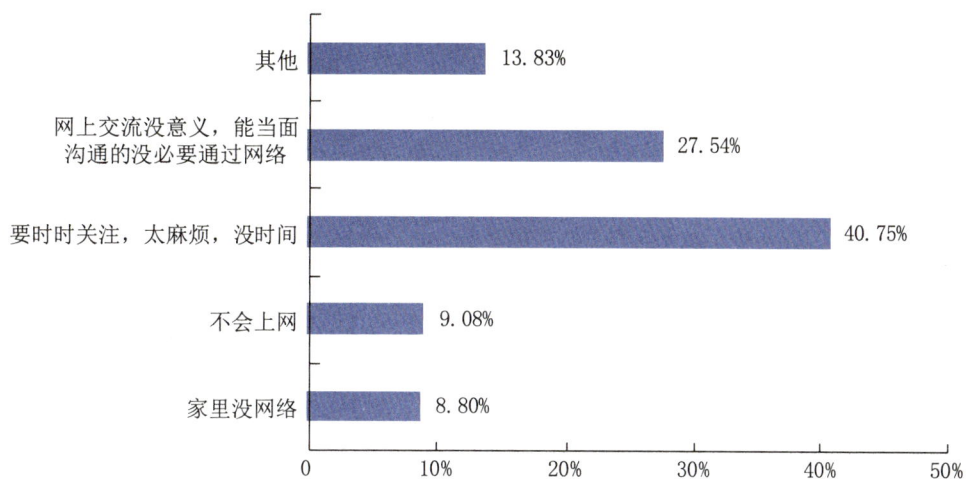

图 2-57 家长不赞同幼儿园利用互联网开展家园共育的原因

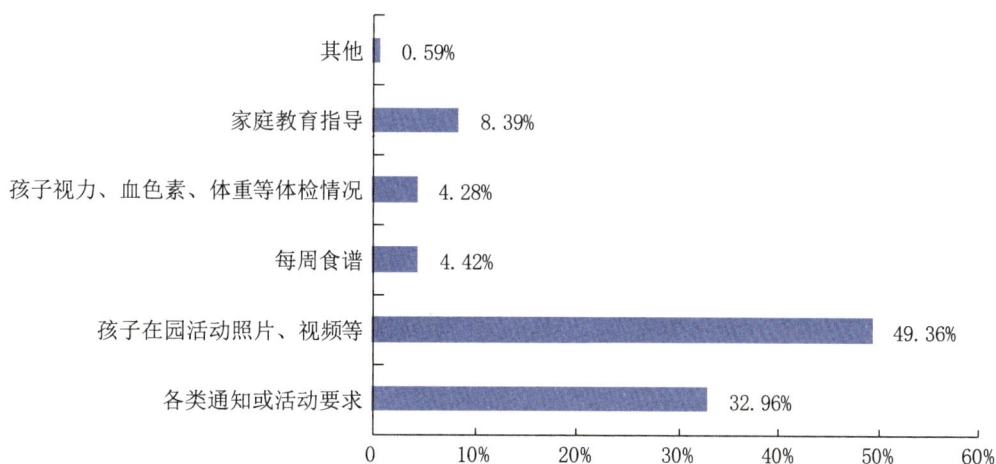

图 2-58 家长希望利用互联网开展家园共育的主要内容

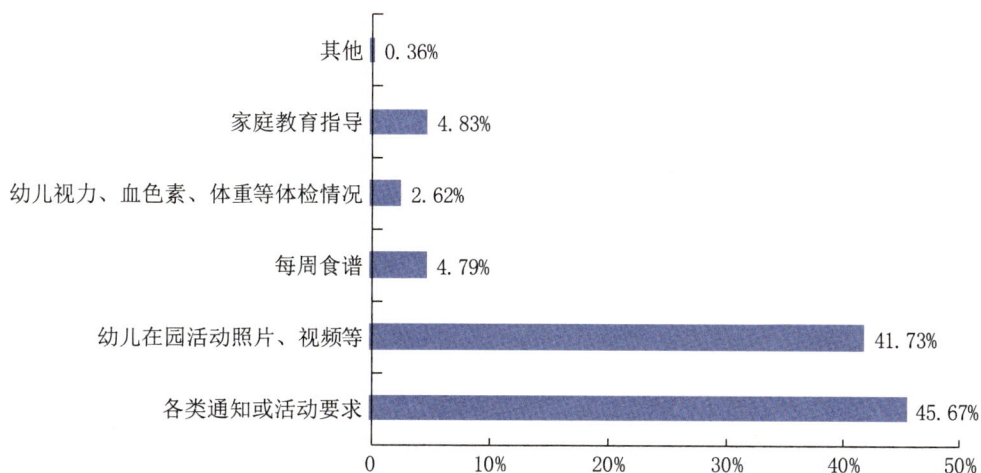

图 2-59 教师利用互联网开展家园共育的主要内容

同样，如图2-58、图2-59所示，在向教师和家长提出类似问题"您通过互联网开展家园交流的主要内容是"和"您希望与孩子所在幼儿园进行家园共育时交流的内容是"时，家长和教师对于"孩子在园活动照片、视频等"选项均有较高的认同度，分别占比为49.36%和41.73%。此外，虽然比例不高，但是家长对"家庭教育指导""孩子视力、血色素、体重等体检情况"这类教育性和与孩子相关的个性化内容的认同度高于教师。而对"各类通知或活动要求""每周食谱"这类公示性内容的认同度则低于教师。

2.4.3 学习评价

学习评价调查主要包括幼儿能够从教师、家长和互联网学习平台及系统中获得的评价反馈情况。

一、家长比教师更需要评价与反馈支持工具

评价和反馈在学习过程中起着重要作用，有效、及时的评价与反馈能促进学龄前儿童互联网学习。调查显示，39.10%的幼儿在家、60.42%的幼儿在园，能从家长、同伴、教师那里获得有针对性的评价和有用的反馈（符合及完全符合），如图2-60所示。进一步分析发现，在幼儿获得的针对性评价与有用反馈方面，教师与家长之间存在显著差异（$t=-63.66$，$P<0.001$），幼儿在园互联网学习获得的针对性评价与有用反馈显著高于在家获得的。

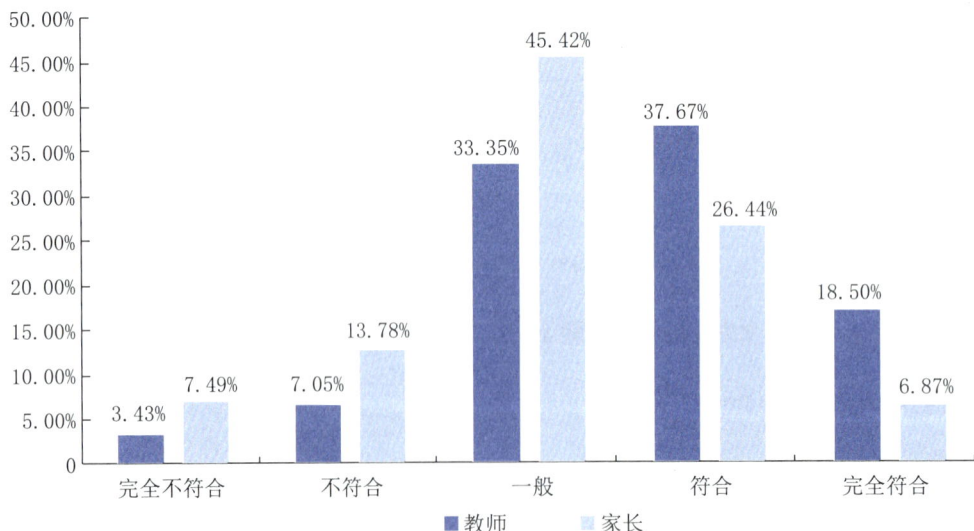

图2-60 学龄前儿童能从家长和教师那里获得有针对性评价与有用反馈的情况

一方面，由于教师具有专业的素养和能力，他们通常比家长更了解如何向幼儿提供及时且有效的评价和反馈。另一方面，中国家长往往采用含蓄的爱和"贬低式"的鼓励方式，这导致幼儿较少从家长那里收到正面的评价和反馈。在幼儿不断成长的过程中，通过接受正向的强化

来习得符合社会规范的行为、世界观、人生观和价值观是非常重要的，而来自父母的反馈是一种极其有效的强化手段。因此，相比于教师，家长更需要依靠互联网学习支持平台的帮助，以便能够为幼儿提供及时、准确和有效的评价与反馈。

二、家长对学习平台和系统给予幼儿评价和反馈的满意度较低

在互联网学习中，幼儿获得的评价和反馈不仅能来自与家长、教师和同伴等的交流互动，也能来自资源、平台、服务等的人机互动。针对"学习平台和系统能够自动为孩子提供准确的评价与有用的反馈"等问题的调查发现，分别有33.31%的家长、56.17%的教师反馈幼儿在进行互联网学习时，学习平台和系统能够自动为幼儿提供准确的评价与有用的反馈（符合及完全符合），如图2-61所示。对比2021年的32.38%和47.55%，家长认同度仅提升了0.93%，教师相对较多，提升了8.63%。家长对学习平台和系统给予幼儿的评价和反馈的满意度仍远低于教师。

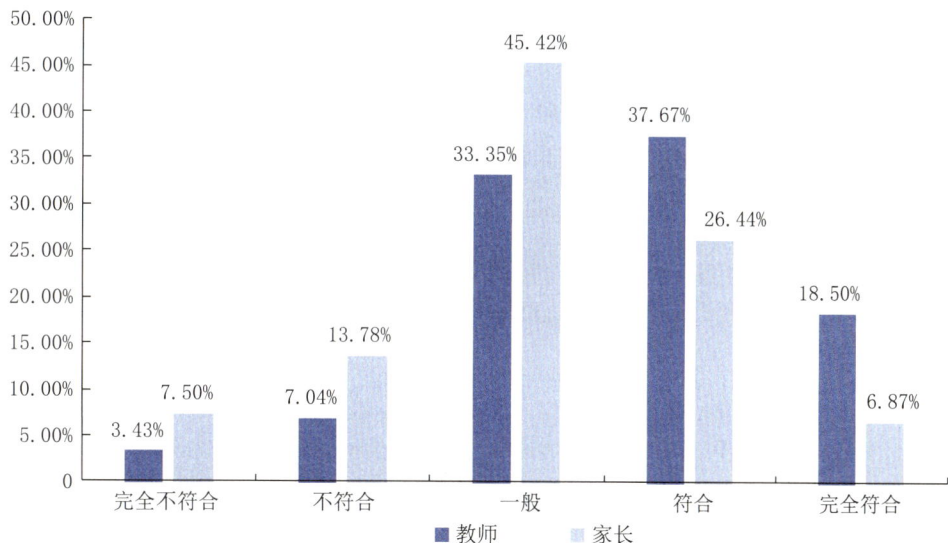

图 2-61　学龄前儿童能从学习平台和系统获取准确评价与有用反馈的情况

2.4.4　寻求帮助

寻求帮助调查主要包括幼儿遇到互联网学习问题时，在幼儿园和家庭中能够得到的回应和支持情况。

一、学龄前儿童在幼儿园更容易得到及时和有效的问题回应

如图2-62所示，对于"我班级的幼儿提出的问题总是能够得到老师或同伴的及时回应""我的孩子提出的问题总是能够得到家人或同伴的及时回应"的问题，教师、家长持"非常符合"和"符合"态度的分别占各自群体的67.11%、54.00%。对比2021年的数据，教师认

同度提升了 7.37%，而家长认同度下降了 5.74%。

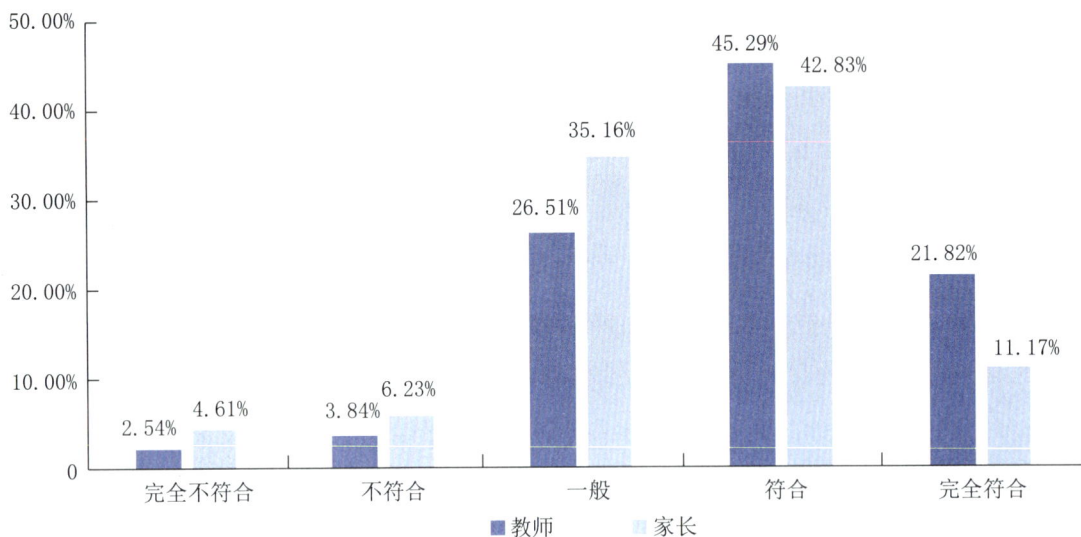

图 2-62　学龄前儿童提出的问题能得到家人、老师或同伴的及时回应的情况

二、学龄前儿童在幼儿园更容易习得有启发性的多元的学习方法

如图 2-63 所示，对于"我班级的幼儿能够从老师或同伴那里学到有用的互联网学习方法""我的孩子能够从家人或同伴那里学到有用的互联网学习方法"的问题，教师、家长持"非常符合"和"符合"态度的分别占各自群体的 57.54%、36.81%。对比 2021 年的数据，教师认同度提升了 9.72%，而家长认同度仅微幅上升了 0.62%。

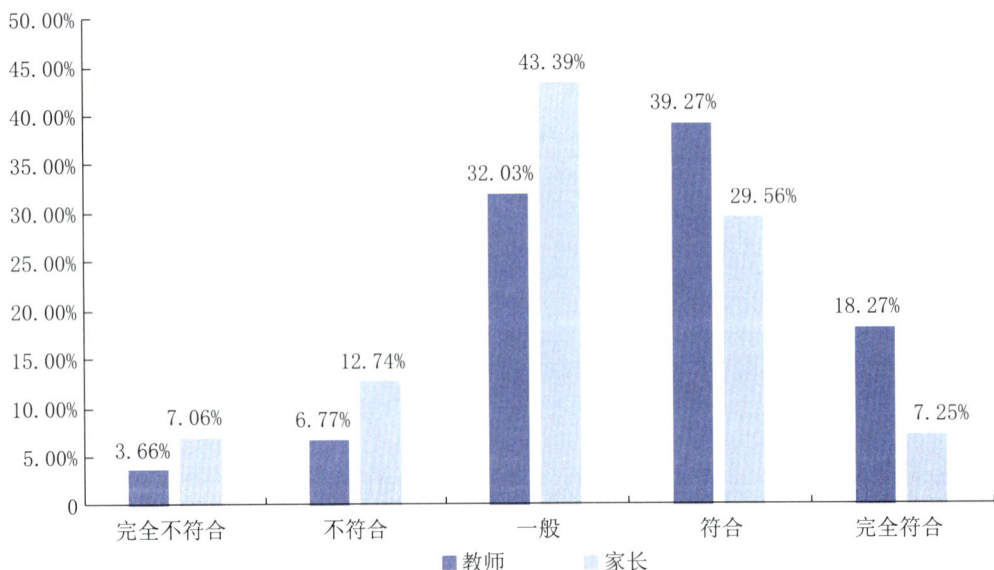

图 2-63　学龄前儿童能从家人、教师或同伴那里学到有用的互联网学习方法的情况

2.4.5 动机与情感

动机与情感调查主要包括幼儿在家庭和幼儿园中进行互联网学习时，所获得的家长和教师的陪伴与引导情况。

一、在园互联网学习时成人引导和陪伴情况高于家庭

根据儿童身心发展特点，学龄前儿童的互联网学习的一个显著特征是需要成人的引导、陪伴，过程中及时给予支持和鼓励，家园及时沟通形成共育合力，在学习动机与情感等方面形成良性循环。对于"孩子进行互联网学习时，我会陪伴他进行学习"的调查结果表明，52.97%的家长和65.08%的教师表示能够陪伴幼儿进行互联网学习（符合及完全符合），34.45%的家长和26.63%的教师表示一般，12.58%的家长和8.29%的教师表示不能够陪伴幼儿互联网学习（不符合及完全不符合），如图2-64所示。

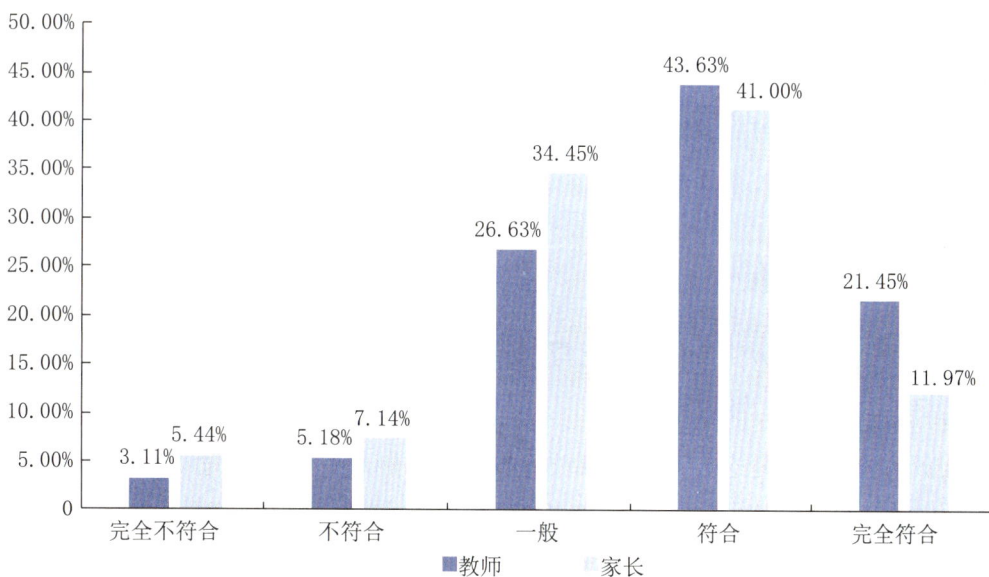

图 2-64 学龄前儿童进行互联网学习时家长与教师引导和陪伴的情况

二、进行互联网学习的前、中、后不同阶段，家长陪伴和引导幼儿的方法不同

在2020年和2021年，分别有60.44%和56.87%的幼儿在园学习有教师的陪伴和引导，分别有57.31%和53.82%的幼儿在家学习有家长的陪伴和指导。可以发现，家长陪伴幼儿互联网学习的占比连续三年都在下滑，而教师引导和陪伴的占比在2021年下降后开始回升，如图2-65所示。

调查显示，在孩子进行互联网学习的前、中、后不同阶段，家长陪伴和引导方法不同。在学习前，9.45%的家长会先行了解一些App的玩法与适宜性，并制止孩子使用某些App。在过程中，48.90%的家长在孩子附近，随时留意孩子的动向，29.24%的家长引导孩子一起探

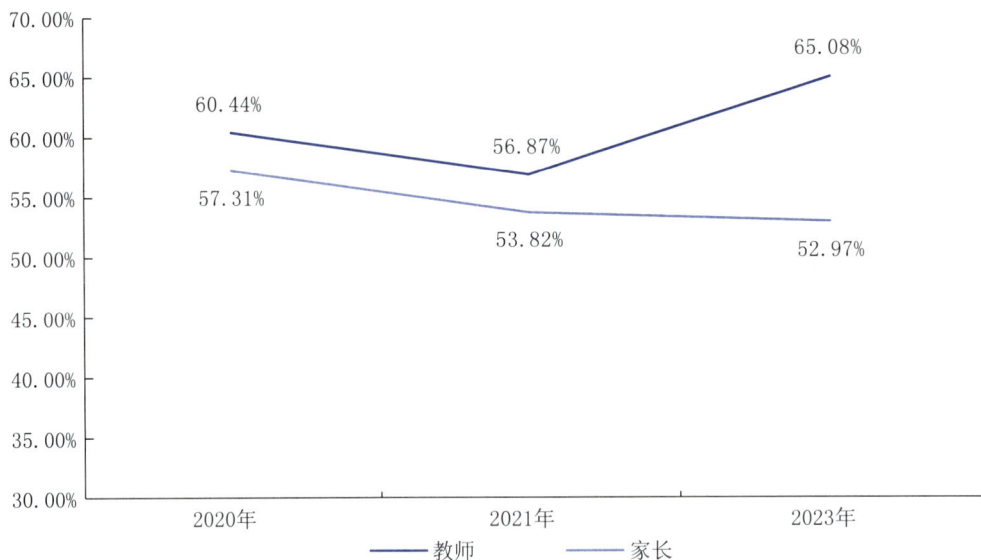

图 2-65　学龄前儿童进行互联网学习时成人引导和陪伴情况年度比较

索，2.94% 的家长给予孩子鼓励或认可等反馈，3.82% 的家长在做自己的事情，认为孩子可以独立使用电子设备。在学习后，2.07% 的家长会请孩子说一说使用电子设备做了什么或者自己检查。

2.4.6　分析与小结

本小节着重探讨了学龄前儿童学习支持服务的五个关键方面：规则指导、家园共育、学习评价、寻求帮助以及动机与情感。

在规则指导方面，研究指出，相比家长，教师在限制幼儿的学习时间、指定学习内容和设定任务要求方面更为严格（Tripp，2011）。尽管家长对幼儿的学习时间和内容的限制逐渐放宽，但他们对学习任务的要求却与教师一样日益增加。

关于家园共育，随着越来越多的教师开始通过互联网进行家园共育，家长对于幼儿园利用互联网进行家园共育的接受度却在下降。朱琳（2023）的研究显示，互联网为教师和家长提供了一个即时信息共享的平台，使得教师能够通过在线平台和社交媒体直接向家长传达重要信息和学生的学习进展，从而实现快速便捷的沟通。家长的主要顾虑可能源于他们对数字技术使用不熟悉，并认为这种方式需要过多的时间和精力，更倾向于传统的教学方法（张蕾，2023）。因此，研究建议，在使用互联网进行家园共育时，幼儿园和教师需要注意内容和方法的选择，并开发更有效的平台以支持基于个体差异的个性化交流，帮助家长全面了解幼儿的发展情况。

在学习评价方面，幼儿在幼儿园比在家能获得更多的有针对性的评价和有用的反馈。幼儿园教师凭借其在幼儿发展和早期教育方面的专业知识，能够更准确地观察和评估每个幼儿的学习情况，并有意识地提供专业和有针对性的学习评价。因此，互联网学习平台需要在评价和反馈方面为家长提供更专业和准确的支持（白雪梅，2023）。

在寻求帮助方面，大多数幼儿在进行互联网学习时提出的问题能够得到家长、教师或同伴的及时回应。研究发现，幼儿学习的有用的互联网学习方法主要来源于幼儿园，这是因为教师在幼儿园提供了丰富的互联网学习背景，并鼓励幼儿在学习过程中培养学术能力（Kim et al.，2012），认为使用互联网相关工具有助于增强幼儿的学习体验和认知技能（Liang et al.，2013）。

在动机与情感方面，幼儿在幼儿园进行互联网学习时，成人的引导和陪伴通常比在家更为有效。幼儿园教师能够提供专门设计的、适龄的教育资源，既符合幼儿的认知水平和学习需求，又能激发他们的兴趣（李海艳，2021）。研究还发现，家长在不同阶段的陪伴和引导方式各异，他们会根据幼儿的发展阶段和学习需求的变化采取不同的方法，如在学习初期注重培养兴趣和好奇心，中期深入学习知识和技能，后期则注重自主学习能力的培养。这种差异化的引导有助于更好地满足幼儿在不同学习阶段的需求。

第三章

CHAPTER 3
学前教育领域互联网学习案例

3.1 区域案例

3.1.1 迭代与发展：上海学前教育信息化二十五年

上海学前教育信息化工作起步较早，二十五年来，在构建信息时代的学前教育公共服务体系方面做了很多探索，历经迭代、发展。当前，上海正在数字化转型背景下，通过探索智慧保教、打造智慧园所、提供智慧服务、开展智慧治理等，赋能上海学前教育高质量发展。

一、上海学前教育信息化的发展动因

作为国际化、现代化的大都市，上海敏锐把握信息时代的"时"与"势"，提出"创建面向未来的智慧城市"战略，上海教育也主动跨前，建设教育信息化高地，助推教育的现代化发展。

"先一步、高一层"是上海推进学前教育事业发展的长期战略构想，市政府始终高度重视并引领着上海学前教育稳定、健康、可持续发展，将其纳入整个教育信息化建设的体系中，明确了学前教育信息化的推进思路，以此作为学前教育改革的突破口。

在政府的主导下，上海学前教育信息化推进呈现出"搭机制→强基建→建资源→培师资→促应用→推融合→塑生态"的发展趋势，强调"公平、普惠""坚持幼儿发展为本""支持循证改进的保教质量提升""助力创设家园共育的和谐生态"等价值导向。

二、上海学前教育信息化的发展阶段

上海学前教育信息化二十五年的发展主要经历了四个阶段，在机制、基建、内涵、队伍建设等方面不断迭代与升级。

阶段一：拥抱互联网，夯实信息化应用基础

1998 年，成立全国首个政府部门建设的学前教育信息部，作为上海学前教育信息化工作的具体执行机构，负责全市学前教育信息化应用的管理和推进。

1999 年，上海开通"上海学前教育网"，向机构、家庭、社会传递国内外学前教育最新理念和信息，为上海学前教育改革和发展提供资讯服务。该网站很快成为反映和宣传上海学前教育改革与发展的重要窗口。

2004 年，上海创建"园园通管理平台"，贯通市、区、园三级层面，以最小的成本和投入，最大限度地利用已有资源，实现信息和应用的共享与集中管理，为上海学前教育信息化发展打下了坚实的应用基础和广大的用户基础。

与此同时，上海组建市级信管员队伍，通过培训、推广、研究、比赛等多种手段，提升队

伍的信息化应用水平和能力，为上海迅速储备了大量具有信息化素养的师资队伍。

"一部一网一平台"是上海学前教育信息化的开端，实现了从无到有的跨越。

阶段二："互联网 + 学前教育"，逐渐推进融合应用

为了能有效解决区域间发展不均衡、管理机制不长效、技术应用不常态、教师信息化能力薄弱等问题，上海以"课程通、管理通、家园通"建设为抓手，推进"互联网 + 学前教育"，促进互联网与学前教育深度融合，创造新的学前教育发展生态。

建立"幼儿园课程实施支持系统"。以课题研究和论坛交流为引领，以丰富多样的赛事促发展，通过共建共享优质课程资源，集聚全市"二期课改"以来的优质教学实践经验，为学前一线教师提供丰富、有效的课程资源，创设网络教学研究和备课空间，支持不同发展水平的教师在不同层面上的创新应用。

建立了园所管理系统。覆盖园所日常核心的管理需求，包括机构信息管理、幼儿信息管理等。伴随教师和托幼机构的日常业务开展，各种管理数据自然产生，这为幼儿园保教质量监测提供了依据，也为下一阶段的普及普惠督导、"家门口的好幼儿园建设"等工作奠定基础。

建立家园合作共育管理系统。一是以移动互动平台的形式，为全市园所提供家园交流、幼儿成长档案等家园共育功能。二是启动上海市科学育儿指导项目，以上海学前教育网、科学育儿指导官网和官微、"育之有道"App 为主要载体，为 0—6 岁婴幼儿家庭提供科学、专业、公益的育儿指导服务。

至此，上海实现了市级平台建设向信息化推进机制建设的迭代，一通化三通。"一网三通"应用集群的建立，有效提升了上海园所信息化应用能级，构建起学前教育信息化应用"中台"与服务体系。上海学前教育信息化从最初单一的信息发布逐步拓展到涵盖管理、教学、培训、支持、宣传等融合最新技术的综合服务领域，奠定了上海学前教育信息化应用的环境及大数据分析的基础，助推学前教育从传统走向智变。

阶段三：建设"智慧幼儿园"，创园所保教新样态

为更好地推进基层园所的信息化应用，提升幼儿园软实力，促进技术赋能保教工作，上海开始尝试创建智慧学前教育的样态，实施面向未来的幼儿园建设的新探索。

一是着手编制《上海市幼儿园信息化建设与应用指南》，提出了上海市幼儿园信息化建设与应用的基本要求和发展方向；二是启动数字化创新实验园建设项目，围绕"信息化环境下的个性化学习支持策略、新技术支持下的数据采集与分析"等内容，支持园所先行先试，打造园所信息技术创新应用的范本。

此外，构建基于"园园通管理平台"的幼儿园保教质量监测系统，通过收集和分析课程通信息应用数据、儿童早期发展数据、家长调查反馈数据等，常态化进行园所质量监测，开展

"家门口的好幼儿园建设"，建立学龄前儿童大数据预警机制，联合各领域专家，挖掘和分析幼儿一日活动过程中的数据，等等，这些探索不仅帮助教师读懂孩子，让精细化和个性化指导成为可能，同时也让园所更加关注家庭和社会的需要，不断提升保教质量。

在"智慧幼儿园"建设过程中，上海涌现出很多课改的鲜活案例。例如，金山区罗星幼儿园为儿童的学习与发展打造了微型物联学习环境。微型物联环境能够拓展孩子们的学习方式，丰富学习内容，提升学习体验。相比传统的教师讲述，幼儿在这种环境下的学习更具多样性，他们的互动学习体验更强，能看、能想、能说，能够更好地适应幼儿学习的年龄特点和学习兴趣。

通过智慧幼儿园建设，上海实现了从常规配置向智慧园所的迭代升级。强化了园所信息化基础建设和应用，提高了园所的管理效能和保教质量。这也成为驱动学前教育数字化转型的强劲动力。

阶段四：数字化转型，引领教育变革

党的二十大报告指出"高质量发展是全面建设社会主义现代化国家的首要任务"。2022 年上海出台《上海市学前教育与托育服务发展"十四五"规划》，要求全面推动城市数字化转型，还确立了"幼儿发展优先"的理念。市委、市政府也高度重视"学前儿童善育"民心工程的推进，善育的"善"，就是一切工作都要以儿童发展为本，"育"的核心就是让教育的价值及专业都体现在教育养育过程中。

在这样的背景下，上海以"学前教育保教质量园园通"的典型场景建设来驱动上海学前教育数字化转型的战略思路。从老百姓最关注的"学前教育优质资源均衡、解决入托难、在园安全健康、科学育儿"等事项着手，围绕学前教育的管理服务、保育教育、家园社区等领域，确定开发建设"适龄幼儿入园全程网办""来离园智能管理""幼儿健康常态监测""幼儿在园户外活动监测""托育服务随心查""科学育儿指导精准服务"等六个转型子场景。

2023 年，学前教育数字化转型场景建设工作试点及推进工作有序开展，"学前教育与托育服务大屏"1.0 版发布运行，六大场景的监测实现了可视化、即时性，技术赋能幼儿园高质量发展正在成为现实。

其中，"适龄幼儿入园全程网办"场景已有效落实，通过优化系统、新增在线帮办服务，支持全市 15 万幼儿线上入园登记、报名及各区入园报名管理、数据对接等工作，提升入园工作支持能级，并圆满达成市政府办公厅"双 100"高频依申请政务服务事项优化的工作要求。

又如，"幼儿在园户外活动监测"场景，完成了《"幼儿在园户外活动监测"场景数据归集工作指南（试行）》《"幼儿在园户外活动监测"场景数据归集标准（试行）》等重要文件研制并发布试用，建成了"户外活动监测数据归集"全链路服务能力，为在全市范围内实现数据接入、监测、应用做好准备。并通过和"幼儿在园健康监测"场景结合，在智能采集、教育数据挖掘、可视化分析等信息技术的赋能下，一方面，园所能精准保障每个幼儿在园2小时户外活动时间；另一方面，数据分析结果也为户外活动的科学实施提供了依据。基于证据、不断优化的活动组织实施，其结果也对幼儿的近视预防、营养改进、体质增强及心理健康等发挥出重要作用。这两大场景目前正在全市多区多所园试点推进。如浦东新区冰厂田及南门两大教育集团、杨浦区翔殷幼稚园、金山区张堰幼儿园、徐汇区科技幼儿园等。数字化转型聚焦场景、支持循证、触发保教实施策略动态调整，推动方方面面的育人模式变革，从而赋能"高质量幼儿园"建设，努力提升数字化对政府决策、园所管理、保教服务质量的效能，最终真正服务于每一个在园幼儿。

再如，数字化转型赋能托育服务。依托"园园通管理平台"及数据贯通，在"育之有道"App上线了"托育随心查"新功能，搭建家长需求与资源供给精准对接的桥梁，为家长提供幼儿园托班、托育机构、社区托育宝宝屋、科学育儿指导服务站等各类托育服务点位查询服务，全面承载"15分钟社区托育服务圈"的线上宣传与导航，仅2023年，该服务中机构被访问量已超20万。紧贴上海即将全面正式实施的新"1+2"托育服务系列文件的各项要求，迭代升级"上海市3岁以下幼儿托育服务管理平台"，为各区加强对托育机构的管理提供管理平台和工具，快捷、有效支持机构备案及各区对托育机构事中事后的规范监管。

数字化赋能科学育儿指导服务场景也成效鲜明。不断提升"育之有道"App的服务能级，实现了提供精准贴合孕期及宝宝年龄、符合用户行为和偏好的应用服务，仅2023年，"育之有道"App全市0—3岁婴幼儿家庭注册人数近10万，在线接受指导超过120万次。2023年，为落实市委、市政府"民心工程"，提升老百姓的获得感，上海将科学育儿指导服务纳入了"一网通办"的"出生一件事"，全市有近3.5万个家庭成功领取《上海科学育儿指导服务手册》。新生儿家庭在迎接新生命的同时即通过这份具有数字化功能的纸质手册，开启、接受科学育儿指导这项公益、便捷、贴心的服务，育儿更安心，真正做到线上服务触手可及、线下指导近在家门口、精准指导工具方便易用。

全面推进数字化转型是事关学前教育发展全局和长远的重大战略，第四阶段截至当前，上海市学前教育实现了从引入技术融合业务向以场景重新定义业务的迭代升级。对落实"学前儿童善育"民心工程，赋能学前教育高质量发展都有重要意义。

三、启示与展望

经过二十五年的迭代和发展，上海学前教育信息化初步实现了从教育专用资源向大资源的开发、应用和服务转变；从提升信息技术应用能力向提升从业人员数字化素养转变；从学前教育信息化融合应用向创新发展转变；从传统教育向为党育人、为国育才的智慧教育转变。在这个过程中，上海坚持政府主导，注重体制机制建设，坚持"幼儿发展优先"理念，重视教师信息素养的提升以及信息技术在育人模式变革方面的实践，努力提升数字化对政府决策、园所管理、保教服务质量的效能。

展望未来，上海将努力通过学前教育数字化转型，伴随应用汇集数据、挖掘数据、聚焦业务，以数赋能，协同共享，逐步实现学前教育的高质量、创新发展，共同塑造良好的育人生态，促进学前教育资源和服务更加优质、均衡，让每个儿童都能个性化地成长。

供稿单位：上海市教育委员会信息中心学前教育信息部

作者：茅红美

专家点评：

本案例是对上海学前教育信息化发展的回顾与展望。通过二十五年间在机制、基建、内涵、队伍建设等各方面的不断迭代与升级，上海学前教育信息化以其政府政策主导、专门机构实施、多方合作投入、市级平台引领以及三级队伍推进等为不变的底色，始终走在全国学前教育信息化发展前列。而从 2004 年即以"最小的成本和投入，最大限度地利用已有资源"为原则开始建设的"园园通"更是全面诠释了"迭代发展"的概念：二十年来功能从点到面（一通化三通），应用从面到点（智慧园所），一直发展到现在的"上海学前教育保教质量园园通"数字化转型典型场景，向社会最为关注的"学前教育优质资源均衡、解决入托难、在园安全健康、科学育儿指导"等事项注入了数字化与智能化，以场景重新定义业务，受到老百姓欢迎。

透过上海学前教育信息化发展的每一步，几代上海学前教育信息化人的坚持与努力跃然纸上，他们始终不变地坚持"幼儿发展优先"理念，在以信息技术变革育人模式、提升保教服务质量、辅助政府决策等方面不懈探索。未来，他们将继续在二十五年的发展经验、成果、数据的基础上，致力于上海学前教育数字化转型，赋能学前教育高质量发展，让每个儿童都能个性化、快乐地成长。

点评人：上海市教育委员会信息中心原总工程师　朱宇红

3.1.2 深圳：数智化赋能集团化办园高质量发展——以罗湖区清秀幼教集团为例

清秀幼教集团努力探索数智化赋能幼教集团高质量发展，通过已构建的信息化管理平台，实现集团与园所之间的无缝对接，支持卫生保健协同管理，促进园所无边界互动，并通过在一日生活中合理应用信息技术，实现了保教工作质量的显著提升，促进了幼儿的全面发展，为学前教育的均衡、持续、高质量发展提供了有益借鉴。

一、探索背景

深圳市罗湖区清秀幼教集团（公办）前身为罗湖区清秀幼儿园，广东省一级幼儿园，创办于 1984 年。2018 年，罗湖区教育局批准成立清秀幼教集团，其下属有 11 个园所（已开 8 所，3 所筹建中）。由于集团规模迅速扩大，提高集团管理的效率、优化资源配置、促进教师专业发展成为亟待解决的问题。为此，清秀幼教集团探索以数智化赋能幼教集团的质量发展。

清秀幼教集团的信息化工作从 1999 年起步，基础良好。近年来，历经"重构信息环境下的幼儿园联动管理体系""聚焦信息技术支持的卫生保健协同管理模式""探索数字化环境下的智慧保教融合路径"三个重要阶段，实现了集团园数智化管理。

二、应用样态

清秀幼教集团结合已有的信息化管理平台和实时互联的可视化互动系统，使得集团下属新建园、民转公园都能快速地、一站式复制集团积累的各类成果资源，在共享基础上完善园本化管理流程和运作规范，实现"高质量的底线管理"，推动园所高起点发展，形成了具有辐射效应的共建共享模式。

（一）信息化管理平台助力集团园高效管理

原清秀幼儿园的一站式信息交互管理平台（如图 3-1），三个中心交互联动，实现了教学、后勤、卫生保健以及资源、人事等标准管理体系。

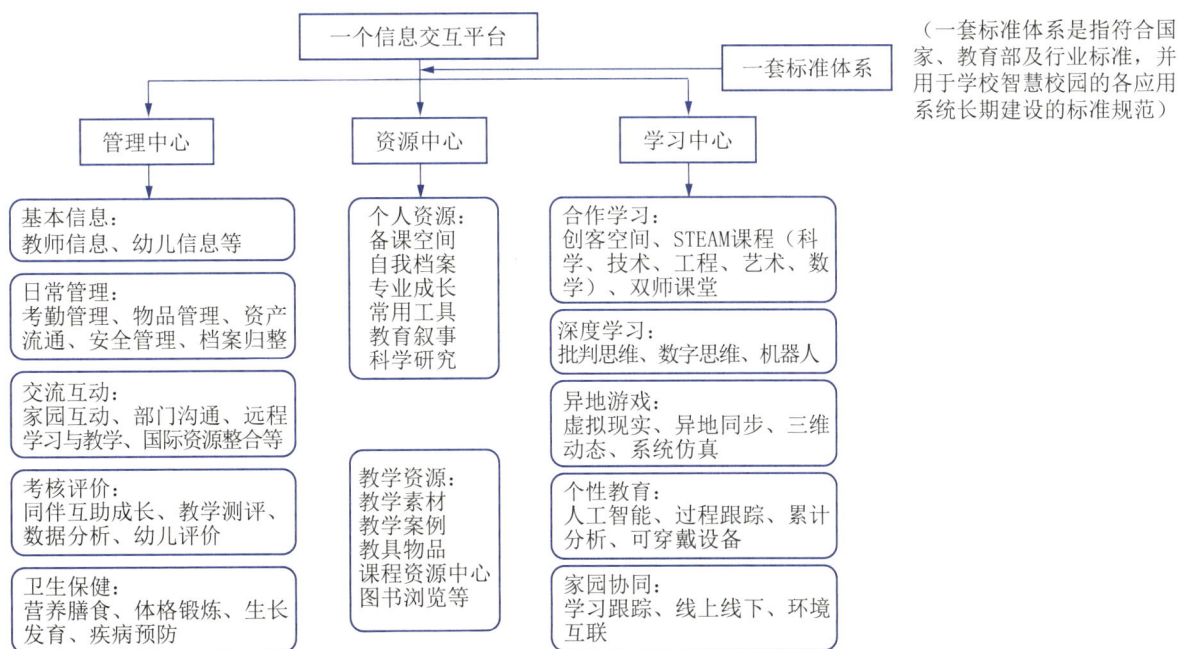

（一套标准体系是指符合国家、教育部及行业标准，并用于学校智慧校园的各应用系统长期建设的标准规范）

图 3-1　一站式信息化管理平台架构

　　集团成立后，迅速调整平台架构，将原有的"单体园空间"，升级为"集团＋各园的二级空间"管理架构（如图 3-2），形成包含由对外、共育、行政、集团四个信息空间构成的一体化管理体系及集团信息化管理闭环，既支持下属园的独立运营，也保证集团各园高质量底线管理，确保办园品质。同时，集团与下属园以及家长紧密关联，实时通达、资源共享，实现"高效管理"。

1. 一体化管理的基础运行体系

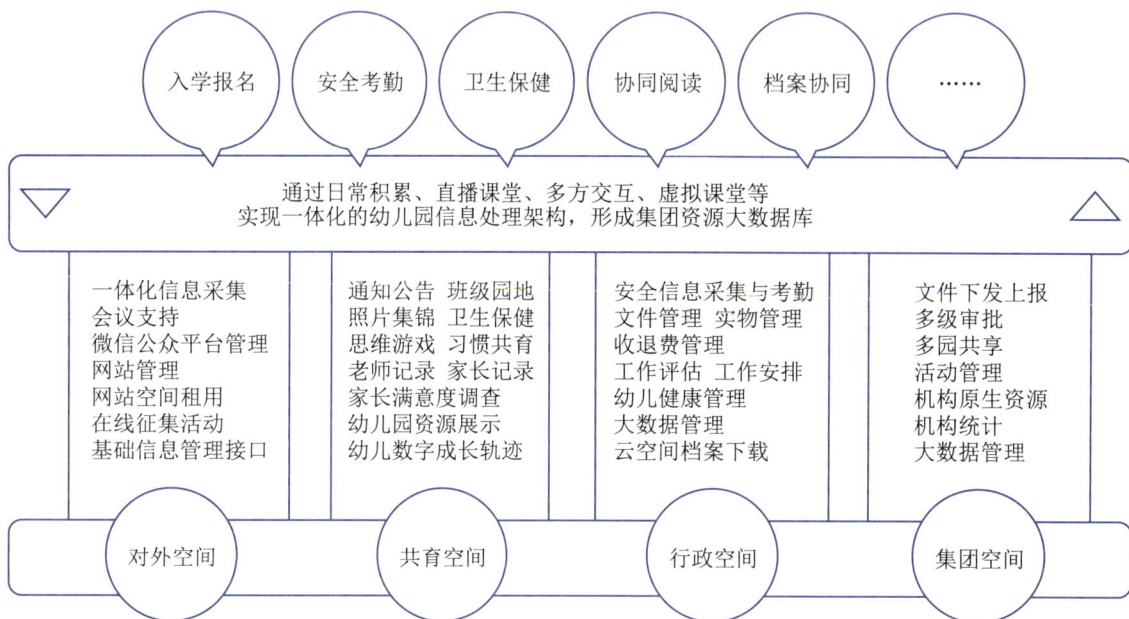

2. 幼儿园数字管理结构框架

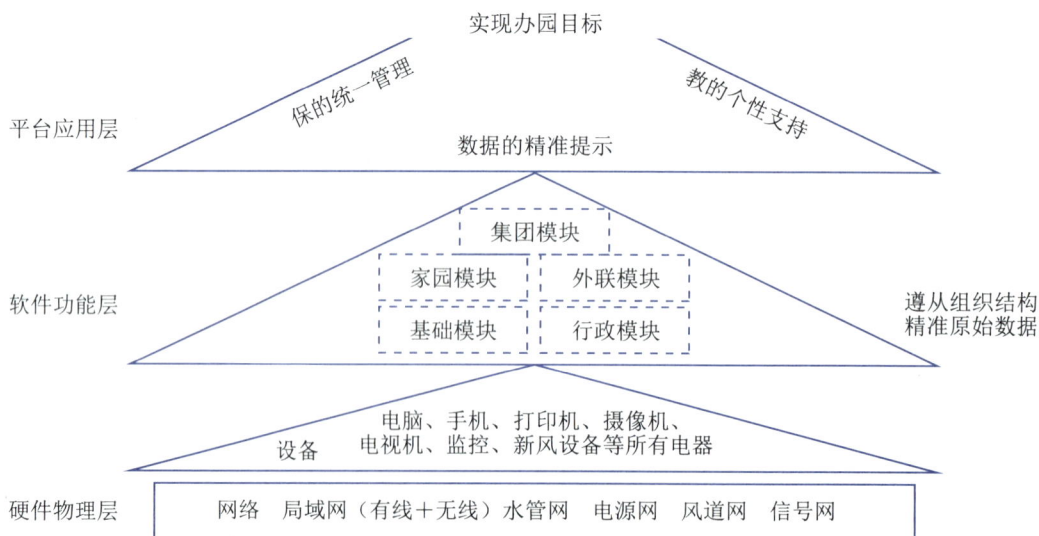

3. 基础的单园，到集团，到学区，再到教育行政区之管理要素对比

单园 独立运营		集团 与单园紧密关联 有人事与财务监管		学区 与单园专业引领 无人事与财务监督		上级 行业监督 无人事与财务监管	
基	办园目标与特色建设 基础硬件配置 组织架构设置 团队招募与配置	底	单园统一底线管理 夯实保的统一 放飞教的个性化支持				
规	工作规范系统化、细节化，确保支撑；保的统一管理、教的个性支持	通	单园对应的集团组织结构 团队建设与培训通道 规范共建与通道 信息上传下达共享顺畅				
数	日常工作及时数据化 数据统计实时化 决策支持数据化	数	数据统计实时化 决策支持数据化 信息优选资源化	共	规范共识 培训帮扶 资源共享	精	监管数据化 决策实时化 督导过程化
底线管理 确保品质		事事通达 行动有力		相互借鉴 共同进步		事事掌握 督导精准	

4. 园本教育资源共享一体化整合实施框架

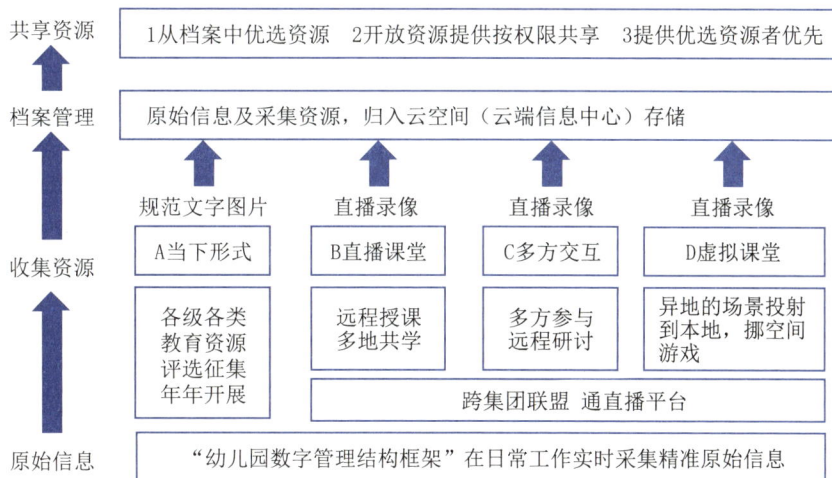

图 3-2 信息化互通的运行模式

（二）"一站式云信息系统"支持集团与园所全面业务联动

"一站式云信息系统"支持全集团各园之间包含信息资源、实物资源、教学过程、家园共育、督导评估、卫生保健、外联宣传等所有日常管理工作的云联动。大空间的"人、事、物""内部与外部""虚与实"的对接得以实现，赋能全集团实施高效、优质的管理。

场景一：全面数字化的招生管理体系（如图 3-3）

实现了招生全流程数字化。从招生信息的发布、报名、审核到录取、分班等各个环节，都能高效处理，确保了招生的公正、公开和公平。同时，通过数据分析进行合理分配、精准掌握生源情况，为后期发展助力。

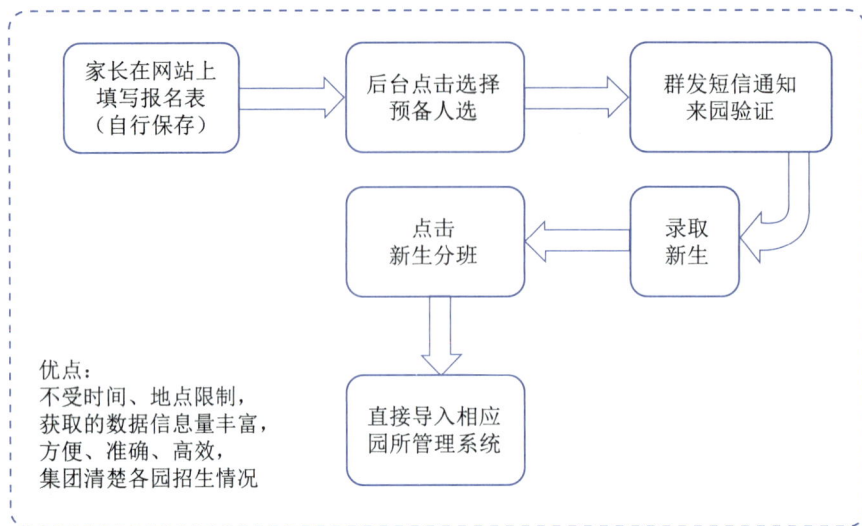

图 3-3　全面数字化的招生管理体系

场景二：实时共享的宣传平台（如图 3-4）

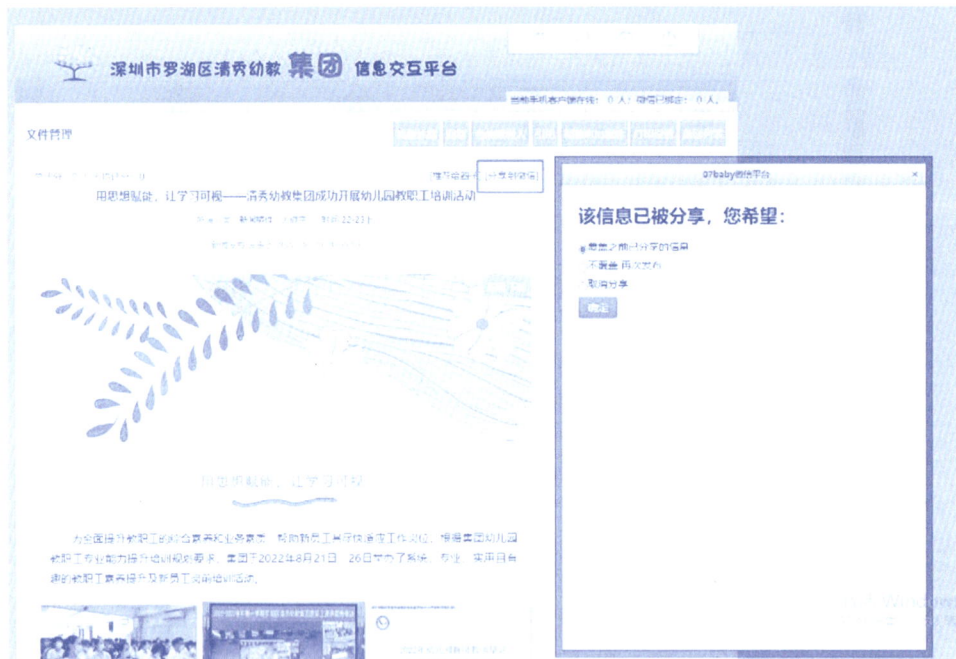

图 3-4　实时共享的宣传平台

集团将对外宣传的官网、微信公众号等与园所办公系统进行了无缝对接。教工登录办公系统进行的日常管理，如定制食谱、记录幼儿出勤、编发活动动态等，可同步推送宣传平台，实现了过程性信息的即时共享和高效沟通。家长通过园所动态、活动信息和通知公告等了解园所相关工作。

场景三：大数据分析支持全集团精准管理（如图 3-5）

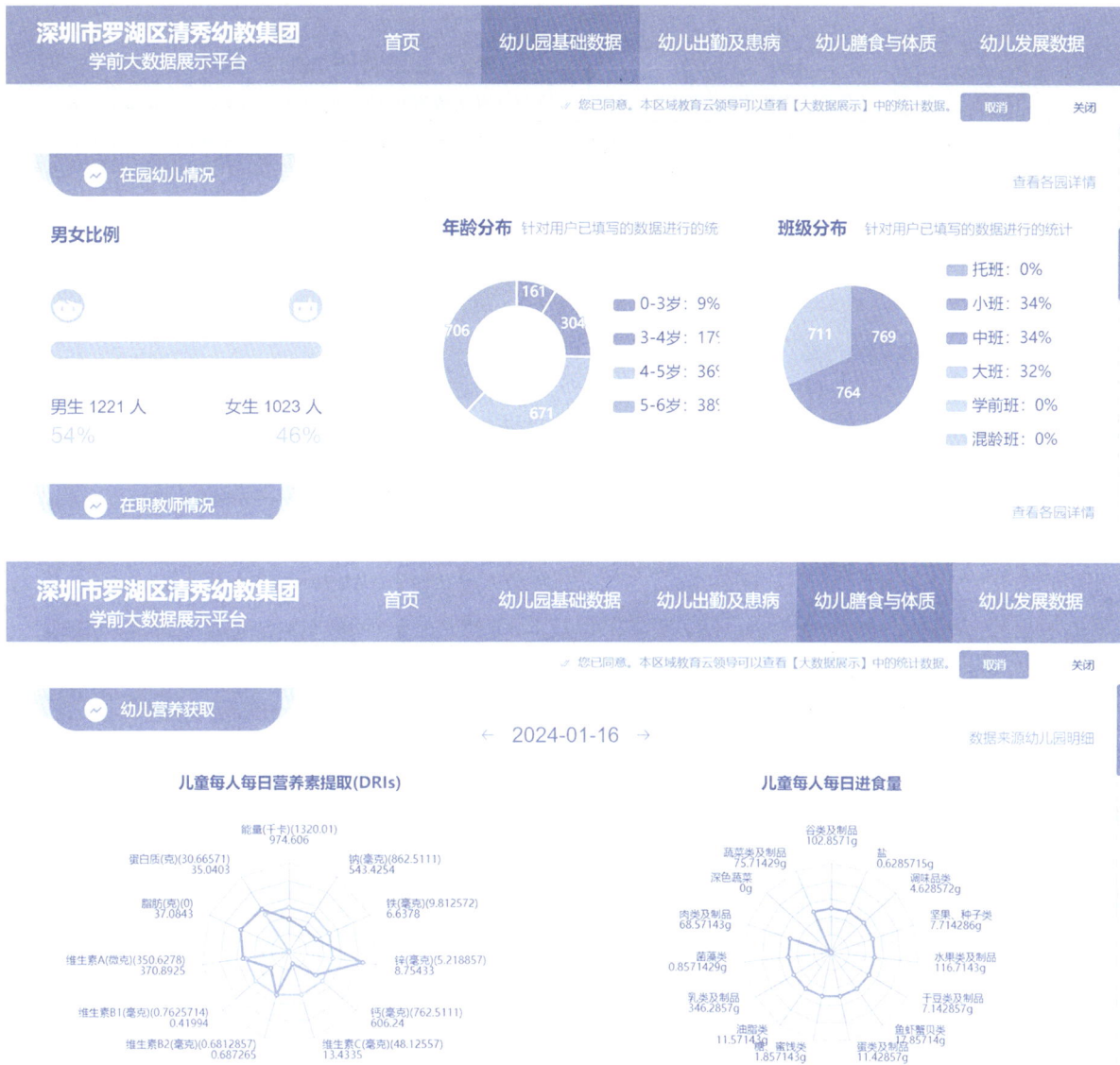

图 3-5 集团日常管理大数据展示平台示例

　　利用大数据深入分析园所日常管理的实施效能。实时了解教师和幼儿相关动态，及时发现问题并采取修正措施，确保园所平稳运行和持续发展。

（三）信息技术支持卫生保健协同管理

　　集团借助信息技术，探索变革，形成了幼儿园、幼教集团、行政部门、幼儿家庭四位一体的协同管理新模式（如图 3-6），助力集团各园卫生保健工作协同共进，整体关注、提升保健医生专业素质和能力水平，科学系统地评价幼儿生长发育情况，促进幼儿健康成长。

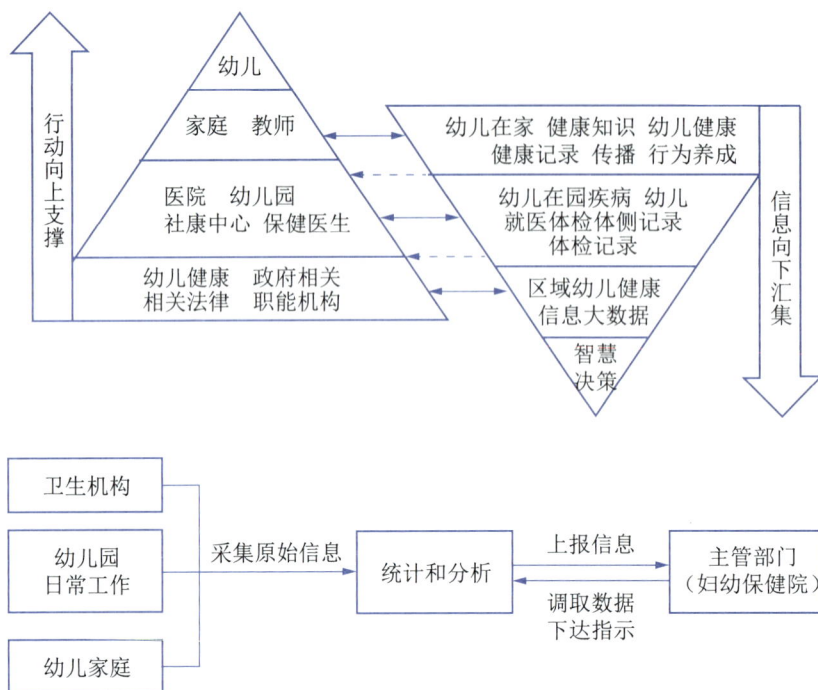

图 3-6 四位一体的卫生保健协同管理新模式

场景一：卫生保健十四大表格一键生成

来源于日常监测和体检记录的数据，通过系统自动生成卫生保健十四大表格（如图 3-7），省去了手工填写花费的时间和精力。

大体检年报表

☐ 显示幼儿园名称　班级切换：大一班 ∨

儿童年度体检情况登记表

班级：大一班　　　　　　　　　　　　　　　　体检日期：2023-12-15

序号	姓名	性别	出生日期	年龄	身高数值(厘米)	身高增长	年龄别身高	体重数值(公斤)	体重增长	身高体重增长	年龄别体重	身高别体重	营养不良状况	六分法评价	检出颗数	矫治颗数	新龋颗数	视力检查日期	左眼视力	左眼视力评价	右眼视力	右眼视力评价	是否低常	医院确诊	检查结果	筛查结果	医院确诊
1	宋雨	男	2017-09-03	6.03	111.0	6.0	中下	21.25	1.95	合格	中+	中上	正常	超重	0	0	0	2023-12-15	1.0	正常	1.0	正常	正常		(-)	(-)	
2	刘一	男	2017-09-03	6.03	112.0	6.5	中下	19.65	1.50	不合格	中+	中+	正常	正常	0	0	0	2023-12-15	1.0	正常	1.0	正常	正常		(-)	(-)	
3	马元	男	2017-09-03	6.03	122.0	7.3	中+	23.90	1.90	合格	中+	中-	正常	正常	0	0	0	2023-12-15	1.0	正常	1.0	正常	正常		(-)	(-)	
4	刘晧	男	2017-09-10	6.03	118.2	6.7	中+	20.50	2.55	合格	中+	中-	正常	正常	0	0	0	2023-12-15	1.0	正常	1.0	正常	正常		(-)	(-)	
5	钟艺	男	2017-09-15	6.03	123.0	8.0	中上	24.50	3.50	合格	中上	中+	正常	正常	0	0	0	2023-12-15	1.0	正常	1.0	正常	正常		(-)	(-)	
6	陈煜	男	2017-09-21	6.02	127.0	7.1	上	30.80	2.00	不可比	上	中上	正常	超重	0	0	0	2023-12-15	1.0	正常	1.0	正常	正常		(-)	(-)	
7	王起	男	2017-10-24	6.01	120.2		中+	23.70		不可比	中-	中-	正常	正常	0	0	0	2023-12-15							(-)	(-)	
8	钟梓	男	2017-10-26	6.01	109.5	4.8	中下	17.65	0.65	不合格	中下	中-	正常	正常	0	0	0	2023-12-15	1.0	正常	1.0	正常	正常		(-)	(-)	
9	陈旻	男	2017-10-30	6.01	112.6	5.2	中-	21.95	1.25	不合格	中+	中上	正常	正常	0	0	0	2023-12-15	1.0	正常	1.0	正常	正常		(-)	(-)	
10	郝逸	男	2017-12-14	6.00	113.6	5.4	中+	21.95	2.75	合格	中+	中上	正常	超重	0	0	0	2023-12-15	1.0	正常	1.0	正常	正常		(-)	(-)	
11	王炫	男	2017-12-14	6.00	110.6		中下	16.55		不可比	中下	中下	正常	正常	0	0	0	2023-12-15							(-)	(-)	
12	苏矛	男	2018-02-06	5.10	117.3	7.1	中+	22.50	2.35	合格	中+	中-	正常	正常	0	0	0	2023-12-15							(-)	(-)	
13	石泽	男	2018-02-27	5.09	114.0	7.8	中-	18.55	1.35	不合格	中-	中-	正常	正常	0	0	0	2023-12-15							(-)	(-)	
14	李鑫		2018-03-12	5.09	116.5	9.4	中+	22.95	4.30	合格								2023-12-15									

打印预览　导出Excel　关闭

图 3-7　自动生成卫生保健十四大表格

场景二：幼儿膳食管理一体化（如图 3-8）

用技术实现带量食谱的生成，确保营养均衡。同时为家庭提供食谱补充建议，确保幼儿饮食健康。

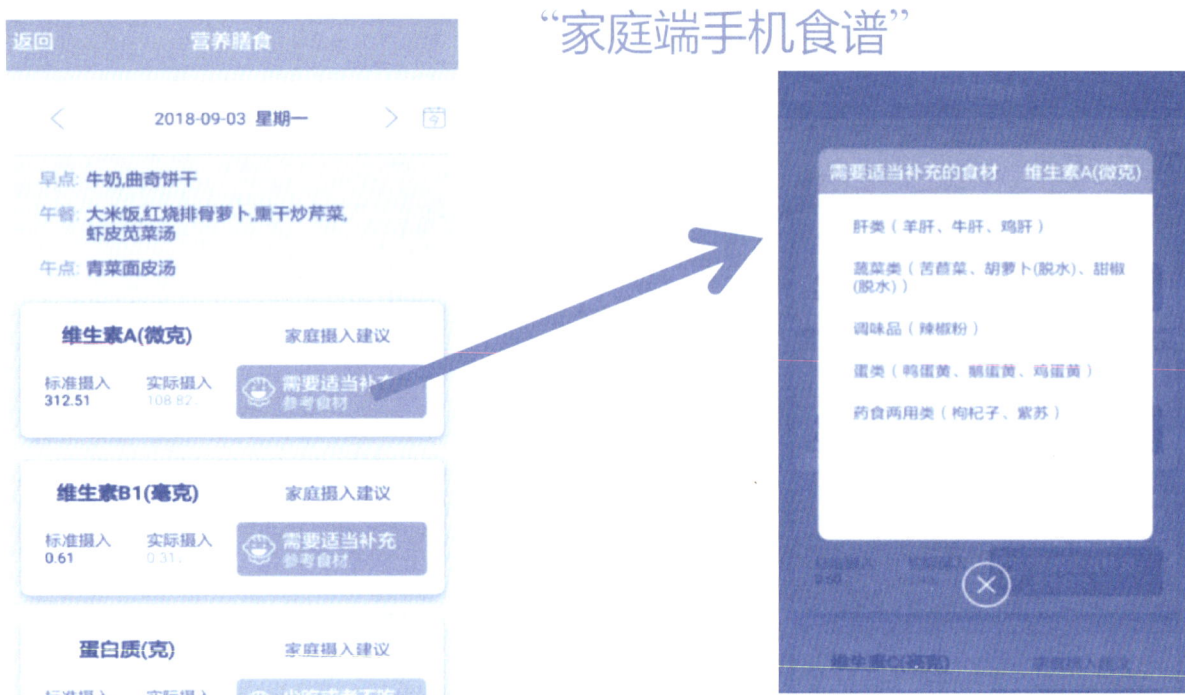

"家庭端手机食谱"

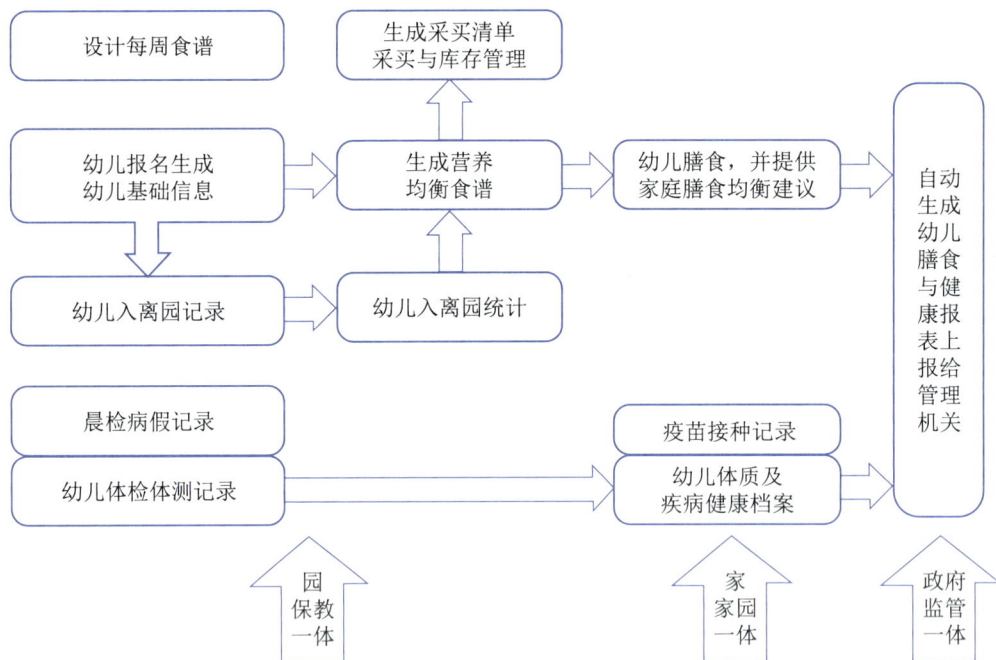

图 3-8　幼儿膳食管理一体化

场景三：数据分析让体格锻炼活动更科学

通过大数据（如图3-9）实时呈现幼儿的体格发育情况，并与班级的体格锻炼计划进行联动，为教师和家长提供更科学、个性化的教育指导。

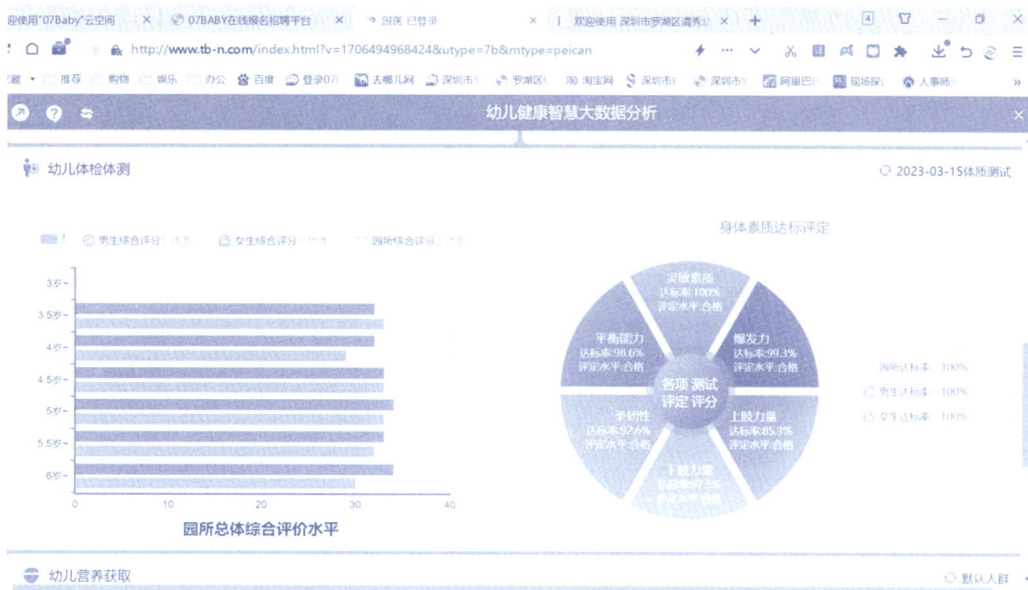

图 3-9　幼儿健康智慧大数据分析示例

（四）数智化场域实现园所无边界互动

集团创建了一个线上线下联动的可视化互动系统，并在党建、教研、教学、卫生保健、家园共育以及大型活动等工作中充分应用。

场景一：异地大教研活动

如，集团采用"电子引导布"教研方式开展跨时空联动教研。依托可视化互动系统，集团引入专家资源，和 200 多名教师一起，通过一个主会场和多个分会场实时开展联动教研（如图 3-10）。

图 3-10　集团多园联动教研实景图

教研中每一位教师都踊跃发表观点，现场梳理来自教师的 4 个维度 123 条有效观点，并迅速、实时地共享在大屏幕上（如图 3-11）。

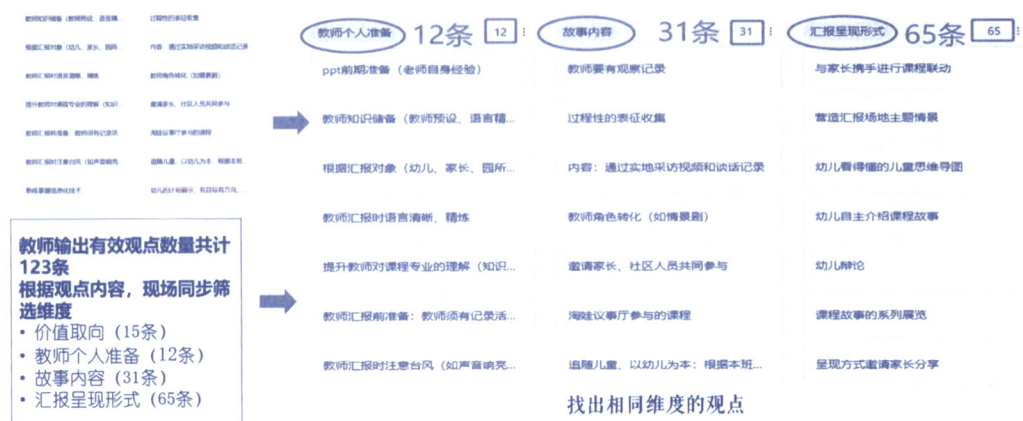

图 3-11　教研现场电子屏幕上观点呈现和梳理过程片段

教师输出的原始观点经过 2—3 次回归教育现场和教师共同体的深度研讨，不断补充完善，最终形成由教师们共同建构的课程自评指引体系。依托信息化思维，每一位教师都成为积极主动的构建者和学习者、教研活动的主导者和受益者。

场景二：跨时空的幼儿集体学习交互活动

集团充分发挥在教育现代化、信息化、数字化以及园本课程建设和优质教育资源建设等方面的优势，并不断深化，在支教新疆喀什地区学前教育工作中创新应用，通过跨地域的教师共同研讨、碰撞智慧，形成了常态化的、生动、有趣、富有创意的幼儿集体学习交互活动模式（如图 3-12）。

图 3-12　"深喀"两地幼儿集体学习交互活动实况

场景三：多园联动开展线上线下大型活动

集团连续 5 年运用数字化环境和可视化互动平台，携手新疆喀什、广西西林县等地的结对帮扶幼儿园，跨越时空限制，组织多项活动。如，通过连线跟随"一个人的长征"英雄步伐，采用情境再造、场景演绎、歌舞表演等多样化的方式，开展多种形式的爱国主义教育等大型活动（如图 3-13）。

图 3-13　2021 年"萌娃心向党，长征新出发"活动

（五）信息技术提升园所一日生活质量

集团倡导有选择性地把信息技术融入一日生活（入园、晨谈、区域活动、过渡环节、体育活动、学习活动等，如表 3-1 所示），建构智慧、多元的生活与游戏环境，丰富活动方式，促进幼儿全面发展。

表 3-1　信息技术在一日生活中的应用点位列举

序号	活动环节	信息技术应用点位
1	入离园	人脸识别系统考勤机
2	早餐及晨谈	触控一体机、电子签到、电子区域计划
3	自主游戏活动	3D 打印、机器人、二维码、定格动画、电子绘画板、手机、照相机、平板电脑、智能显微镜、小度小雅、有声绘本、教育软件等
4	户外活动	智能运动手环、手机、照相机、小度小雅等
5	学习活动	定格动画、微课技术、机器人、手机、照相机、触控一体机、在线教育平台、有声绘本、教育软件等

例如，晨谈环节的电子签到（如图 3-14）、区域计划（如图 3-15）等，让幼儿体验多样化的活动内容与形式，幼儿的自我服务能力和自主学习积极性得到提高。

图 3-14　小班电子签到板

图 3-15　幼儿区域计划

在学习活动及自主游戏中，灵活运用触控一体机、机器人、手机、有声绘本、教育软件、电子教学资源等，丰富形式和内容，激发幼儿的学习兴趣和好奇心。创作完成之后，再将故事上传到平台，实现家园共享（如图 3-16）。

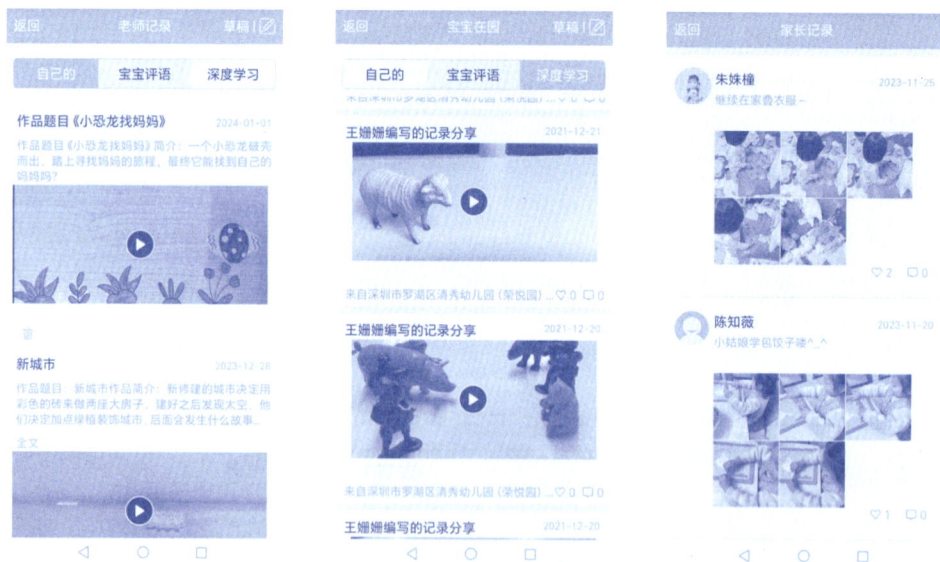

图 3-16　家园平台上传定格动画

其中，定格动画技术深受幼儿喜爱。通过选择道具、设计场景、拍摄画面、制作画面、配音、配乐，自主创编小故事（如图 3-17、图 3-18），幼儿充分体验创作过程并满足创作欲望，提升了专注、好奇等学习品质，实现了创作想象、语言、艺术、操作、思维等多种能力综合发展。

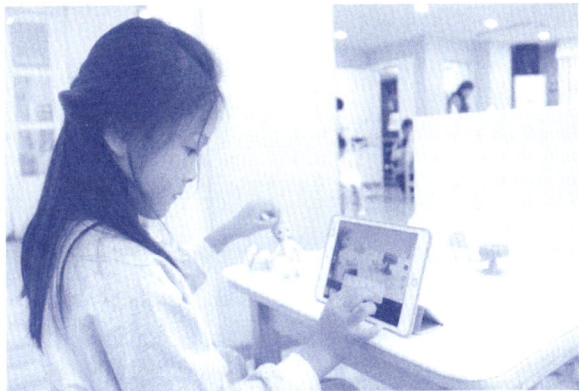

图 3-17　幼儿拍摄精彩画面

图 3-18　幼儿给创编故事配音

信息技术为幼儿的体验学习、合作学习、跨学科学习等提供了问题发现与解决的真实情境，激发集团园教师重构教育模式，提升幼儿在园一日生活、游戏与学习的质量。

三、实践成效

（一）数智化赋能确保集团各园高质量底线，实时调控过程性管理，实现公立幼教集团的优质高效运作

突破时间和空间的限制，实现集团跨园所、跨地域的管理和服务。借助数字化平台和技术，迅速复制优质经验，让能力弱（新）的园所迅速进入规范运作，保证各园均衡发展。数智化可以实时掌握各园运行的即时情况，通过核心统领、部分统管和重点监督等方式，及时解决运行过程中的问题，引领各园快速发展。同时，数智化也便于各园不断反馈，持续优化管理流程，促进集团各园高质量发展的高效良性运作，进而整体提升集团化办学的管理水平和教育质量。

（二）数智化赋能幼儿学习，促进幼儿园重构教育新模式

数智化不断为幼儿教育赋能，集团探索重构数字化环境下的幼儿园教育新模式，构建新时代课程体系。当前，在为幼儿提供丰富的学习材料、互动游戏和虚拟现实体验等，利用技术、在线平台等多种教学资源，激发幼儿的学习兴趣和创造力，以及通过大数据对幼儿学习行为、兴趣和需求进行分析，为幼儿提供个性化的学习资源和指导等方面的探索已取得一些可复制、可推广的成果。

（三）数智化赋能优质资源共建共享，助力提升保教质量

集团积淀多年的实践研究成果，建立了信息化资源库。资源覆盖学习环境、一日生活、区域活动、主题探究、卫生保健、集团管理、教师数字素养等方面，论文 100 余篇、课题成果 40 余个、优质教学课例 200 余个、项目案例 400 余篇。获得深圳市"教师信息技术应用能力提升工程 2.0 '整校推进' 案例"优秀幼儿园称号。

（四）数智化管理模式，对集团辐射示范起到了积极的作用

集团的多项办学成果获得同行及社会的高度认可，如，2022 年被评定为"广东省首届优质基础教育集团"、2023 年获得第九届深圳市"教育数字化变革先锋学校（园）年度奖"，辐射示范已成己任。区域内，通过名师工作室及课题研究引领，通过定期的经验分享、教学交流等活动，积极分享数智化管理成果，推进协同发展。学区外，通过多种形式，如异地比赛、智慧接力、多师联动课堂和线上培训等与同行进行交流和资源分享，将成熟的智慧管理经验辐射至市、省和全国范围，为幼儿教育的教育数智化转型做出积极贡献。

四、经验启示

数智化赋能可以有效提高集团化办园的协调运作效率、助力集团及园所的高质量发展。同时，幼儿园数智化需要注意三个关键要点：

（一）积极主动拥抱数字化，创新理念，开放思维

智能时代已经到来，智能幼儿园要做到环境数字化、管理数字化、生活数字化以及可视化管理，园所管理者应具备数字化思维和创新能力，将数字化技术与管理实践相结合，提高管理效率和质量。鼓励创新思维和开放心态，关注数字化、数智化等最新发展趋势，积极拥抱数智化，推动其与幼儿园的融合。

（二）完善数智化幼儿园的工作机制和科学建构应用模型

数智化幼儿园需要利用 AR 技术、VR 技术、大数据等先进技术，让管理更规范、信息交流更顺畅。可以基于幼儿园数字化现状，明确目标，梳理流程，明晰管理者、教师、幼儿、家长等各方运用信息技术的路径，确定具有适用性的架构、流程指引。

（三）儿童发展优先，信息技术使用适度

数字化技术为学前教育带来了新思路和新方法，但也要警惕过度依赖技术。特别是幼儿年龄小，技术的使用应科学合理。基于儿童发展优先的理念，适时、适度地将技术的运用融入幼儿园各项工作中，充分发挥技术的优势，让技术更适切地为教育服务。

供稿单位：深圳市罗湖区清秀幼教集团

作者：郭琼、李楠楠、郭扬

专家点评：

该案例通过数字技术在集团园管理中的使用，体现了数智化在集团园管理中的应用形态及其作用。数智化不仅仅是技术工具的使用，已然成为促进教育资源共享、保教活动实施方法创新和集团园管理优化的重要途径与方式。

例如，通过数智环境与管理平台，园际之间轻松分享课程资源，极大地丰富了保教活动实施的内容和形式。又如，促进教师之间的专业成长。教师可以在平台上分享各类保教活动开展的经验、讨论教育现象与解决方案，进行远程教研活动。这种形式的教研活动，突破了传统的空间和时间限制，让教师可以更加灵活和高效地进行专业交流和学习。

此外，该园还提供了丰富的数智化互动工具，支持视频会议、实时消息交流、文件共享等功能，使得幼儿园管理者和教师能够更加便捷地进行沟通协作。在幼儿园集体活动中，平台的应用也非常广泛。教师可以利用平台进行活动直播，使得家长能够实时了解孩子在园参与各类活动的情况。同时，平台还可以作为展示幼儿作品的窗口，增加家长对孩子学习与发展成果的认知和参与度。

在学前教育领域，诸多集团化办园都面临着如何实现整体高质量发展的挑战。数智化技术为这一挑战提供了解决方案，清秀集团在数字化技术应用、智能化管理提升、数据分析驱动决策、优质资源共享、跨地域协同发展、品牌影响力强化、人才队伍建设、质量监控与评估等多个方面提供了较好的参考。

点评人：华东师范大学课程与教学研究所副教授 杨晓哲

3.1.3 武汉洪山区：数字化转型赋能幼儿园低结构材料的有效应用

本案例立足数字化转型的时代背景，针对幼儿园低结构材料运用瓶颈，探讨了数字技术赋能幼儿园低结构材料的多元化应用。案例梳理了传统低结构材料运用存在的问题，依托数字技术，提出智能交互、数智一体、虚实结合的数字化转型赋能幼儿园低结构材料应用策略，并列举了系列探究性活动范例。案例实践效果显著，幼儿的活动参与度、思维能力和专注力等学习品质有明显的提升，从区教育局直属幼儿园试用到全区幼儿园推广使用，为数字时代幼儿园低结构材料有效应用开辟了新途径。

一、应用背景

在幼儿园区域活动中，结构简单并具有多元特点的低结构材料玩法多变，能促进幼儿认知、想象和创造，因此备受大家的关注。但通过调查我们发现区域幼儿园低结构材料运用存在不足：

（1）教师对低结构材料本身所蕴藏的价值和特性认识不足，使得低结构材料应用缺乏新颖性和多样性，难以调动幼儿的好奇心，难以提升幼儿的参与度。

（2）低结构材料大多来源于生活，普通常见，受材料的原通用功能的影响，教师不易引导幼儿多元化使用材料学习思考，难以提升幼儿思维能力。

（3）在低结构材料活动中，幼儿满足于玩耍，活动随意、表浅，很难沉浸其中，难以提升幼儿专注力。

当下数字技术的发展为教育带来了新的变革，也为洪山区幼儿教育带来了生机。针对幼儿园材料应用现状，我们借助数字化赋能低结构材料开展了实践研究。

二、实践范例

（一）智能交互，凸显低结构材料的趣味性，提升幼儿好奇心与参与度

纸张在幼儿园区域材料中非常常见，幼儿能运用纸张画、折，或者裁剪平面图案。纸张还能怎样玩？我们借助微课动画搭建智能交互手段，直观演示三维立体空间的概念。微课中纸张通过裁剪后发生的三维空间的扭曲、变形特点，唤醒了幼儿剪纸拉花的经验。随后，幼儿兴奋地尝试裁剪纸张，感受立体空间效果，最终用一张 A4 纸剪成一个完整的圆，圈住了全班小朋友。简单的一张纸让幼儿百玩不厌，不亦乐乎。

植物角的盆栽只有装饰观赏的作用吗？当然不是。在大班幼儿寻电测电活动中，测电表的投放改变了植物的单一功能。观察记录土培植物可否产生电并观测分析测电表数据变化，幼儿发现了串联土培植物的数量与电量的大小有直接的关系。土培植物带电这一特性，点燃了所有幼儿好奇探究的兴趣。类似的经验还有不少，如表 3-2 所示。

表 3-2 低结构材料活动中智能交互应用示例

材 料	活 动	常见问题	智能交互	价值体现
气球、皮筋、棉花、纸筒	棉花糖弹弓	仅认知材料的单一特性及在生活中的一般用法	实验记录，数据对比，希沃软件	感知材料的弹性，弹射的支点与距离
鸡蛋	孵蛋护蛋	仅能想到与吃相关的活动	视频，数据记录	感知生命的诞生感知张力的大小
种植材料	水稻种植	超出幼儿生活经验，仅限于成人讲述	视频，监测，数据记录	感知植物生长，开展综合性学习
废纸	自制纸张	仅限画、折、剪、贴等一般美工活动	微课学习、实验记录、投影等	学习简单制纸工艺，感知沉淀、过滤

由此可见：通过数字方式搭建智能交互平台，运用音像技术、数据支持等多媒体形式为单一的低结构材料赋能，实现了一物多玩，凸显低结构材料的趣味性，从而有效地激发了幼儿对材料的好奇心，提升活动参与度。

（二）数智一体，挖掘低结构材料的探究性，提升幼儿的思维能力

幼儿经常会利用纸杯、纸盒等低结构材料制作"洗衣机"，由于材料限制，幼儿无法直观感受到涡轮洗衣机的工作原理，所以活动只能止于艺术领域。

为了突破瓶颈，我们将"洗衣机"安装到正反旋转的"魔方机器人"上，在动力的带动下"迷你洗衣机"可以模拟涡轮洗衣机进行运转。

"新产品"让"洗衣机"制作从艺术活动走向科探领域，探究流程如图 3-19 所示。注水转动测试中，幼儿发现筒体太重会影响转速；机身装饰不均衡会造成倾斜，影响旋转；筒体太浅水会飞出来。

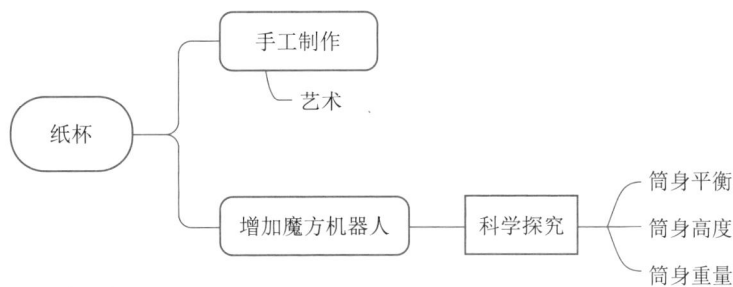

图 3-19　纸杯"洗衣机"的探究过程

小汽车是幼儿普遍喜欢的玩具，我们先后组织 90 名幼儿用自制的小车开展多距离跑车比赛，并追踪记录制作和比赛情况。比赛后，他们借助表格记录、视频回放以及实验数据的比对，发现塑料布适合做风帆。

借助电子表格将实验数据进行比对，以及现场实验的视频回放等，幼儿进一步感受到风力、风向与小车前进速度的关系。

幼儿发现风力大、集中，小车的前进速度快。同时也发现，风力太大，风向不集中，风帆承受不了，小车反而会翻车。数据的追踪和分析让幼儿顿悟帆船航行时遇上大风，一定要收起风帆的原因。

积木是幼儿园最常见的低结构材料，幼儿用积木搭建，搭了倒，倒了再搭，却很难理解墙体为什么会轻易倒塌？砌墙游戏自然生成。为了引导幼儿有效回顾并总结出抗震实验中，怎样的搭建方法更坚固，教师充分使用了视频录制、回放的技术。生涩难懂的知识，被多媒体技术直观、具象、生动地呈现出来，幼儿轻轻松松就能理解。

由此可见：在多种低结构材料组合使用中应用多媒体技术，能够延展低结构材料的探究性和多变性，将材料和知识进行复盘整合、迁移应用，实现从"被传授"到感知体验、提炼经验的跨越，促进了幼儿思维的发展。

（三）虚实结合，促进活动中师幼有效互动，提升幼儿沉浸感和专注力

植物生长很受幼儿关注，传统教学中教师通常带着幼儿播种并观察记录生长过程，但种子生长周期长，萌芽、开花、结果等常受时间、气候和空间等因素影响，很难全程进行完整记录。我们以延时摄影方式录制植物每一个生长过程，需要长时间观察的生长过程被智能技术处理后，以短视频的方式呈现在幼儿面前，短短几十秒幼儿目睹植物完整的生长周期，全神贯注地感受生命的力量。

又如体能活动中，教师运用希沃软件及配音，为幼儿营造了球员训练的赛场场景，虚拟的教练员讲解比赛规则、发出指令，小小球员们利用常见器械组合完成比赛，教师和幼儿沉浸其中。与此同时，教师为每名球员佩戴手环，运动中全程无感监测心率，并上传数据，形成可视

化图表。激烈的比赛结束，幼儿查看图表，直观地了解心率知识，认识到保护心脏、科学运动的必要性。

数字化转型实践应用（如表 3-3）助推教师成为有心的观察者、有力的支持者，师幼互动的有效性在增强，同时幼儿的沉浸感和专注力也在提升。

表 3-3 信息技术在各学习阶段中的应用示例及效果

阶 段	技 术	应 用	效 果
前置学习	网络资源库和课件等	图片、视频资源	降低活动难度，激发兴趣，师幼达成共鸣
直观演示	手机录制和摄像、监控器跟踪、希沃软件等	无感记录活动过程、微课、指导等	解决活动的重点、难点，师幼沉浸式互动学习
推介成果	电脑软件、手机 App 等	剪映、抖音、美篇等	宣传、肯定成果，师幼共同体验成就感

三、实践成效

在区域幼儿园两年的数字化转型赋能低结构材料应用实践中，幼儿参与活动效果明显（如表 3-4 所示）。

表 3-4 幼儿在低结构材料活动中的参与度及持久度对比

场景	前			后		
以观察中班区域活动"纸张游戏"为例	怎么玩	参与人数	持续时长	提供"神奇拉花"步骤视频后，怎么玩	参与人数	持续时长
	随意剪、撕、贴、折等	6 人	15 分钟	学习剪拉花，合作玩拉花；其他剪贴活动等	11 人	25 分钟
	对比结果：幼儿参与人数提升 83%，兴趣持续提升 67%					
以观察大班探究活动"自制洗衣机"为例	怎么玩	参与人数	持续时长	提供"魔方机器人"后，怎么玩	参与人数	持续时长
	用纸杯、纸板等材料制作洗衣机模型	8 人	20 分钟	为纸杯安装魔方机器人，实验模拟涡轮旋转	15 人	35 分钟
	对比结果：幼儿参与人数提升 88%，兴趣持续提升 75%					
以幼儿在植物角观察"黄豆发芽"为例	怎么玩	参与人数	持续时长	提供植物生长延时拍摄视频后，怎么玩	参与人数	持续时长
	看长势，说变化，做记录	3 人	3 分钟	持续了解生长全过程；对比黄豆的生长阶段；记录更形象	6 人	6 分钟
	对比结果：幼儿参与人数提升 100%，兴趣持续提升 100%					

虽然只有部分班级和几个活动场景的观察记录，但也能说明运用数字技术能促进材料多元

运用，有效地提升幼儿的参与度和兴趣持久性，利于幼儿思维能力的发展。

我们再来看看关于教师的调查数据及分析。

表 3-5　教师在低结构材料应用方面的学科素养及能力调查

问　　题	选　　项	
问题 1：信息技术能帮助教师发现低结构材料更多价值吗？	A 非常符合	B 符合
	C 一般	D 不符合
问题 2：信息技术的运用能提升低结构材料的趣味性吗？	A 非常符合	B 符合
	C 一般	D 不符合
问题 3：在低结构材料活动中运用信息技术，对师幼互动有积极的促进吗？	A 非常符合	B 符合
	C 一般	D 不符合
问题 4：在低结构材料活动中运用信息技术，是否对活动组织有积极的帮助？	A 非常符合	B 符合
	C 一般	D 不符合
问题 5：在低结构材料活动中运用信息技术，是否对活动预期效果有积极的影响？	A 非常符合	B 符合
	C 一般	D 不符合

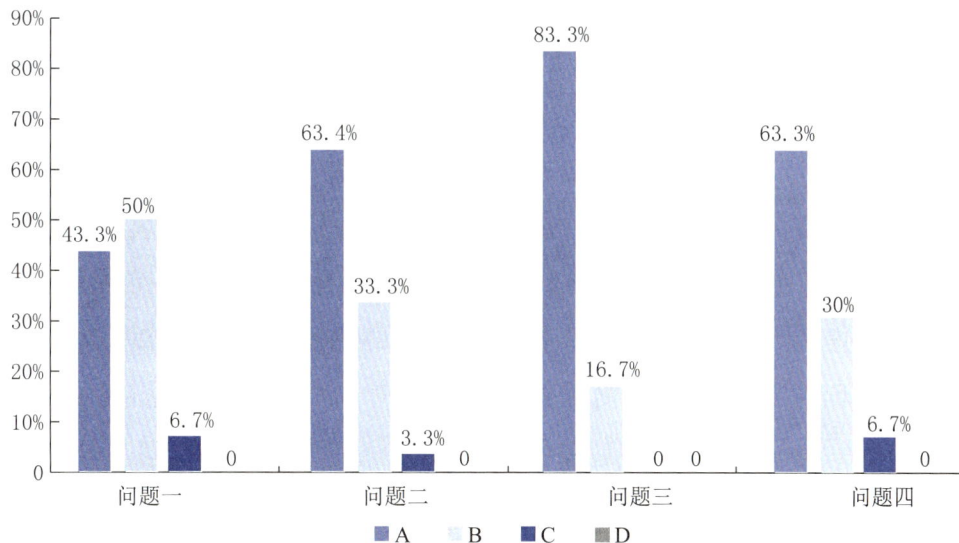

图 3-20　教师在低结构材料应用方面的学科素养及能力调查统计

由表 3-5、图 3-20 可见，教师认可数字技术在低结构材料运用中的价值，并能主动拥抱新技术，能关注幼儿个体发展的需求，激发儿童自主学习，注重培养幼儿的全方位的学习品质。

四、应用启示

研究不仅让区域园所看到了数字赋能低结构材料应用的广度、深度和力度，也让全区百余所幼儿园看到了方向，前期积累的宝贵经验和优秀案例拓展了更多教师的视野。在后期的推广中，全区幼儿园教师大胆应用新技术，积极以数字技术撬动低结构材料在幼儿活动中的深度应用，摸索出了通过数字玩具虚实交互融合赋能低结构材料，让材料发生"蝶变"；利用数字技术打破时空限制，赋能低结构材料，让材料升值；借助数字记录聚焦重要节点，赋能低结构材料，突破材料瓶颈等多种有效策略。

在如何科学、恰到好处地运用技术赋能低结构材料应用中，教师也深刻地认识到数字化转型是当下教师和幼儿无法回避的新生态。所以，我们不能忽视幼儿的数字生活要与时代无缝对接，要站在新时代儿童的视角合理支配和应用数字技术，推动儿童智能化学习。今后我们还要进一步思考和主动实践，让信息技术成为提升幼儿教育品质、促进幼儿全面和谐发展的有力支撑。

供稿单位：湖北省武汉市洪山区教育局

作者：梁昇、胡田、吴振涛

专家点评：

"数字化转型赋能幼儿园低结构材料的有效应用"案例，针对幼儿园教学过程中存在的低结构材料本身所蕴藏的价值挖掘不深、儿童活动随意性大、参考度不高等问题，发挥数字技术优势，按照幼儿园教学需要将新技术、新工具与低结构材料应用相结合，通过智能交互、数智一体、虚实结合的应用策略，引导儿童开展自主探究性活动，提升了幼儿活动参与度、思维能力和专注力，以活动案例方式分析了数字技术在活动实施的过程和方法，为数字时代幼儿园低结构材料有效应用提供了新途径。教学活动案例针对日常教学问题，将数字设备应用于园所教学中，较好地解决了园所教学活动中存在的问题，探索出幼儿园低结构材料应用的新方法，提高了幼儿学习活动的质量。当然，在教学过程中要避免过于强调技术环境而忽视真实场景的学习、过于强调儿童虚拟体验忽视儿童现场体验重要作用的问题，进一步针对个体问题将数字技术工具和真实活动玩教具相结合，依据儿童认知发展规律指导新技术和新工具在幼儿园教学中的应用。

点评人：华东师范大学教育学部教授　李锋

3.2 园所案例

3.2.1 技术赋能背景下"幼儿园户外 2 小时活动"实施与优化的行与思

上海市浦东新区冰厂田教育集团在积极响应上海市教育委员会"幼儿发展优先"理念的基础上，借助集团化办学的优势，通过集团成员校基于园所实际围绕同一研究主题分组共研的形式，以技术赋能背景下的幼儿运动手环为载体，开展了"幼儿园户外 2 小时活动"实施与优化的一系列实践探索。同时，就户外大小场地的优化调整、不同维度数据比较分析下的教师观察及幼儿户外运动自评等方面提出了相应的策略，实现了信息技术赋能背景下，高质量幼儿运动发展的教育追求。

一、背景及问题

（一）实践背景

冰厂田教育集团（以下简称"集团"）于 2018 年 4 月成立，2020 年开启集团课程共建共享项目，以"基于儿童视角的幼儿园课程实践"为主题，构建并运行集团课程共建项目机制，组建了 18 个跨校教师研修小组，开展了近 90 场幼儿活动现场观摩与联合教研活动，奠定了良好的集团课程共建与联合教研的基础。

更为重要的是，部分园所在户外环境创设与户外活动实践方面已经积累了一些特色经验，在发挥集团化办学凝聚力量的基础上，为实现"依托信息技术赋能，促进幼儿的运动发展"这一教育共识和追求而共同努力！

（二）研究问题

聚焦幼儿运动状态，前期对集团内成员校运动环境和运动状况开展了调研，发现教师主要凭借自身的经验对幼儿的运动情况进行判断。例如，通过手摸后背出汗量、观察面部是否出现潮红现象、手部搭脉测脉搏等，进行幼儿运动量的评估。这种"眼看手摸"的运动评估方法存在两方面问题：一是耗时长，难以在短时间内知道全班幼儿的运动情况；二是不精准，误差大。例如，有的幼儿看似脸色绯红其实是因为面部皮肤的毛细血管比较浅易脸红，但这并不意味着幼儿运动强度强，相反，有的幼儿脸色正常但实际上已经高强度运动过长时间，心率极高，再保持高强度运动会有损幼儿健康。经验型运动评估的方法并不科学。

为破解这个问题，集团依托信息技术，引入幼儿运动手环，为教师观察幼儿运动状态提供及时、真实且科学的运动数据，用数据"说话"，以数据为基，实现对每一个幼儿运动情况的切实观察与支持。

二、策略及价值

集团在探寻技术赋能背景下"幼儿园户外 2 小时活动"实施与优化的过程中，以 2023 年下半学年幼儿户外运动的实践探索为例，积累了一定的教育策略与思考。

（一）实现大小场地全覆盖，发挥运动场地的最大价值

场地作为幼儿户外运动的重要环境，是影响幼儿运动发展的重要因素。集团第一共研小组以"技术赋能背景下幼儿中高运动强度的材料支持"为主题，直面大场地、小场地中的不同问题，通过户外运动场地的不断调整，实现"小"场地"大"空间让运动"燃"

起来。

1. 小场地，关注幼儿运动需求，调整场地实现幼儿运动可能性

小场地园所面临着严重的"圈地运动"困境，场地有限，怎么做到运动不受限？例如，塑胶场地南北宽度只有20米左右，架子、轮胎等器械放置后，幼儿便无法撒开腿跑；而东西向最长的跑道，却因分给了三个班级使用被"拦腰切断"。

基于手环数据和实地观察，教师进行如下调整：第一步，撒走原本放置在跑道中间的器械，还跑道"一马平川"；第二步，在跑道另一内侧边摆放跑酷架，利用奔跑时的速度，保持身体的平稳。调整后的跑道区域与绿色内侧形成了环路，"解放"了跑道，也由此激发了幼儿大动作运动的可能性。

2. 大场地，倾听幼儿真实想法，调整布局调动幼儿运动积极性

大场地园所同样也"遭遇"幼儿运动量不理想的现实困境。以"骑行区"为例，教师基于幼儿运动手环数据进行调整，和幼儿共同挖掘可以延展的场域，鼓励幼儿将发现记录下来，将原先固定的骑行区域调整为"口"字形骑行路线，并且将信息技术与师幼一对一对话相结合，基于幼儿真实所需，通过动态布局调整调动幼儿运动积极性。

（二）实现一对一式的观察，发挥教师应有的最大支持力

1. 数据寻因，优化一对一观察

运动手环与影像结合进行数据采集，提供了每个幼儿的运动数据，如中高强度达标情况、热力图与视频影像等，为教师进一步对个体运动轨迹与动作发展情况进行一对一式的追踪观察，奠定了重要的实证基础。例如，在视频影像追溯过程中，教师发现有的幼儿跑动距离虽长，但动作不标准，没有起到提升运动核心经验的价值，需要教师基于幼儿运动兴趣进一步通过环境材料和高质量的师幼互动跟进指导。

2. 数据比较，优化支持策略

根据需要有针对性地进行同类数据的比较观察、分析，以确定下一步支持的适宜性和有效性。

差异对比，理解幼儿动作发展规律。例如，可从同一材料的不同玩法、不同路径的运动强度比较以及同一路径幼儿动作发展的差异来甄别更适宜于幼儿发展的支持策略。

区域对比，优化材料提供。结合不同区域环境与材料以及幼儿动作发展影像资料，对同一班级在不同区域的活动手环数据进行比较分析，以了解不同材料对幼儿动作发展的实际价值，进一步提升环境创设与材料支持对幼儿动作发展的促进作用（如表3-6）。

表 3-6　同一班级在不同区域的活动手环数据分析表（以大四班为例）

周次	来园人数	场地	户外活动达标人数	户外活动达标率	中高强度达标人数	中高强度达标率	双达标人数	双达标率
第九周	25	2 号	25	100%	14	56%	14	56%
第八周	24	3 号	24	100%	24	100%	24	100%

班级对比，实现资源共享。将同一区域不同班级活动的手环数据进行对比，以发挥不同班级在课程实施方面的主观能动性，实现资源共享。例如，通过数据对比发现同一区域不同班级中高强度达标率存在差异时，年级组就可以通过组内教研活动进行分享交流，共同分析造成差异的主要原因，进而开展针对性教师支持（如表 3-7）。

表 3-7　同一区域不同班级活动的手环数据情况表（以 3 号场地为例）

班级	活动人数	户外活动达标人数	户外活动达标率	中高强度达标人数	中高强度达标率	双达标人数	双达标率
大一班	23	23	100%	21	91%	21	91%
大二班	21	20	95%	19	90%	19	90%
大三班	26	26	100%	24	92%	24	92%
大四班	24	24	100%	24	100%	24	100%
大五班	20	19	95%	19	95%	19	95%

（三）探索幼儿运动"自评"，最大化发挥幼儿运动自主性

集团第六共研小组抓住幼儿对运动手环的数据好奇的契机，开展了幼儿自评的实践探索。

第一步，借助儿童会议，让运动数据更易被幼儿所理解。通过引入单人卡片和标注箭头来解释数据含义，又在师幼讨论后，将"中高强度运动时长"解释为幼儿能理解的"认真运动时间"。

第二步，借助目标制定，不断激发幼儿运动自主性。例如，教师通过集章活动，将每日40 分钟中高强度运动时长定为集章目标，并设置阶段性目标，当幼儿集齐五枚章时可兑换一份小奖品，以此增强幼儿动力和期待感，并逐步推动幼儿从为了获得运动印章转为对运动本身的兴趣，潜移默化中提升幼儿运动自主性。

第三步，依托记录和回顾反思，让幼儿运动自评更具直观性。教师通过引导幼儿用其能理解的图表记录自己的运动情况，从而使幼儿直观、清晰地看到自己当周运动情况（如运动强度等）的变化。此外，在每次运动结束后，引导幼儿回顾运动过程，并提出问题来鼓励他们自我评价，例如："你对自己今天的运动满意吗？为什么？""今天的运动和昨天相比有什么不同？"……通过这样的问题，促使孩子对自己的运动进行评价和反思。

依托信息技术赋能，赋权幼儿，让数据采集于幼儿，服务于幼儿，引发以幼儿为主体的运动评价，让评价促进改变，以改变促进提升，让幼儿自评成为促进其运动发展的有效手段。

三、启示与反思

信息技术赋能，让每一个幼儿的运动情况呈现出直观、可视化的数据，为教师提供个性化观察、支持提供了切实依据。未来，冰厂田教育集团将继续举集团之力，基于"幼儿发展优先"理念，聚焦提升"幼儿园户外 2 小时活动"的质量，直面如何更科学地结合幼儿运动数据和教师日常观察，推动幼儿园户外活动场地与材料优化、教师支持性行为等问题，从"个别幼儿"到"每一个幼儿"，从"一类幼儿"到"全体幼儿"，为幼儿户外活动提供更为个性化和适切性支持，实现技术赋能背景下每一个幼儿的健康成长！

供稿单位：上海市浦东新区冰厂田教育集团

作者：陈晓红

专家点评：

"幼儿园户外 2 小时活动"是上海市教委"幼儿发展优先"理念实践落地的要求，让幼儿运动数据"说话"，冰厂田教育集团借助集团化办学优势，以信息技术赋能，以幼儿运动手环为载体，打破传统的"眼看手摸"的运动评估方法，依托互联网信息技术，采用幼儿运动手环实时动态采集幼儿运动数据，解决了传统方法所有的耗时长、工作量大和不精准的缺点，为教师观察幼儿运动状态提供实时、真实、科学的数据，让数据"说话"。案例介绍了冰厂田教育集团在大小场地优化、一对一观察方面的实践探索，特别是对幼儿运动数据的分析，实践了以数为基，技术赋能学前教育发展，值得借鉴。该案例在抓住幼儿对运动手环的数据好奇的契机，赋权幼儿，引发以幼儿为主体的运动评价及调整运动、促进幼儿运动发展方面所做的探索，也很值得关注。

点评人：上海市科研领域大数据联合创新实验室主任　复旦大学教授　张计龙

3.2.2　让数据"发声"，助力幼儿园雨天户外活动开展

雨天的场地、设施设备等因素会阻碍幼儿动作发展、影响幼儿的运动量吗？借助幼儿佩戴智慧手环进行"运动监测"场景建设，上海市金山区张堰幼儿园将产生的过程数据进行对比，发现真实数据与教师的经验判断存在差异。伴随数据采集、监测与分析，该园通过动态调整户外运动场地、玩教具的投放，为户外运动的科学实施提供依据，使"幼儿园 2 小时户外活动"真正得到保障。

一、背景及问题

上海市金山区张堰幼儿园从 2023 年 3 月开启全园实施大时段户外 2 小时作息，即幼儿在

户外运动、吃点心、游戏，实施至今深受幼儿欢迎，幼儿尽情在户外享受自然的馈赠，无须因如厕、洗手等需要在楼宇内外、上下奔忙。但随着冬季的到来，特别是下雨的冬季天冷地滑，幼儿畏手畏脚动作放不开，教师认为回归室内运动，既安全又能保证运动量。教师的经验判断是否合理？是否需要将雨天的户外运动回归室内？

二、策略和价值

（一）运动数据分析结果支持雨天户外运动

张堰幼儿园将全园 15 个班级幼儿（佩戴运动手环）随机分成实验组与对照组，对全园幼儿连续两个雨天分别在室外运动和室内运动的运动强度范围做比较，发现中高强度运动时长差异性不明显。这就说明雨天在户外运动的幼儿也能达到一定的中高强度运动量，教师的判断缺乏科学依据。

（二）运动数据结合影像复盘的分析，支持教师发现真问题

但通过雨天户外运动小班、中班、大班各班幼儿中高强度运动时长比较，发现即便是雨天，有的班级幼儿的户外运动中高强度时长能达到 60 分钟，有的班级的中高强度时间却低于 10 分钟（如图 3-21），是何原因导致？

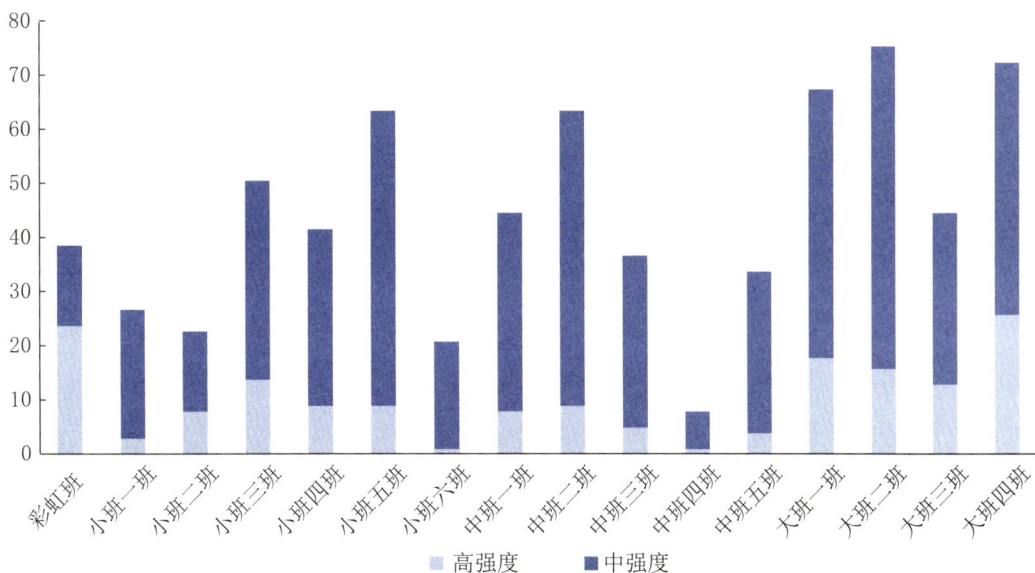

图 3-21　2023 年 12 月 11 日小班、中班、大班幼儿中高强度运动时长

我们对图 3-21 中中高强度运动时长较短的班级，通过运动视频进行复盘。以复盘中四班幼儿当日的运动视频为例，发现其所在的运动区域因下雨导致木质器械表面湿滑，幼儿在运动时自发性自我保护导致运动强度不足。原来，雨天器械被淋湿后容易打滑的区域不适合幼儿运动。

（三）基于场地的数据分析与比较，支持园所合理安排雨天活动场地

那么，幼儿园哪些场域适合在雨天向幼儿开放？这又让我们对数据产生了好奇。回看雨天的户外人数分布图（图 3-22）了解到，在 2023 年 12 月 11 日当天，阴有雨，塑胶操场上停留人数达到 299 人，是停留人数最多且中高强度运动时长最长的场地，也是教师和幼儿自发性寻找到的适合在雨天户外运动的场地。

图 3-22　2023 年 12 月 11 日各场地人员及运动时间分布数据

当天户外中高强度运动排名前五的班级所在区域分别是塑胶操场、中庭区、滑索区、山坡区、骑行区。5 个区域有明显的场地特征，如地域较宽广平坦、无遮挡和障碍物、没有泥泞和水坑等。追踪多日数据并分析，发现在装备齐全的情况下，幼儿在这几个场所中晴、雨天的运动量几乎无差异。于是我们将这 5 个"安全场地"作为全园幼儿雨天户外运动的专属场地，对所有班级合理使用进行了轮转安排。

（四）关注同一场地中不同运动方式的数据分析，在观察与调整中满足幼儿运动需要

查看数据记录时，我们发现一个问题：原定 60 分钟的运动时间，为什么有的班级缩短至 50 分钟以内？时间都去哪儿了？

有教师提出 5 个雨天户外运动场地在班级转场时很是匆忙，能否扩充场地或者增加雨天户外运动场地，使得运动开始和结束时有"呼吸感"。我们复盘之前的场地选择，发现只要提供适宜的运动材料，更多场地就能在雨天户外运动中发挥作用。

如在山坡运动区，某一周多个班级的中高强度运动时长不足。结合视频分析，发现原因在于：出于增加山坡运动的趣味性，教师提供了较多轮胎，但由于草地较湿，活动难度很大，幼儿不愿意活动或活动时小心翼翼，导致运动量小。于是，教师撤掉了轮胎辅助物，幼儿自发开始进行追逐跑、灵活躲闪、蹲跳等运动，尽管路面泥泞，但幼儿穿着雨鞋、雨衣，运动强度、运动兴趣丝毫未减，后来该区域幼儿的运动数据也验证了调整的合理性。

我们还通过"动态表征""一对一倾听平台"和"问卷星"，从幼儿处获得关于"雨天，你

最想在户外玩什么？"的心愿调查，得到一系列高频词，如图 3-23 所示。

图 3-23 幼儿雨天户外活动心愿高频词示例

结合幼儿的心愿以及教师的观察和数据对比，师幼共生了优化后的场地安排，并形成雨天运动器材推荐表（表 3-8），帮助教师在组织雨天户外运动时更有的放矢。

表 3-8 雨天户外运动场地安排表 2.0

具体安排	场				地			
	塑胶场地 A	塑胶场地 B	塑胶场地 C	山坡东	山坡西	滑索区	骑行区	中庭区
建议材料	塑料呼啦圈、低矮跨栏、皮质跳跃垫	爬桶、轮胎、投掷墙、彩虹车	粘球、刺毛背心、沙包	平板车、彩色飘带、头盔	报纸球、迷彩三脚架、头盔	圆形投篮筐、沙包球、三角锥	各类小车、防滑手套、头盔等	球类玩具、围栏等
班级安排	中一班	中二班	中三班	中四班	大一班	大二班	大三班	大四班中五班
	小班、托班以年级组为单位，在运动时间上自主性选择，对场地不做固定安排							

通过实践我们发现，幼儿园雨天场地、器材投放有规律可循：

（1）多数场地能开展投掷、障碍前行、追逐跑等促进幼儿大动作发展的运动；

（2）在特定场域（如骑行区）能开展骑行活动；

（3）裤型连体雨衣比廓形雨衣更适宜雨天户外活动；

（4）在小器材上"动手脚"，运动更舒心，如在小车踏板上增加一层防滑垫、在投掷隔板下增装滑轮固定器等；

（5）木质攀爬架、立体组合架等由于材料表面光滑且湿润，幼儿难以抓握，存在一定风险，故不建议在雨天开放。

三、启示与反思

（一）让数据"发声"，支持幼儿雨天户外运动"可行"

以往决定幼儿运动场域的是教师的经验判断，但通过手环采集数据，对班级幼儿运动情况进行比较分析，再佐以现场运动视频复盘，让幼儿雨天户外运动的可能性成为现实。

（二）让数据"发声"，支持幼儿雨天户外运动"适宜"

通过数据的采集与持续积累，比较园所内每一个场地中幼儿的运动量、心率，对于在雨天户外运动实施过程具有积极意义，它能帮助园方聚焦雨天户外运动场地安全，又能追随幼儿运动需要，调整环境、设备，支持幼儿运动，从而促进幼儿动作发展。

（三）让数据"发声"，支持教师行为"适宜"

智慧手环真实记录着每一名幼儿、每一个班级的运动情况。对教师而言，立足现场观察，再辅以手环数据分析，能更精准地了解器械材料与幼儿运动之间的关系，让雨天户外运动的材料投放随时处于动态调整中。

长期以来教师习惯于凭经验、直觉判断幼儿的运动量以及运动场地和相关材料。现在我们运用智能手环无感采集以及大数据分析，来获得更合理科学、更能满足幼儿需求的区域选择以及幼儿活动方式。在未来的保教实践中，我们将继续让数据科学"发声"，助力幼儿的多样化体验更多发生。

供稿单位：上海市金山区张堰幼儿园

作者：周欢

专家点评：

2022 年教育部发布的《幼儿园保育教育质量评估指南》明确要求制订并实施与幼儿身体发展相适应的体格锻炼计划，保证每天户外活动时间不少于 2 小时，体育活动时间不少于 1 小时。然而，天气以及由此产生的安全顾虑是影响户外活动时长的重要因素。如何基于证据科学决策，确保每天户外活动不少于 2 小时并保证有一定的运动量，成为幼儿园普遍面临的难点问题。金山区张堰幼儿园借助手环开展运动监测，无感采集幼儿运动数据，通过雨天室内外运动量比较、雨天户外不同场地运动量比较和同一场地不同运动方式的运动量比较，为坚持和改进"幼儿园 2 小时户外活动"安排提供了实证依据，相关判断和决策从基于经验走向基于证据，让问题更聚焦、决策更科学、方向更明晰。该案例体现了基于实证、旨在改进等特点，发挥了技术对教育教学实践改进和科学决策的支撑作用。建议未来能对选择哪些数据进行重点比较分析以及这些数据的可比性进一步优化调整。

点评人：上海市教师教育学院（上海市教育委员会教学研究室）教研员　陈群波

3.2.3　借助智能可穿戴设备，让大班幼儿快乐"跑酷"

借助智能可穿戴设备采集幼儿参与"跑酷"运动时各类生命体征数据，并进行分析，全面、客观了解和评估幼儿成长的点滴。本案例中，上海市徐汇区科技幼儿园关注数据，发现幼儿运动中的真实问题；开展"跑酷"运动，调整优化活动组织；通过可视数据的实时呈现，引导幼儿关注运动健康；复盘解析数据，基于数据实证，助力幼儿科学思维的构建。

一、背景及问题

教育数字化转型背景下，智能手环在幼儿园投入应用，实时、鲜活的数据帮助教师即时了解班级幼儿的实然状态。科技幼儿园幼儿每日佩戴智能手环，开展户外运动监测及数据采集，涉及运动时长、活动心率、运动强度、中高强度运动负荷（MVPA）时间积累等数据。经过一段时间的观察，我们发现如下问题：（1）户外活动时间不够充足；（2）中高强度运动负荷（MVPA）时间积累不足；（3）活动组织结构不合理。

数据结果显示，以 2023 年 3 月为例，满足"2 小时户外活动"时间的天数为 2 天，仅占 3 月在园户外活动天数的 10%，如图 3-24 所示。

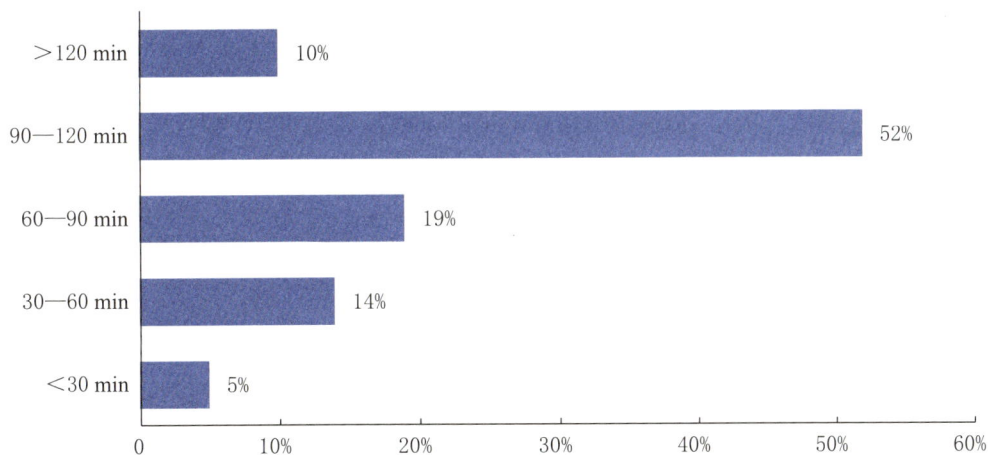

图 3-24　2023 年 3 月户外活动时长

数据结果还显示，在户外运动中，低强度运动时间占比较大，而中高强度运动时间占比较少，不超过运动时长的 13%，如图 3-25 所示。

数据结果还反映出，部分活动中，热身与基础环节的衔接心率骤降，基础活动阶段的高频心率及整理阶段的又一高峰，如图 3-26 所示，活动组织结构需要合理性调整。

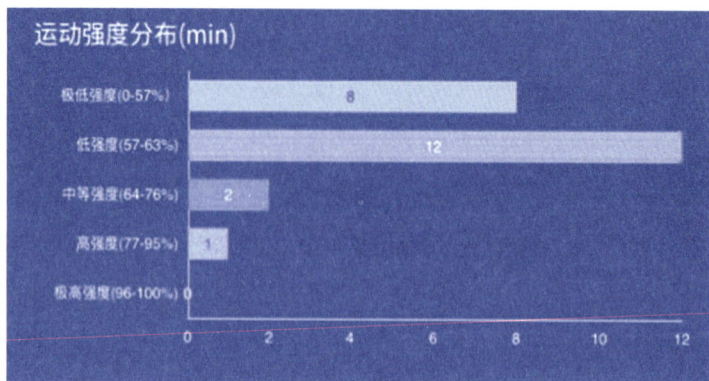

图 3-25　运动强度分布图

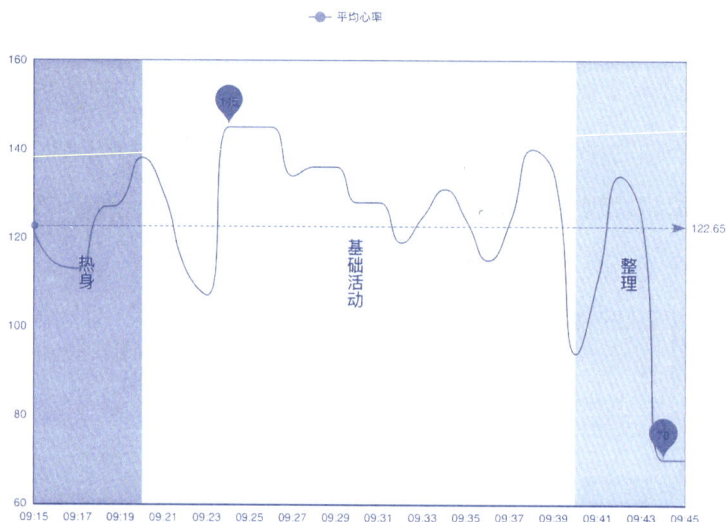

图 3-26　活动课程不同阶段的运动负荷（心率）变化图

面对以上问题，我们决定借助智能手环数据的启示，开展以速度、动作挑战为特点的"跑酷"项目活动，进行深入探究。

二、策略与价值

（一）开展"跑酷"运动，调整优化活动组织

在"跑酷"运动持续开展的过程中，我们发现高频次的动作挑战能很好地激活幼儿运动中的良好体验，让幼儿保持高度的运动兴奋感，享受运动的情绪状态。从图 3-27 数据中我们看到，班级运动心率的波形图变化更趋于合理：热身阶段心率"爬坡式"上升，"跑酷"运动开展时"波段式"心率变化，整理环节"淡出式"回归静息心率。

中高强度运动负荷（MVPA）时间积累也有显著性变化，中高强度运动的时间占比从原来的不足 13% 提高到 56%。而足够的运动量、适度的运动强度、合理的运动组织都关系着幼儿运动的科学性、满足感。

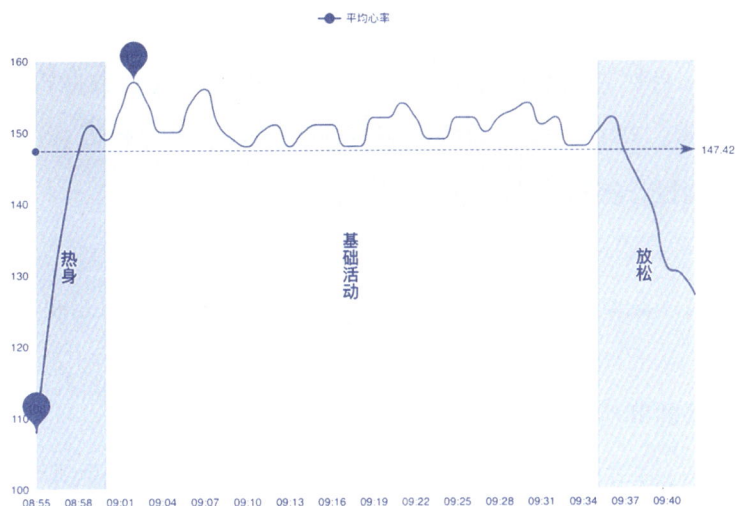

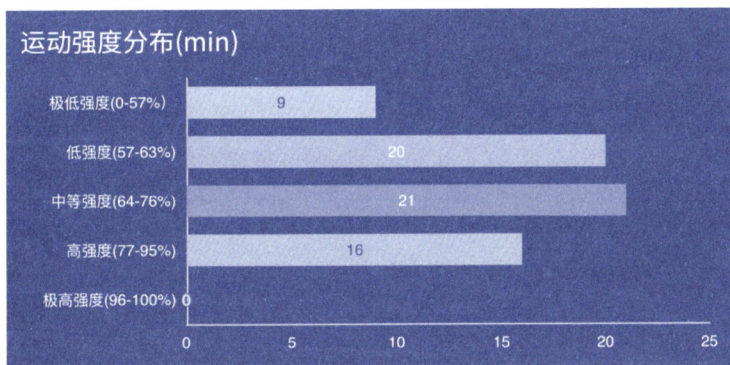

图 3-27 "跑酷"运动中班级心率变化图及运动强度分布

（二）运动时实时呈现可视数据，引导幼儿关注运动健康

智能手环对于幼儿而言，不仅仅是运动装备，而是陪伴他们运动的"好朋友"。我们将实时运动数据呈现在"跑酷"场地旁的希沃屏上，引发幼儿主动关注数据。

实录一：天呐，我亮红灯了！

小米兴冲冲地助跑启动，一跃而起双手扒在多层垫子上，抬脚支撑起身体再一个转身顺利跳下，快速踏着波速球前进，紧接着一个金刚跳上台翻越又一个障碍……再试了两轮"跑酷"之后，小米和妞妞一边擦汗，一边看着实时数据屏幕，妞妞惊呼道："小米，你看我的数字是绿色的。你的怎么这么红？"小米张大嘴巴说："天呐，亮红灯了！我是不是该休息一会了？"妞妞点点头说："我觉得也是，红灯停，你快去休息吧。"

小米转头问："老师，这里红色80%是什么意思啊？"教师说："这说明刚才小米在高强度运动。"妞妞也饶有兴趣地加入了进来，问："那我是绿色30%，是什么强度呢？"教师回答："绿色表示低强度运动，可以再去试试'跑酷'挑战，让心率冲一冲，看看会有什么变化。"妞妞随即转身跑了过去。

识别与分析

数据的出现将幼儿自然卷入数据分析的氛围。教师借助幼儿对数据背后意义的探究兴趣，引导幼儿关注运动健康，建立科学运动的健康观念，同时也支持幼儿在"跑酷"运动中，自主、自发地尝试自我调控，感知运动与数据的关系。

（三）运动后数据的复盘解析，支持幼儿科学思维的发展

智能手环能够实时采集幼儿的心率数据，配以实时运动视频，幼儿便能够将自己的心率变化与真实情境相匹配，从而理解数据的意义，并产生进一步的思考与探索。

实录二：最高山峰的背后

"今天'跑酷'后，会给我们绘制了一幅什么样的波形图呢？一起来看看！""哇，我最高的地方是 157！""我有 172 呢！比昨天还厉害。"教师提问："在心率最高山峰的时候，可能发生了什么？"孩子们竞相猜测："可能我在快速冲刺跳上垫子。""我可能在做前绕腹下杠的时候心跳最快，我怕掉下来。""可能我在尖叫，因为我蹬壁跳下来成功站住了，我特别开心。"教师："就像你们说的这样，可能在冲刺、可能在挑战、可能在欢呼，让我们感到很刺激、小紧张、很激动。那我们一起来看看现场的视频情况。"

"耶！我真的是在冲刺跑！我猜对了！""啊，怎么和我想的不一样？""哈哈，我在和熙熙转圈跳，欢呼。"

识别与分析

数据分析与策略能力是科学素养培育的重要内容，教师以数据问题为牵引，通过聚焦数据分析的关键提问，引导幼儿复盘自己的跑酷活动。在"猜想"与"验证"的过程中，幼儿感知数据循证，积累科学思维的思考路径。

实录三：心率滑滑梯

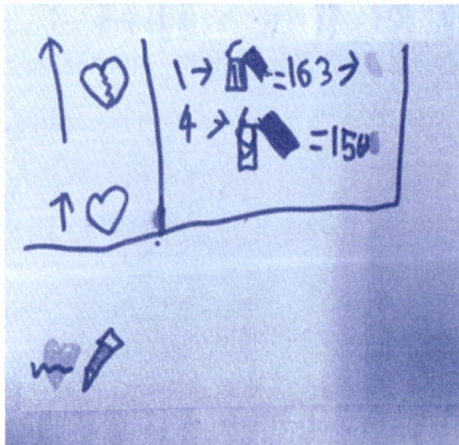

图 3-28　亮亮所作的蹬壁定点
多次尝试的心率记录

分享交流时，亮亮看到自己的心率波形图，问："我今天在蹬壁定点的地方试了十多次，为什么心率像滑滑梯一样？"来来问："你是不是踩板的位置很低？踩得高才刺激。"亮亮说："我都是踩中间的位置。"咕噜说："你可能是跑不动了。"亮亮说："我速度很快的！"可欣跑过来说："亮亮，我不敢跳那个，你真勇敢。"亮亮笑了。教师说："亮亮，明天再试试，每次跳完后看一下手环当时的心率，看看是否和今天一样。"亮亮表示同意。

第二天，亮亮再次尝试并记录下自己的心率变化

（如图 3-28）。亮亮分享说："我今天一共跳了四次，都是在同一个位置跳的。第一次心率是163，第四次心率是 150。""和上次相似，可能是什么原因？"亮亮想了想说："第一次我有点紧张，后面就不紧张了。"教师说："对哦！紧张也会让我们心率升高，后面不紧张了，心率就下降了，真是了不起的发现！"亮亮兴奋地说："我想让心率冲到 170，下次我要踏到板的最高处，挑战最难！"教师与他击掌："你可以的！"

识别与分析

数据监测的精准化，满足了个体幼儿对心率变化的辨析需求。看到亮亮对数据的细致观察与质疑反思，引导其通过再次实践和数据记录，借助数据实证的支持，引发幼儿发现第一次紧张情绪与后续尝试时心理负荷的不同。亮亮准备以高心率为目标给自己增加高度挑战。像这样通过"行动—思考—调整计划—再行动"的路径构建科学思维，培育科学素养。

三、启示与反思

（一）数据赋能，助力幼儿运动能力发展

智能手环反馈幼儿活动心率、活动强度、运动密度等数据，能够帮助教师通过数据发现问题、定位问题，从而更好地了解幼儿的身体情况，调整运动量，逐渐养成适合幼儿个体需求的健康运动方式，提升运动能力。

除此之外，我们也尝试借助 AI 视觉识别技术，对幼儿的运动动作进行捕捉，并自动比对幼儿粗大动作发展测试（TGMD-3）中幼儿大肌肉群动作发展标准，从而让非运动专业出身的幼师也可以在 AI 的帮助下及时了解幼儿大动作的发展情况，并及时进行干预或加强。

（二）解析数据，助力幼儿科学思维的构建

基于"跑酷"项目中智能手环实时数据的采集，教师与幼儿共同解析，挖掘数据背后的意义，引导幼儿深入思考。在"行动—思考—调整计划—再行动"的过程中，激活有意识的运动行为，将幼儿短暂的运动兴趣转化为持久的内在动力，借助科学思维的推动，逐渐形成适合自己个体需求的健康运动样态。

（三）进一步强化规范的标准支持与具体场景佐证

在活动中借助智能可穿戴设备采集的生命体征数据，借助视觉 AI 技术采集的动作发展数据、运动能力数据，借助听觉 AI 技术采集的语言发展数据，幼儿园正在逐步构建幼儿的多模态数据集。当然，如何运用儿童体质健康标准的指标，深度地应用个案对数据采集、分析与应用科学性进行佐证，也是我们当前要攻坚的课题。

供稿单位：上海市徐汇区科技幼儿园

作者：邱丹燕、刘晓炯

专家点评：

"数据赋能，快乐'跑酷'"案例借助智能可穿戴设备采集幼儿参与"跑酷"运动时生命体征数据，利用网络环境和数据处理技术对幼儿运动数据进行即时的分析和应用，为幼儿运动健康进行精准指导，推动幼儿园的运动活动从"基于经验"向"基于数据证据"发展。案例中借助智能可穿戴设备采集的生命体征数据，借助视觉 AI 技术采集的动作发展数据、运动能力数据，借助听觉 AI 技术采集的语言发展数据，通过分析每个幼儿的运动数据帮助教师发现幼儿运动问题，定位问题，了解幼儿的身体情况，调整运动量，有效指导幼儿运动。但是，我们也应注意数据分析结果的应用还需要有规范的标准支持和具体场景进行佐证，因此建议在本案例实施中还需要将数据的采集和应用与幼儿体质健康标准的指标进行对应，例如，明确幼儿心率变化的分析是基于一个怎样的标准来解释和说明的，从而提高幼儿运动数据分析与应用的科学性。要加强数据分析与解释和幼儿运动活动的个案相结合，提高数据指导幼儿活动的精准性和有效性。

点评人：华东师范大学教育学部教授　李锋

3.2.4 "芭蕉树的四季轮回"场景建设的实践与启示

上海市金山区罗星幼儿园积极探索在"亲自然活动"中创设信息化场景，借助物联技术、数据应用等营造智慧教育环境，支持幼儿主动探索和学习。如"芭蕉树的四季轮回""神秘的蛇莓果"等活动中，幼儿在真实的游戏情境中积极尝试使用信息技术、设备设施开展个性化探究和集体活动。数智赋能让教与学的模式在变革，幼儿的社会交往、学习品质、信息素养等综合能力显著提升。

一、背景与问题

在幼儿园的中庭，有一片生机勃勃的芭蕉林。夏天芭蕉树就像巨大的遮阳伞，为庭院中嬉戏的幼儿提供一片凉爽的庇护。然而随着冬季的到来，幼儿惊奇地发现这些曾经郁郁葱葱的芭蕉树被园艺养护工人一一砍去。于是，幼儿急切地跑去向教师提问："那些芭蕉树是不是已经死了？为什么要砍掉它们呢？芭蕉树是怎么从砍光长到像三层楼那么高的呢？它这么厉害，一年就能长这么多！这棵芭蕉还是原来的那棵树吗？"

二、策略与价值

（一）初探：物联技术，"在线"芭蕉树的四季轮回

2021 年 4 月，我们在芭蕉林上方安装了全方位的监控设备，借助物联技术和终端设备，支持幼儿观察需要。

幼儿随时可以通过扫描植物二维码来观看同伴和芭蕉树的游戏场景；也可通过设备，随时在线、自由选择时段进行观察，如图 3-29 所示。

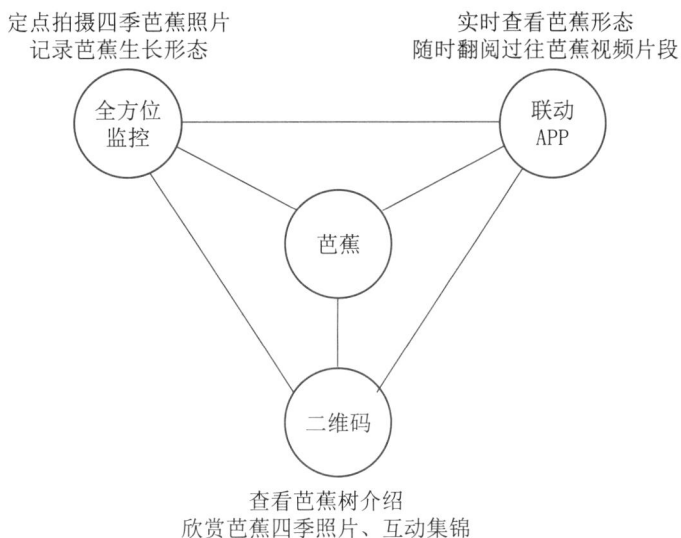

定点拍摄四季芭蕉照片
记录芭蕉生长形态

实时查看芭蕉形态
随时翻阅过往芭蕉视频片段

全方位监控

联动APP

芭蕉

二维码

查看芭蕉树介绍
欣赏芭蕉四季照片、互动集锦

图 3-29　打造微型物联环境

追随幼儿的兴趣，结合自然和生命教育，将"芭蕉树的四季轮回"作为园本课程资源，开展探秘芭蕉的项目活动。（见图 3-30）通过真实、完整、鲜活的探究环境，观察芭蕉的四季形态，感受外形变化和生命之美。

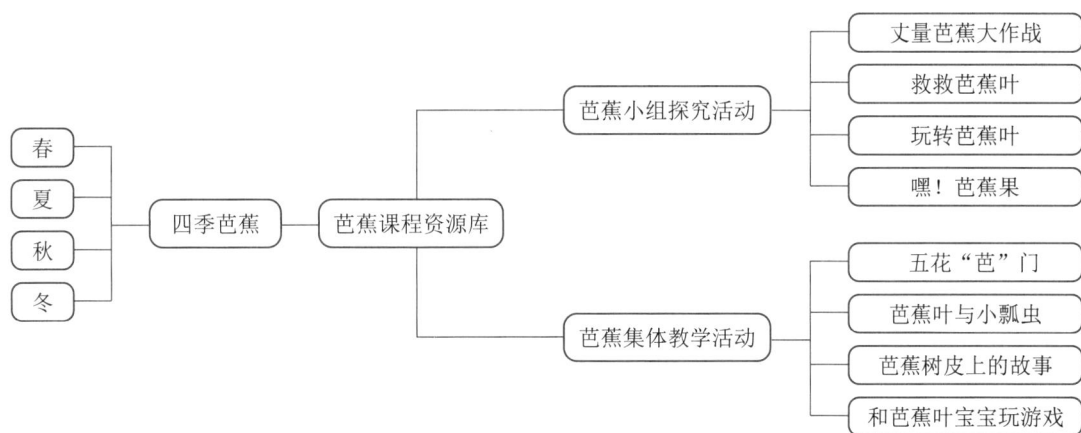

图 3-30　芭蕉课程资源库

微型物联技术的应用，不仅扩展了幼儿的观察方式，还营造了虚拟和现实相结合的环境。这种新颖的体验方式，充分满足了幼儿对于观察和交流的需求，使幼儿在观察与探索中感受到芭蕉树生命的韵律与顽强。

（二）触探：信息支持，"联线"体验自主探秘之趣

在初步探索芭蕉的过程中，幼儿已经被芭蕉深深吸引。瞧，他们的问题随之而来："芭蕉树到底有多高？芭蕉可以吃吗？芭蕉树下面怎么长'笋'了……"

图 3-31 "丈量
芭蕉大作战"
视频案例

于是我们在芭蕉林的旁边设置了一台智慧触屏，创建了"玩·美四季芭蕉课程"，支持幼儿深入探索，并形成了多样化的活动，丰富课程资源库。在观察"四季芭蕉"的过程中，幼儿对丈量芭蕉产生了浓厚的兴趣，尝试用自己的方式去丈量芭蕉树的高度，甚至还动用了无人机。在多样化的丈量方式下，幼儿以更加直观的方式了解芭蕉树的生长变化。我们将整个活动过程制作成了自然实践手册，让幼儿在互相分享中体验探索的快乐。"丈量芭蕉大作战"也成功入选了"全国学前教育宣传月"上海地区的优秀经验视频案例（见图 3-31 ）。

借助信息化设备和平台，幼儿围绕芭蕉开展了更为深入的体验式探究。信息技术的运用不仅有效拓宽了幼儿的探究方式，还将学习场域延伸至户外，为自主学习提供了无限可能。

（三）深探：数智赋能，"呈线"儿童视角的芭蕉树

随着探秘芭蕉活动的深入开展，幼儿发现了更多有趣的问题："为什么芭蕉树皮会变黑？""芭蕉树的黏液有什么作用？""芭蕉小苗能否长得像芭蕉树一样大？"于是，我们开发并完善"玩美田野"课程资源系统和"向阳而生"植物观察场景。在观察过程中，幼儿发现芭蕉树周围有许多小动物出没，如各种鸟类、偷吃鱼的猫、不知名的小虫，甚至还有蛇蜕下的皮。这使得芭蕉树在幼儿心中的形象变得更加神秘和高大。

基于幼儿的视角与兴趣，我们生成了集体活动"咔嚓一下'芭'" 1.0 版本，关注的是芭蕉树的造型，鼓励幼儿为其摄像，重点落在发现、记录美。到了 2.0 版本，幼儿开始关注芭蕉树和动植物之间的关系，尝试用镜头去记录其和周围的人、景、物合影，发现并且惊讶于芭蕉树周围生物的多样性和有趣。在集体活动架构中，我们使用上海学前教育网"园园通管理平台"提供的课程通软件，采用"联动课堂"模式，鼓励每个幼儿同步展示不同角度下拍摄的芭蕉树照片，分享自己的发现，记录和它共同度过的美好时光。

通过分析幼儿使用 App 探索芭蕉时上传的照片与语音，在后台汇总问题链。采集数据分析兴趣，形成了"咔嚓一下'芭'""芭蕉叶变变变"等系列活动。借助物联网及数据挖掘技术，将幼儿游戏与学习行为数据化，从而支持幼儿学习与发展。

芭蕉树已然成了罗星幼儿园孩子们的"树朋友"，它伴随着孩子们一起长大，而师生则共同赋予芭蕉树生命的尊重和喜悦。我们将继续围绕"亲自然活动"，数智赋能，智探"芭蕉"、智探"蛇莓"……让学习的发生有着无限的可能。

三、启示与反思

（一）场景建设，满足幼儿主动探究的需要

从物联技术到课程软件的应用，我们积极搭建、持续变革信息化场景，园所整体网络全覆

盖，平板电脑等相应设施设备的投放充分满足幼儿的个性化学习和主动探究的需要。在观察和支持中优化、深化场景，转变师生活动立场。在"亲自然活动"中体验、应用互联网技术，为幼儿学习增加了深度，提升了效率，带来了获得感和幸福感。

（二）信息技术，赋能保教活动创生的可能

信息技术的使用让幼儿在"初探""触探"中亲近芭蕉，而教师则基于幼儿优先发展的视角去"深探"，基于数据分析，获得他们的兴趣和想法，支持深入探究。"芭蕉四季"，不同信息技术的支持带来不同的挑战，通过设备终端轻松实现在指尖滑动中看见芭蕉从盎然到枯萎，从萌芽到重生长大的过程，感受大自然的神奇，在好奇、好问中激发各类保教活动的创生可能。

（三）数字迭代，智慧变革"教与学"的方式

探究芭蕉树四季轮回的整个过程，让我们感受数字迭代改变着师生"教与学"的方式，场景建设数智赋能支持幼儿主动深入探究，满足了幼儿好奇、好问、好动的天性。教师作为观察和支持者则在参与开发和应用的过程中，成为他们的学习伙伴和研究共同体。

（四）家园合力，达成"儿童是有能力的互联网学习者"的共识

信息技术的快速发展，已经改变了每个人（幼儿）的生活和学习方式。家庭和园所在互联网学习上观念须保持一致，制定使用规则，合理使用平板电脑等电子产品支持幼儿探究学习、持续学习，掌握一定的信息素养（如图3-32）。

图 3-32　家园协作样式下幼儿信息检索能力的提升途径

呼吁社会对"幼有善育"给予更多的关注和支持，为幼儿创设适宜的信息化环境，提供更安全舒适的网络环境，满足人民日益增长的美好生活需要。

供稿单位：上海市金山区罗星幼儿园

作者：王英

专家点评：

本案例聚焦幼儿对园内中庭芭蕉林的自主兴趣，恰当地引入监控、触屏、平板电脑等信息技术设备，结合课程通等数字化平台提供的数字化转型能力，教师生成了"四季芭蕉""丈量芭蕉""咔嚓一下'芭'"等一系列多样化数智赋能的教学课程与活动，在初探、触探、深探的体验式探究过程中，将芭蕉变成了幼儿学习和成长的树朋友。

通过本案例的图文与视频，我们能够充分感受到孩子们的快乐以及在学习活动中体现出的主动性、探索性和创造性；进而可以看到，当学前教育工作者改变传统教育理念，顺应学前教育数字化转型趋势，真正以幼儿为中心时，就能够按需、合理地利用信息技术，努力营造虚拟与现实相结合的教学环境，形成趣味性和互动性较强的数字教育资源，创新教学活动，拓展幼儿的学习空间，从而更好地培养幼儿社会交往、学习品质、信息素养等综合能力。而案例中这些信息技术的使用并不复杂，易于并且值得推广。

案例后续还应更加注重幼儿学习过程与幼儿评价的结合，注重多年资源滚动积累后的有效利用，注重信息设备使用环境的安全性，从而更好地助力幼儿的个性化发展，适应信息时代，提高学前教育质量。

点评人：上海市教育委员会信息中心原总工程师　朱宇红

3.2.5　以"阅读 E 空间"开展信息技术融合早期阅读全生态的实践探究

"阅读 E 空间"是上海市闵行区佳佳幼儿园自创研发的数字化图书馆，是信息技术融合早期阅读全生态的实践探究。该案例通过信息技术联动家园、链接时空，统整阅读资源，助力阅读过程，"分得更广、享得更多"，让幼儿的阅读活动有更多元的互动，让教师、家长的专业成长得到更有效的支持，让园所的管理优化有科学的依据。

一、背景与问题

《幼儿园教育指导纲要（试行）》中有关领域的目标中提到幼儿应喜欢听故事、看图书。要给幼儿提供适合其阅读、听故事的图书材料，引发幼儿对阅读的兴趣，培养幼儿良好的阅读习惯。《3—6 岁儿童学习与发展指南》中也对幼儿阅读提出要求，教师和家长应该为幼儿提供丰富的阅读材料、良好的阅读环境，培养幼儿阅读能力，丰富幼儿阅读经验。

2018 年教育部印发《教育信息化 2.0 行动计划》，提出了智慧教育创新发展行动之后，闵行区佳佳幼儿园更加关注自创研发的数字化图书馆——"阅读 E 空间"内数字化的广度、深度和速度。佳佳幼儿园首先开展了针对家长、教师以及平台存在问题的调研，如图 3-33 所示。

来源于老师的问题	来源于家长的问题	来源于平台的问题
（1）教师对于幼儿的阅读需求把握不准确。 （2）图书的推荐依据是什么？如何根据幼儿发展的需求梳理推荐的序列？**课程资源** （3）与平台的互动缺乏连续性与有效性：本班幼儿选择绘本倾向性的梳理以及介入、幼儿阅读后的输出（教师对幼儿阅读后续的关注与指导、交流与互动）	（1）面对数量繁多的图书资源库，如何根据自己孩子的实际需求选择合适的图书？ （2）幼儿选择绘本往往有倾向性，如何在保有其个性的基础上，兼顾幼儿的全面发展？**课程资源** （3）在借阅图书后，缺少有针对性的亲子阅读指导策略。	（1）板块架构不够清晰明了。 （2）线上线下互通交流的渠道不够畅通，形式比较单一，不够多元。 （3）缺乏对个体、班级、幼儿园群体幼儿阅读相关性能力的统计、分析、诊断与跟进。**平台功能** （4）绘本资源库的内涵还不够丰富，如导读（价值判断、绘本背景等）、亲子阅读提示、阅读评价等。 （5）如何利用好家长资源，共同优化"阅读E空间"的内容？**课程资源**

图 3-33　三类问题汇总

在梳理问题时发现，课程资源与平台功能两方面的问题较受关注。

二、"阅读 E 空间"快速迭代

为破解资源不应需、平台功能须优化等各类问题，佳佳幼儿园开始了信息技术融合分享阅读全生态的实践探究，即通过信息技术联动家园、链接时空，统整阅读资源，助力阅读过程。从而"分得更广、享得更多"，让幼儿的阅读活动有更多元的互动，让教师、家长的专业成长得到更有效的支持，让园所的管理优化有科学的依据。2018 年以来，"阅读 E 空间"在原 2.0 版本基础上，已快速迭代 7 个版本，如图 3-34、图 3-35 所示。

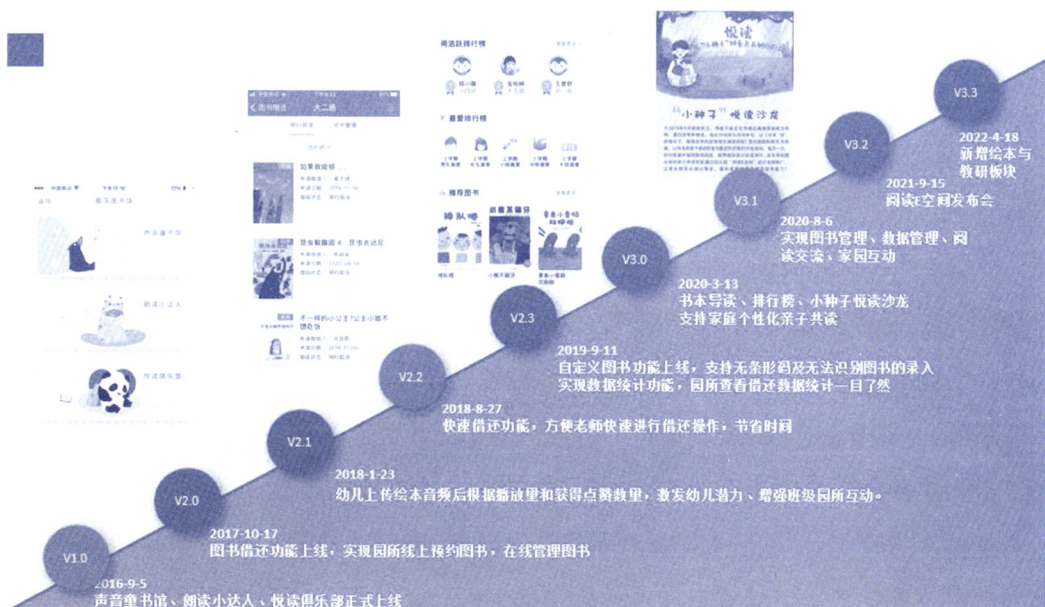

图 3-34　"阅读 E 空间"更新迭代的时间轴

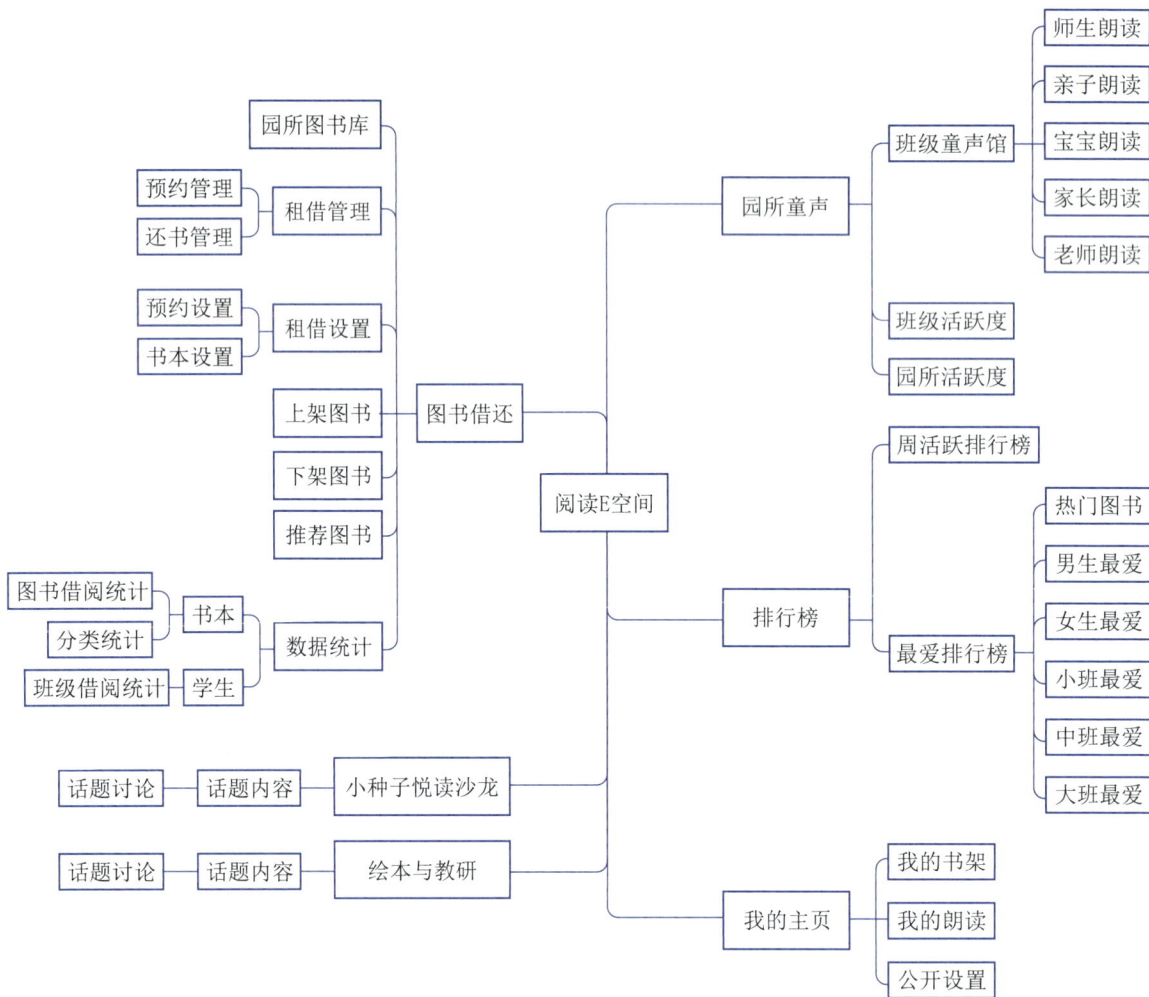

图 3-35 "阅读 E 空间"架构图

三、应用场景及效能

（一）微观场景：支持幼儿探究建构的自主阅读

在微观视野下，早期阅读活动是幼儿自主探索的过程，也是幼儿互动建构的过程。"阅读 E 空间"是支持幼儿自主阅读、互动建构的有效学习平台。

1. **读什么：从经验选书到精准支持**。平台实现了用工具捕捉幼儿的阅读兴趣点，不再仅仅依靠教师的择书经验。

（1）汇集巨量书目。"阅读 E 空间"有效联动线下 5 个图书馆的 8 936 本绘本，实现在 1 秒内完成全园 600 名家长同步借阅，每周以 1 450 本的流转量让绘本分得更广。

（2）支持有效选书。"阅读 E 空间"挖掘平台阅读排行榜数据，基于数据解读，厘清了教师选书的依据，优化了选书的流程，也重构了选书的价值标准。通过大数据平台，梳理不同类型图书的总量与借阅量情况，为教师后续对图书内容和形式的选择提供可参考的依据；可以分析不同年龄段、班级、性别的幼儿图书借阅情况，在尊重幼儿阅读偏好的基础上，还可以结合幼儿园的育人目标，选择彰显"幼儿发展优先"理念的不同领域、风格、类型的图书，为幼儿的发展提供支持。

2. 怎么读：从独自阅读到分享阅读。从技术层面突破，不断开发和优化阅读平台，实现了全园幼儿阅读经验的共享。

（1）教师导读，提供支持。"阅读 E 空间"设置导读功能，教师可以在平台中发布各年龄段的导读建议，提供家长、孩子参考书目和阅读建议，方便幼儿与家长选择适宜的绘本，并尽快把握绘本的价值要点。

（2）互动分享，共同建构。"阅读 E 空间"设置互动功能，让家长可以随时随地通过音视频的形式在"热播 e 悦读"分享幼儿在家中的阅读过程和阅读体验（图 3-36），在增加幼儿阅读后的表达、表现机会的同时，也通过不同的解读视角给予用户不同的价值启发。

图 3-36　幼儿使用"阅读 E 空间"　　图 3-37　教师使用"阅读 E 空间"

（二）中观场景：促进家园专业发展的互动研修

在中观视野下，早期阅读活动的有效开展需要教师和家长的有效指导，即教师和家长也需要不断地提升专业能力。"阅读 E 空间"是促进教师和家长研讨互动、提升专业能力的研修平台。

1. 帮助教师共享教育教学经验，提炼有效指导策略。"阅读 E 空间"平台设置了专门的经验集合板块，将阶段性研讨和研究的成果发布在平台上，全体教师共建共享"绘本与主题活动的融入式"教育教学经验。

（1）选择适宜的绘本。从主题核心经验出发，选择相应的绘本，了解绘本的创作背景、内容和价值；分析幼儿的主题经验，让绘本与主题经验、一日课程相融合。

（2）利用绘本开展集体教学活动。同一本绘本不同侧重点蕴含的价值是不同的，可以从作者创作绘本的背景和想法、画面内容和画风、故事情节中蕴含的教育元素等方面选择适合开展集体教学活动的绘本价值点。

（3）利用绘本支持个性化活动。围绕一本绘本，提供多样化、层次性的材料，从不同角度呈现内容、问题等，采取个人或小组的方式进行学习，借助电子设备，让幼儿在个性化学习活动中有问有答、有输入也有输出。

2. 支持家长开展阅读沙龙研讨，构建亲子阅读模式。"阅读E空间"监控亲子阅读动态，可以对互动量进行汇总与分析，并通过互动反馈率，来了解各班级家长和幼儿上传音视频的参与活跃度。进而，家教部牵头，由家长组建"小种子阅读沙龙"，定期研究和推广个性化的绘本导读，并逐步带动全园家长一起参与其中，目前已提炼形成了亲子阅读的4种模式：（1）通读扫描，捕捉线索；（2）重点突破，解决疑点；（3）理解内化，梳理提升；（4）链接经验，拓展衍生。并进一步构建了不同模式下适用的20种方法，如亲子共读法、猜测推理法、思维导图法、游戏拓展法等。这些策略通过"阅读E空间"分享给所有在园家长（见图3-38、图3-39）。

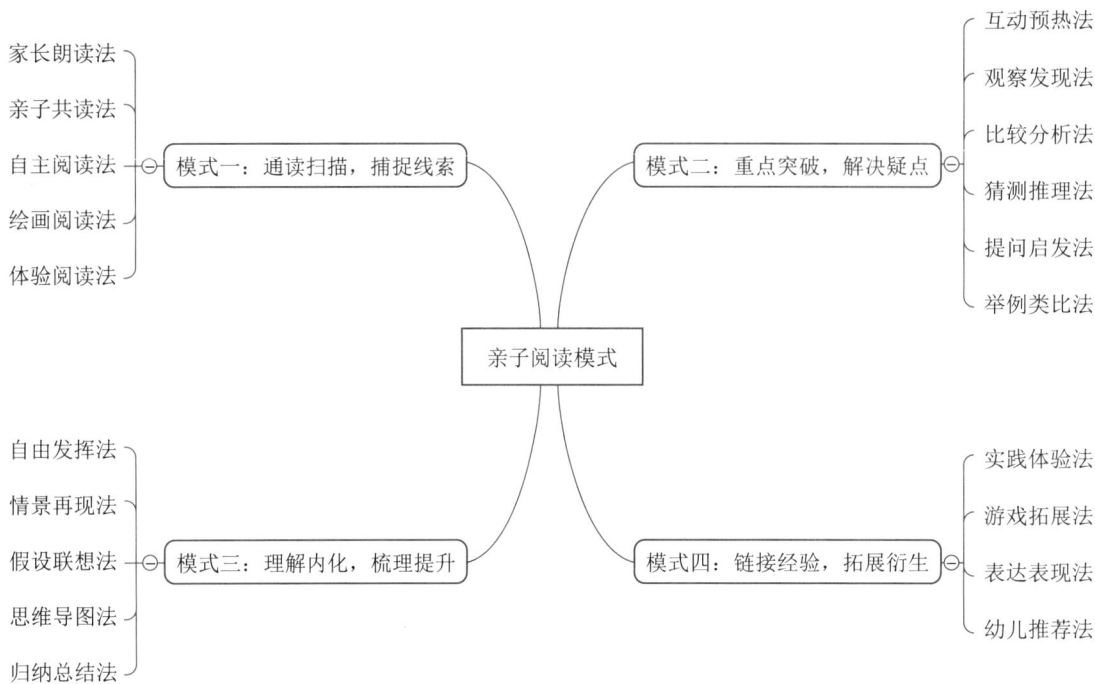

图 3-38　亲子阅读模式

图 3-39　家长使用"阅读E空间"

（三）宏观场景：赋能园所智慧管理的工作平台

在宏观视野下，早期阅读活动的家园协同开展，需要资源支持、机制保障、动态监控等，即园所的有效管理。"阅读E空间"就是幼儿园开展保教管理和阅读统筹的管理平台。

1. **全生态联动**。"阅读 E 空间"着力于家园共建的新模式建构和探索，注重家长资源的整合与扩展，在打造早期阅读生态的过程中，积极激发家园合力，发挥信息化技术的优势，开展形式多元、内容丰富的家园共建。具体通过重点推进三个层面的"共建"，有效增强了家长参与幼儿园课程建设的主动性、积极性和实效性，也促进了幼儿园阅读课程的突破性发展。（见表 3-9）

表 3-9 "家园共建"要点

共　建	家　长	园　所	要　点
一册绘本的阅读	亲子共读	活动设计	家长侧重个性支持，教师关注共性发展，同一册绘本让幼儿体会不同的阅读方式
一个年龄段选书	家长沙龙 （1）了解读书的内容 （2）家长和孩子试读	专题教研 （1）绘本价值挖掘 （2）相关活动设计	基于儿童发展，围绕年龄段目标，家长探讨绘本精读的切入点，教师研讨绘本教学活动的适宜性
整体数据和管理	家长工作 （1）书籍借阅 （2）书籍整理 （3）"悦"读互动	数据应用 （1）每月借阅 （2）分类借阅 （3）"悦"读反馈	家长参与部分管理工作，教师根据数据来调整活动安排，家长工作和活动实施相互补充，丰富资源和完善管理

2. **全过程监控**。"阅读 E 空间"成立项目管理小组，定期进行数据汇总、分析和反馈，不断推进和完善各类保障机制。

（1）群体数据的使用。"阅读 E 空间"收集图书及幼儿的借阅整体情况，基于不同分类图书的出借情况，分析最受欢迎的图书，不同年龄段、不同班级、不同性别幼儿的图书借阅状况；进而根据系统统计数据，进行针对性的优化。

（2）个体报告的应用。"阅读 E 空间"在分享阅读、互动交流的过程中，收集幼儿个性化阅读信息、音视频图片、记录等各类数据，汇总形成幼儿年度个人报告。个人报告内容主要包括图书借阅情况、图书排行榜和亲子互动参与情况，如图 3-40 所示。

图 3-40 "阅读 E 空间"个人报告样例图

图 3-41
数据管理

四、启示与展望

后续，我们将更加注重"内涵优化"，多个维度优化"阅读 E 空间"，采用"线上 + 线下"的联动模式，加强数据管理（图 3-41），基于数据分析实现个性化图书推荐，基于数据挖掘实现幼儿阅读支持的优化，基于互动研讨实现家园的专业成长。

供稿单位：上海市闵行区佳佳幼儿园

作者：姚莉莉

专家点评：

佳佳幼儿园自创研发的"阅读 E 空间"数字图书馆充分运用互联网信息技术，将儿童早期阅读需求与信息技术充分融合，汇集教师、家长和平台三方的问题和需求，不断迭代，链接时空，统整阅读资源，让阅读过程"分得更广、享得更多"，助力园所管理能力和水平不断提升，并通过对各类阅读用户行为数据进行分析，反馈提升"阅读 E 空间"的功能。实践证明，这是一种优化儿童早期阅读行为的有效方法，值得同行借鉴、学习。建议今后"阅读 E 空间"可以嵌入人工智能大语言模型，让阅读互动起来，带给孩子们更大的阅读空间和更多阅读想象力。

上海市科研领域大数据联合创新实验室主任　复旦大学教授　张计龙

3.2.6　探索幼儿智慧阅读场景新样态

上海市普陀区上河湾幼儿园积极探索如何运用信息技术赋能幼儿早期阅读，使智慧阅读成为一种创新尝试。在教育数字化转型的大背景下，上河湾幼儿园创设了技术、资源和环境深度融合的智慧阅读场景，丰富幼儿的阅读体验，帮助他们建立书本与虚拟情景、真实世界之间的有效联系，激发阅读兴趣，启发和培养幼儿的智慧。探寻"春天的秘密"就是由幼儿发起的一系列活动，在此过程中，教师与幼儿在信息技术支持下挖掘幼儿个性化阅读的成长空间，打通看、听、读、说立体的学习通道，活动培养幼儿阅读兴趣、提升幼儿阅读能力、培育幼儿智慧、促进幼儿全面发展。

一、背景与问题

"智慧促阅读→阅读生成智慧"是循环递进的过程。但传统阅读活动材料以传统绘本为主、形式有限。怎样能让教师准确了解幼儿阅读需求，打通幼儿看、听、读、说、演等多元学习通道？如何将信息技术与阅读融合，全方位提升幼儿的阅读品质？上河湾幼儿园通过打造多元、立体、互动的阅读场景，让教师追随幼儿的视角去发现、记录他们的阅读经历与体验，从而帮助幼儿在书本与真实世界之间建立有效联系，将大自然、大社会中的"真、善、美"与幼儿的认知过程和成长经历相融合，激发幼儿的好奇、探究等学习动能。

二、应用场景中的实录与策略

阅读是孩子由内而外的一种需求，上河湾幼儿园将智慧阅读技术融入幼儿园的各个场景中（见表3-10），让幼儿拥有更多阅读可能、更广阔的阅读时空，深度激发幼儿内在的学习动能。

表 3-10　智慧阅读技术应用场景

应用场景	设备与材料	幼儿阅读能力发展	教师关注点
图书漂流场景	图书漂流柜	激发阅读兴趣 建立阅读规则	幼儿借阅频次 分析幼儿阅读偏好
互动阅读场景	录音按钮 点读笔、 平板电脑	对绘本画面的理解 使用图画、符号的能力 语言表达能力	收集、梳理幼儿记录 了解记录内容 组织互动分享
沉浸式阅读场景	沉浸式阅读设备	对绘本内容的理解 阅读中的想象和创造能力 对阅读作品的感受能力 对文学作品的表现力	幼儿阅读的专注度 肢体动作、语言的表达 师生、生生间的互动
朗读场景	朗读亭	用语言、动作、故事表演等形式 表达对作品的理解 对文学作品的表现力 能根据画面线索大胆推测、想象 故事情节的发展	支持幼儿大胆想象故事情节 鼓励幼儿大胆表达 幼儿朗诵时的表情、动作和 抑扬顿挫的声音 与同伴合作、表演时发生的 问题及解决的过程

（一）图书漂流场景：地底下的秘密

春天悄悄到来，孩子们来到草坪上开展户外游戏，他们发出了疑问："草地上的草会不会越来越少？""草坪上一个个小土包是什么？""会不会是地鼠在钻洞？""我觉得可能是蚯蚓在松土。"

在问题的驱动下，孩子们来到幼儿园的智慧图书馆，打开图书漂流柜借阅了《揭秘地下》《揭秘自然》《蚯蚓的日记》等绘本。这一物联网技术带来的无感记录能准确保存幼儿每次的借阅数据，让教师及时了解幼儿的阅读兴趣。孩子们看着绘本，爱不释手，还能将书带回家和爸爸妈妈一起分享讨论。

在图书漂流借阅活动后，教师能了解幼儿借阅内容、频次、时长等信息，并定期组织幼儿开展阅读讨论。关于"地底下的秘密"，孩子们开动了脑筋："我漂流到了《揭秘地下》这本书，地下有很多小动物，我们的草坪下面说不定也有。""可能是蚂蚁，也有可能是蚯蚓。""还有鼹鼠。""我们的草坪下面会有地下河吗？""说不定地铁会经过我们幼儿园。"随着阅读的深入与拓展，他们从书中收获了经验并展开了丰富想象。

经过一段时间的图书漂流积累了幼儿的阅读数据。从表3-11中可以发现，孩子们借阅探索类书籍的频率更多了，并且能体现出幼儿当前的阅读兴趣。

表 3-11　图书漂流借阅次数表

探索类	次　数
揭秘海洋	27
揭秘地下	21
揭秘自然	20
科普知识问与答	20
世界之最	15
不可思议的身体	15

数据的支持让教师转变以往"凭经验"解读幼儿的情况，让证据来说话。教师以循证的思路了解幼儿当前阅读兴趣，幼儿全阅读的现状解读更真实便捷、精准客观。基于此，教师能持续推进班本化的课程实施，让阅读追随幼儿的发展。

（二）互动阅读场景：小树的二维码新名片

操场上，孩子们拿起了手中的相机、平板电脑，将自己阅读到的春天记录下来。"这些小树是什么时候开始发芽的呀？""我们幼儿园到底有多少棵树？""我们怎么保护这些小树呢？"带着一系列问题与记录工具——平板电脑、手机、记录纸，孩子们把自己寻找到的答案记录下来。

孩子们在动态阅读的过程中呈现出一个个属于他们自己的小智慧：不认识的树可以打开平板电脑查一查、用点读笔记录下对各种树木的介绍、扫一扫二维码可以听到关于树的有趣的故事……

他们号召伙伴们为小树"做名片"，幼儿园的 137 棵树上都有孩子们介绍树木特性的二维码，在自由活动时可以带着平板电脑扫一扫、听一听：孩子们用自己的方式进行阅读。

我们相信孩子是有能力的学习者。信息技术的加持逐渐变为幼儿自主学习的工具，这种学习方式的变革让幼儿从被动阅读到主动阅读、从单一阅读到多元阅读，形成自己的关注，形成自己的观点，让每一个幼儿的思维被关注，让每一个不同的幼儿更有机会去发表和展露自己，不断转化成新阅读经验，生成了属于他们的阅读小智慧。

（三）沉浸式阅读场景：小兔的连衣裙

小班集体阅读活动"小兔的连衣裙"在沉浸式阅读专用活动室中开展，孩子们眼前出现360 度立体的场景，四面是郁郁葱葱的大树，脚下是绿油油的草地。"小兔的连衣裙变成草地花样了！""连衣裙变成树林花样了！"在这样的环境打造下，孩子们伸出小手，碰到大树，环境就会发生不一样的变化。

在这个集看、听、说、触摸、互动于一体的智慧阅读环境中，孩子们身临其境，成了绘本中的人或物，充分感知绘本中小兔对春天美好向往的情感。

沉浸式阅读场景聚焦幼儿在阅读中的主动性、交互性。让单一的、平面的阅读变为多元、立体、动态、多感官结合的体验，启迪思维，驱动内心，丰富幼儿的阅读经验，让幼儿成为学习的主人，从而对绘本更充满学习兴趣与期待，这对幼儿的未来发展的影响是持续的、长远的，为幼儿当下和未来成长播下了一颗独立思考的种子。

（四）朗读场景：春天的诗歌

在幼儿园"朗读亭"中，孩子们自主选择朗读资源板块，戴上耳麦，点击"小话筒"，录制和发布声音作品，呈现他们对于书本的理解和生活的记忆。

幼儿用稚嫩的语言，把对幼儿园、对春天的喜爱通过声音表达出来。智慧阅读借助信息技术，集欣赏、朗读、配音、分享于一体的"朗读有声数字空间"，支持幼儿发挥想象、自由自在地表达自己阅读后的感受，加深对作品的理解。同时它改变了传统的阅读和传播方式，将幼儿的声音制作成二维码"留声卡"。现共收集到幼儿 282 个朗读作品，让这些声音作品"扫码可听"。

图 3-42
儿歌《春天来到上河湾》

"朗读亭"这一信息技术的加入让孩子拥有更多选择和表达的机会。紧紧抓住幼儿语言的关键期，鼓励幼儿将自己的所见所闻进行大胆的表述，让表达言之有物、丰富多样。朗读小程序的互动平台，进一步让教师、家长、幼儿成为跨越时空的"朗读共同体"，平台的支持让收藏、转发、分享更温暖、更便捷，实现同时异地、异时同地、异时异地的互融与互通。

三、启示

幼儿在阅读中感悟、体验、表达，生成阅读数据，让幼儿的阅读兴趣、习惯、能力看得见。智慧阅读不仅拓展了传统阅读的本质与内涵，也展现了在信息技术加持下幼儿阅读的全新视角和样态。

以智慧阅读不同场景的串联应用为出发点，着力于运用信息技术助力幼儿阅读品质发展，使幼儿在真实、自然的环境中学会热爱生命、快乐阅读和生活，满足每个幼儿的个性化发展需求，最终实现幼儿教育的核心价值——促进幼儿全面发展。

供稿单位：上海市普陀区上河湾幼儿园

作者：胡春燕

专家点评：

阅读是人类获取信息的主要渠道，是幼儿学习的重要方式。普陀区上河湾幼儿园针对传统阅读活动中存在的文字与真实情境中的真实形象关联不够、重输入轻输出等问题，应用信息技术打造了多元、沉浸式的阅读场景，助力幼儿养成良好的阅读习惯、提升阅读素养。该案例呈现出三个亮点：

第一，尊重幼儿认知规律和学习规律，应用技术在直观形象与概念、文字之间建立关联，避免幼儿对事物的认识停留在概念上，或者停留在卡通形象或大小等失真的图片上，帮助幼儿更好理解文字材料和认识事物。

第二，通过对自然的观察与体验，丰富"读"的内涵，同时应用技术将"读"延展到"说"和"演"，支持幼儿用朗读、介绍、触摸互动等多元的方式表达自己的理解，将理解与表达融为一体，用"输出"作为检验"输入"成效的指针。

第三，在幼儿读、悟、说、演等活动过程中，应用技术记录幼儿阅读数据，为了解幼儿阅读兴趣和习惯、分析阅读能力并提供针对性的指导支持，提供了客观依据。

点评人：上海市教师教育学院（上海市教育委员会教学研究室）教研员　陈群波

3.2.7　微视频助力大班项目化学习中的幼儿自主学习

项目化学习需要教师根据幼儿的真实反应调整项目发展的走向，其灵活而开放的性质给教师带来了压力，微视频因其内容丰富，可随时、反复观看等特点恰好弥补了教师知识储备有限等短板。上海市青浦区实验幼儿园尝试在项目化学习中嵌入微视频，通过幼儿语音自主检索的方式让幼儿与信息环境充分交织，过程中优化幼儿检索信息的方式、提升幼儿筛选信息的能力，同时助推幼儿运用信息的探索，以期激发其内在可持续发展的学习动力。

一、背景及问题

随着教学改革的持续深化与信息技术的不断发展，教育信息化已然成为未来的大趋势，《上海市学前教育课程指南》指出："积极推进信息技术在课程实施中的有效应用，逐步实现信息技术与幼儿园课程的优化整合。"然而目前幼儿园课程中信息技术的应用仍以教师为主体，虽然在设计之初，教师会充分考虑幼儿的学习需求，但其本质依旧是教师的主观输出。究其原因，网络信息鱼龙混杂、幼儿缺乏辨别能力等因素使教师不敢也不愿意放手让幼儿与网络直接接触，屏蔽了幼儿与信息环境的接触。近几年随着新的网络视频形式——微视频的悄然诞生，内容广泛、形态多样的视频短片，因其"短、快、精"、大众参与性强、可随时观看、反复播放等特点，充分发挥网络技术手段的优势，填补了项目化学习中教师分身乏术、知识储备有限的短板。

在"了不起的中国人"主题开展过程中，孩子们萌发了一个航天梦，他们想穿上宇航服遨游太空，但"到有繁星的地方去"项目化学习启动后教师倍感压力。一方面，项目内容、进度差异等给教师带来了先指导哪一组的困境；另一方面，项目实施中出现的意外情况也经常让教师因准备不足而不知如何回应，甚至觉得以自己有限的知识储备难以应对幼儿学习的广度和深度。就此，幼儿园尝试以项目化学习"宇航服制作"组制作产品为试点嵌入微视频运用，以期为幼儿的学习和发展提供更丰富的资源和广阔的时空。

二、策略与价值

（一）宇航服要用什么材料做呢？——优化幼儿信息检索的方式

信息收集是项目化学习的必要环节，真实的生活中信息多且杂，如何检索信息决定着信息的质量，幼儿很少有机会接触网络并自主检索信息，检索方式得不到提升和优化。

通过前期学习，幼儿知道了航天服的功能是防宇宙辐射、隔热、防微陨尘，保护航天员在太空的生命安全。梳理信息后，幼儿需要一种能隔热、可保暖的材料来制作宇航服，幼儿有了自主、自发探索宇航服材料的学习意愿。

幼儿在聊天时提到了抖音。教师提醒幼儿尝试通过检索微视频找到需要的信息。通过微视频，幼儿能更直观、更直接地获取自己想要了解的信息。为防止不良信息的弹出，教师开启"儿童模式"，幼儿进入视频界面，通过语音输入关键字：防水材料，点击微视频后，幼儿发现很多防水材料都是工程上的材料，像防水油漆、橡胶等。可视化的微视频让幼儿得以快速浏览相关信息，有时视频刚刚播放几秒，他们便知道这是不是他们所需要的信息。

经过几次实践后幼儿发现，语音输入越聚焦、越精准，获得的信息越有效：什么材料能做宇航服——防水材料——防水。幼儿检索信息时从原先完整的具象描述问题向聚焦的关键词推进，当再次精准检索"防水"，幼儿发现，页面的信息更有用，出现了雨衣、牛津布、泡沫纸等。微视频帮助幼儿快速、直观、具象地检索"哪种材料适合制作宇航服"，以尽可能贴近真实宇航服的功能。

（二）穿着宇航服怎么上厕所呢？——提升幼儿信息筛选的能力

在浏览微视频和结合自身生活经验后，幼儿发现快递纸盒里放了泡沫纸，快递就不会淋湿还能防撞，宇航员在外太空由于没有地心引力很容易撞到陨石，所以防撞也很重要。同样在微视频中，幼儿发现烧烤时人们总喜欢在外面包一层铝箔，烤箱温度那么高，铝箔纸也不会烧焦，一定能隔热。

大家紧锣密鼓地制作着宇航服，突然有幼儿发问："宇航员穿着宇航服想上厕所怎么办呢？"在"好奇"和"探究"的助推下，幼儿自发而持续地尝试用关键词搜索可用的微视频，得到的结果五花八门，同样的关键词下幼儿检索到了动画短片、科普微视频、搞笑微视频等。传统的资料查阅更多的是图书资料或成人提前筛选好的资源，幼儿无须辨别信息的真伪，只需选择是否采用即可，可当幼儿掌握了自行检索信息的方法后，海量信息扑面而来，幼儿如何找出有价值的信息呢？如何根据自身经验、知识，进行综合分析、判断、筛选信息，这是幼儿绕不开的一个难题。

教师：宇航员怎么上厕所呢？

幼儿：有太空马桶。

幼儿：也可以穿尿布。

幼儿：大人还穿尿布？

我们发现，大班幼儿在筛选信息方面有自己的一套准则，比如幼儿在浏览微视频的时候，对于概念的解释，幼儿会更倾向动画片类型的微视频，因其画面易懂，解说风趣幽默。当有真实场景出现时，幼儿会毫不犹豫地偏向写实的科普微视频，因为真实的场景、真实的人、真实的操作更让幼儿信服。

所以在解决宇航员怎么上厕所的问题上，幼儿检索到科普微视频提供的信息——导尿管吸收尿液和动画微视频提供的信息——纸尿布，幼儿毫不犹豫地选择了前者，理由是尿布的视频是动画片，看着像假的。

在幼儿通过微视频筛选信息的过程中，微视频对幼儿的刺激，不仅有视觉上的，还有听觉上的，更促进了幼儿间有理有据的讨论氛围，使幼儿思考微视频是否有效，思考同伴的理由是否充分，思考微视频是否有参考价值。

（三）宇航裤怎么做？——助推幼儿信息运用的探索

嵌入微视频教学的最终目的就是让幼儿透过微视频与信息进行"第三类接触"，即运用信息，让幼儿在会检索、能筛选后让微视频中的信息产生生活价值。随着项目化学习的推进，一名幼儿想试穿全套宇航服时，才发现自己做的是裤腿，没有裆部。

其中一位小朋友想让奶奶教大家做裤子，但做宇航裤仅是部分幼儿的学习需求，集中全体幼儿进行学习没有必要。教师思考幼儿已经熟悉微视频这样一种教学方式，那家长资源也能通过微视频辐射到幼儿的日常教学中。于是教师尝试联系家长，希望能通过微视频录制的方式充分发挥家长"教师"在项目化学习中的优势。微视频的嵌入，无形中提高了幼儿细致观察和分析的能力，当同伴之间有异议时，微视频亦能反复多次播放相关细节（如下文对话），帮助幼儿聚焦视频内容中的知识技能，满足幼儿个性化的学习需求和不同的学习节奏，运用微视频有助于提升幼儿观察的目的性与有效性。

萱萱：看，从侧面开始做起的，就像把裤子对折一样。

诺诺：暂停，这里我们刚刚漏了。

幼儿在从建构基础认识向运用综合技能的学习体系迈进，微视频促进了幼儿应用有效信息的能力，提升了幼儿可持续发展的学习能动性。

三、启示与反思

微视频以其短小精悍、符合项目化学习需要、专业知识、随机性、灵活性的学习需求，具有生动、顺应当前视觉化学习潮流等特点，从"微"角度开拓幼儿自主学习的思路。当然信息检索时我们也发现诸如幼儿会忍不住点击浏览动画片的微视频而导致检索信息耗时过多的现象，针对这一问题，笔者认为班级内可以建立常态化的微视频遴选机制，在日常检索时精选微视频进行保存，分门别类建立便于检索的、可视化资源库。目前教师已初步关注到微视频在项目化学习中的价值，借助微视频带来的观察技术的变革，提升幼儿聚焦观察、关注过程的能力，并促进幼儿检索信息、筛选信息、运用信息能力的进步。

供稿单位：上海市青浦区实验幼儿园

作者：戴潇婧

专家点评：

上海市青浦区实验幼儿园采用微视频辅助"到有繁星的地方去"这一大班项目化学习活动，是教育信息化的一次创新实践。微视频的应用，不仅改善了传统教学模式的局限性，还提高了幼儿自主学习的能力。教师利用微视频丰富了教学内容，使得幼儿能够在观看过程中自主探索和获取信息。此外，微视频的多样性和互动性也帮助幼儿更好地理解和吸收知识。

微视频作为一种现代化教学工具，有效地吸引了幼儿的注意力，并刺激了他们的学习兴趣。微视频的应用提高了幼儿的自主学习能力，使他们能够根据自己的兴趣和需求，选择和探索相关内容。这不仅提高了学习的效率，也培养了幼儿的自我导向学习能力。在使用微视频时，需要精心策划和选择合适的内容，并在教学过程中不断调整和优化教学策略，以实现最佳的教育效果。

点评人：华东师范大学课程与教学研究所副教授 杨晓哲

3.2.8 微课程数字资源助推幼儿科学素养发展

微课程数字资源在幼儿科学素养发展方面发挥着重要的作用。陕西省西安交通大学幼儿园在园本课程建设过程中，借助高校优势背景，形成微课程数字资源，促进幼儿科学素养全面发展。本案例从微课程数字资源生成背景、基于探究的幼儿科学素养调查、微课程数字资源的内容与使用、微课程数字资源助推幼儿科学素养发展成效、反思与展望五个方面，反映了西安交通大学幼儿园满足幼儿亲近自然、直接感知、亲身体验、实际操作的需要，合理、适度地发挥数字教育资源优势，促进幼儿科学素养发展的研究过程与成果。

一、微课程数字资源生成背景

西安交通大学幼儿园拥有丰富的生态教育资源，其中"381棵树"是最重要也是最受师幼喜爱的课程资源之一。随着园本生态教育课程的深入开发，传统的认知方式已经不能满足幼儿探索和求知的需要，师幼对树木的探索往往停留在对常见树木及其显著特征的了解上，缺乏深度探索。因此，幼儿园逐步探索利用信息化手段建立数字资源库，拓宽科学教育内容，创新与丰富幼儿学习探究方式，提升科学教育有效性，发展幼儿科学素养。

二、基于探究的幼儿科学素养调查

西安交通大学幼儿园共有 40 个班级，近 1 200 名幼儿。为了解幼儿科学素养发展状况，依据《3—6 岁儿童学习与发展指南》以及《学前儿童科学学习与发展核心经验》制定了《幼儿科学素养测评表》。该表以幼儿园大班幼儿为主要调研对象，在幼儿升入大班伊始，从科学认知、探究能力、科学情感三个维度，以 23 个问题为切入点，抽样访谈与观察 130 名幼儿，采用五点记分法，使用 SPSS 分析幼儿科学素养发展情况。在微课程数字资源建设活动开展前，幼儿科学素养平均得分 3.72 分，其中科学认知维度平均得分 3.83 分，探究能力维度平均得分 3.72 分，科学情感维度平均得分 3.63 分（如表 3-12）。

表 3-12　使用前幼儿科学素养各维度得分基本情况（$\bar{X} \pm S$）

变　　量	幼儿（$n=130$）
科学认知	3.83 ± 0.65
探究能力	3.72 ± 0.54
科学情感	3.63 ± 0.43
科学素养	3.72 ± 0.41

三、微课程数字资源的内容与使用

不同树种的四季变化，花朵、树叶、果实的奥秘，等等，都吸引着幼儿探索，也启发着教师从中发现更多的教育契机。不同年龄段幼儿、不同班级开展了一系列各具特色的树木教育活动，从树的一年四季变化到一棵树涉及的科学、艺术、人文等教育活动，从不同层面、跨领域展开。

（一）动态调整微课程数字资源库

幼儿园利用信息化技术，借助互联网资源，逐步开发了聚焦幼儿科学素养发展，以"趣学、趣教、趣动"为特点，包含教师教育和幼儿探究、家园共育以及教育评价的微课程数字资源。以"大大小小的树"为例，教师教育资源包括知识链接、活动课件、记录模板、拓展任务、朋友链接。幼儿探究资源包括探究操作、图书推荐、创意乐园。家园共育资源包括成长记录、畅想天地、家园互动等。教育评价资源包括管理者、教师、幼儿与家长的评价表，如图3-43 所示。微课程数字资源是在师幼共同探索过程中动态形成，内容不断丰富、更新，体现时代特征，满足儿童发展需求。

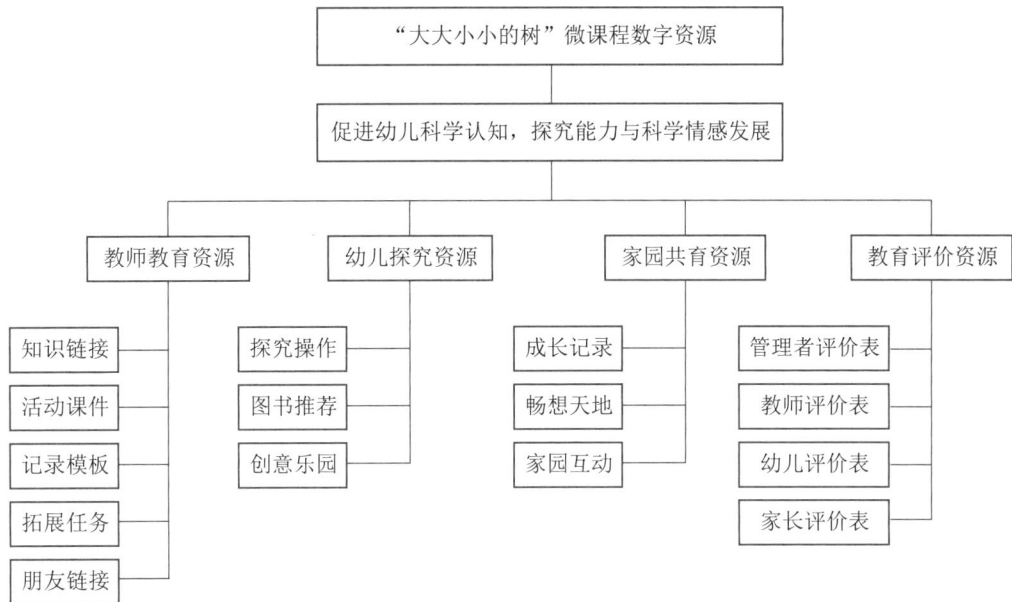

图 3-43 "大大小小的树"微课程数字资源结构

（二）活用资源库内的调查方法，化间接经验为直接经验

绘制《幼儿园树木图册》是大班幼儿的传统活动，在绘制树木图册的过程中，教师、家长和幼儿共同收集幼儿园俯视全貌图，利用信息技术绘制地图、树木分布图，尤其是种类数量统计等内容成为《幼儿园树木图册》系列微课程最初的课程资源。

面对"怎样才能把这么多树不重复也不遗漏地数清楚呢？"这样的问题，幼儿在教师带领下，学习课程资源内介绍的方法，通过分区域、设计统计表格的方法进行统计调查，最终不仅完成了对树木总数量的统计，还对统计结果进行分析，完成了树木种类的划分，更新了课程资源库。迄今为止，课程资源库已经包含了不同种类树的档案，包括树种的介绍、树桩的粗细的测量和记录。

（三）基于微课程资源素材，开展深度探索

依据微课程资源库中幼儿园内树种的分类，大班每个班级可以认领一类树木，在课程资源现有的基础上继续探索，丰富树木图册，完善树木档案。

在"大树小树的秘密"班本课程实施过程中，围绕无花果树，幼儿在教师的带领下通过梳理问题等不同方式逐渐形成探究路径。幼儿在寻根问底的过程中，通过搜索课程资源库了解了无花果树的外形特征、生长条件和生长周期，而有关"无花果树叶长什么样子？""无花果树真的不开花吗？""无花果干是怎么制作的？"这些幼儿十分感兴趣的话题，幼儿在教师以及家长的带领下通过询问小宝机器人、查阅书籍、查询网络等方式获得解答，并通过小组合作的形式，以拍摄微视频、制作思维导图进行介绍，在丰富和拓展了视野的同时，这些形成的多媒体资源又作为课程资源进入资源库，完成对课程资源的更新和拓展，成为支持下一次探索的新的课程素材。

微课程数字资源根据幼儿的探索和发现不断更新，全园幼儿都可以在数字资源中找到自己想要了解和探索的内容，避免了优质教育资源的闲置，更好地支持了幼儿深度学习，促进了幼儿科学素养提升。

四、微课程数字资源助推幼儿科学素养发展成效

微课程数字资源使用一年后，通过对原有大班 130 名幼儿再次访谈与观察，发现幼儿科学素养显著提升。

（一）幼儿科学素养及其各维度均有显著提升

经过后测，分析数据发现大班幼儿科学素养平均得分为 4.13 分，其中科学认知维度平均得分 4.22 分，探究能力维度平均得分 4.02 分，科学情感维度平均得分 4.12 分。通过独立样本 t 检验结果显示 P 值均小于 0.001，可以看出微课程数字资源使用前后大班幼儿科学素养及其各维度呈现极其显著的差异。因为 t 值为负，可知数字资源使用后大班幼儿科学素养及其各维度均有显著提升（如表 3-13）。

表 3-13 使用后幼儿科学素养得分情况的对比分析（$\bar{X} \pm S$）

变量	开展前		开展后		t	差值 95% 置信区间	
	$\bar{X}$	S	$\bar{X}$	S		下限	上限
科学认知	3.83	0.65	4.22	0.29	-6.253***	-0.51	-0.27
探究能力	3.72	0.54	4.02	0.55	-4.504***	-0.44	-0.17
科学情感	3.63	0.43	4.12	0.44	-9.123***	-0.60	-0.39
科学素养	3.72	0.41	4.13	0.28	-9.537***	-0.50	-0.33

注：* 表示 $P<0.05$，** 表示 $P<0.01$，*** 表示 $P<0.001$。

（二）微课程数字资源在培养科学情感方面效果显著

运用《幼儿科学素养测评表》对开展前后幼儿科学素养发展情况进行调查，统计结果显示，幼儿科学素养的四个方面均有大幅度提升，其中幼儿的科学情感提升最显著，科学认知方面提升幅度次之，科学技能方面能力提升最少（如图 3-44）。

分析其原因，师幼共同参与课程资源库的建立、使用与丰富的过程，幼儿既是创造者又是使用者，改变了传统的单方面教授的局面，实现了"教"与"学"相互作用，极大地保证了幼儿的主体地位，彰显了幼儿的学习能力，能够较大限度地激发幼儿主动探究、主动学习的愿望，使其能更投入地进行科学探究。

而幼儿科学认知与科学技能这两方面能力提升不显著的原因可能是教师对资源库内容的梳

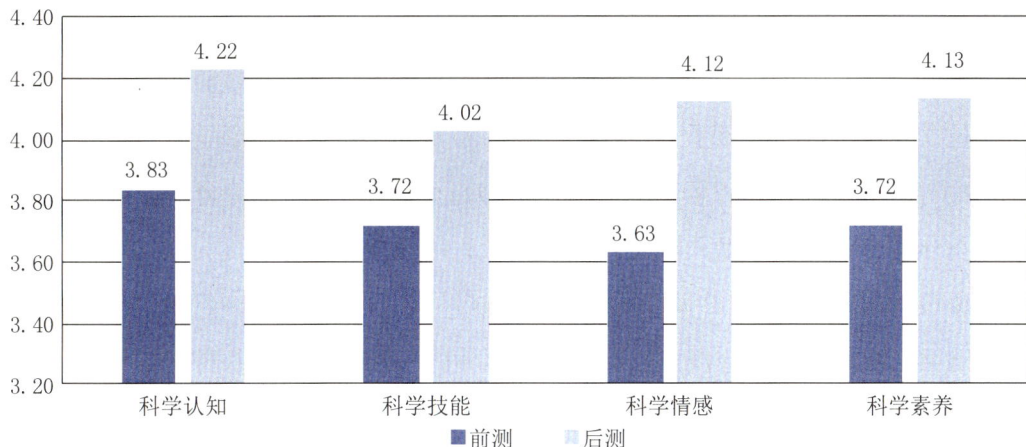

图 3-44　科学素养提升情况

理与提炼不足，教师在师幼共建过程中的引领与支持不够，导致资源库内容的广度与厚度不凸显，因而出现了目前幼儿发展不够全面的局面。

五、反思与展望

（一）进一步提升教师自身的科学素养

经过一年的教育实践，微课程资源内容不断丰富完善，互联网和信息化手段实现课程内容直观化、生动化、形象化，方便幼儿查阅及使用。而目前受限于教师自身科学素养水平，资源库内容呈现重复性、浅表化的特点，未来需要教师在提升自身科学素养的基础上，在与幼儿共建过程中，实现资源库内容有广度、有指向、有深度、有高度。

（二）依据科学素养三维度进行资源库内容的细致化梳理

目前微课程资源库内容对幼儿科学认知和科学技能的发展效果并不明显，可以通过对课程内容进行分板块梳理，让教师和幼儿在使用时能更直观、更便利地搜索到所需资源，这不仅能提高资源利用效率，也能方便师幼在回顾时查缺补漏，实现科学素养的全面提升。

（三）开发建设指向幼儿综合能力提升的微课程资源库

通过前后测结果，可见当前微课程资源库对幼儿科学素养发展有显著帮助，未来我们希望建立内容更加丰富的资源库，实现幼儿在德智体美劳各方面的全面发展。

供稿单位：陕西省西安交通大学幼儿园

作者：兀静、王岔庄、富雅昕

专家点评：

数字资源建设是信息技术在教育领域应用的重要体现。西安交通大学幼儿园聚焦幼儿科学素养培育，在引导和支持幼儿亲近自然、直接感知、亲身体验等基础上，审慎建设与应用数字化的微课程资源"大大小小的树"，虚实结合助力幼儿科学探究，对幼儿科学素养提升产生了良好的作用。

该案例有三个亮点：一是因循不同对象的需求和应用场景，建设了教师教育资源、幼儿探究资源、家园共育资源等，满足了不同人群的应用需要；二是立足科学素养培育，注重综合应用多个领域的经验和方法来解决问题（如分区域数树和记录），体现综合学习特征；三是在微课程实施与应用中，问题驱动幼儿探究和习得知识，任务驱动创意物化与表达表现，进而促进课程资源的生成与丰富。

另外，该案例关注微课程应用前后幼儿科学素养的测评比较，从某种角度呈现了微课程数字资源的应用成效。建议进一步考虑过程中的幼儿成熟因素，加强与同龄幼儿的横向比较。

点评人：上海市教师教育学院（上海市教育委员会教学研究室）教研员　陈群波

3.2.9　科学陪伴助力成长——人机互动模式在学前健康教育中的运用与思考

上海学前教育系统正以"数字化转型"为催化剂，逐步规范信息系统建设，重点建设"幼儿来离园智能管理""幼儿健康常态监测""幼儿在园户外运动监测"等应用场景，优化学前教育资源，提升学前教育质量。上海市普陀区美墅幼儿园在数字化系统实践应用中，应用阿童目Ⅲ代晨检机器人等支持幼儿的自主探究学习，推动教师教育理念的转变、儿童学习方式的转变以及评价方式的转变。

一、背景介绍

根据3—6岁学龄前儿童的身心发展特点，学龄前儿童的互联网学习更多的是指儿童在成人的引导、陪伴或支持下依托互联网，使用智能设备，在有限的时间内通过人机交互进行的学习活动。美墅幼儿园在数字化系统实践应用中，投入使用阿童目Ⅲ代晨检机器人，逐步形成了优化晨检流程、儿童主动学习、教师主动观察的新局面。

晨检机器人阿童目的出现引发了幼儿园小朋友的广泛关注，他们纷纷上前摸一摸、看一看，人人都想体验一番！每天都有幼儿询问："老师，这个机器人是干什么的？""他要帮我们检查什么呢？""这个晨检机器人是怎么帮我们晨检的呢？"在幼儿的好奇中，幼儿对机器人的热情持续高涨，提供了教师生成课程的契机，"幼儿园里的新朋友"就是在与晨检机器人互动中逐渐完善逐步实施的。

二、人机互动在幼儿园实践中的应用

（一）人机交互实现教育理念转变——支持幼儿自主探究

人机交互模式能够帮助教师从第三视角观察、倾听幼儿，了解幼儿的兴趣，了解幼儿的需求，进而促进幼儿的自主探究。

走"近"尝试，激发幼儿自主探究兴趣。晨检机器人的出现引发了幼儿的关注，幼儿盼望着与机器人进行互动，围绕机器人也产生了许多讨论、疑问。面对幼儿对晨检机器人的关注，教师并没有进入传统的教学模式，让幼儿集体学习机器人的正确晨检方式，而是给幼儿提供充分的时间与机会和机器人进行互动。例如当发生晨检机器人没有和幼儿打招呼，幼儿充满疑问的情况时，教师并没有马上展开介绍，让机器人快速投入正常工作，而是选择等一等，让幼儿在与机器人互动的过程中，通过同伴互助，调整站位距离，在"提出假设—实验验证—调整方案—再次验证"的过程中积累了正确晨检的经验，保持了幼儿对机器人的兴趣，为进一步探究埋下了好奇的种子。

（二）人机交互实现学习方式转变——生生互助自主学习

人机交互的模式以机器为探究对象，以互动结果作为即时反馈帮助幼儿调整探究方案，能在时间和空间上为教师提供充裕的观察机会，减少教师作为教育者的干预，增加幼儿之间相互学习的机会，满足幼儿根据自己的兴趣和需求选择学习内容和方式的需要，从而更好地发挥幼儿的潜力，为幼儿未来的学习和生活奠定坚实的基础。

在与晨检机器人互动过程中，部分幼儿在探索中明确，要与机器人保持适当距离机器人才能正常工作。幼儿利用自由活动时间绘画了"提示图"，希望同伴能够借助提示图了解正确的晨检方法。在制作提示图的过程中，又出现了如何解读提示图的难题，基于新问题，录音小方块和晨检小儿歌相继出现。在这个探究过程中，幼儿是问题发现者，是有力量的学习者，是和谐的同伴互助者。

幼儿自发的活动源自他们的兴趣和问题，教师在整个过程中陪伴和支持着幼儿的所思所想，给予了最大的学习空间。于是我们惊喜地发现，在人机互动中幼儿主动学习、善于发现、积极思考、尝试解决问题，还能想到将自己的经验进行共享，让更多的同伴知晓和了解，这样的学习模式激发出了更多的学习欲和学习能力。

（三）人机交互实现评价方式转变——幼儿主动自我评价

幼儿自我评价在幼儿发展中起着至关重要的作用。通过人机交互模式的互动，幼儿的自我评价也在不断调整，幼儿能够更好地了解自己的身体情况、兴趣、能力、优点和不足，从而促进自我认识和自我管理能力的培养。自我评价与幼儿的情感发展密切相关，同伴的肯定也能够增强幼儿的自尊心和对自我评价的自信，促进积极的情感体验，还能够帮助幼儿设定个人目标，并激发幼儿追求成长和进步的动机。

晨检机器人可以保存每日晨检照片，根据每日晨检情况即时出具晨检报告，提醒幼儿关注身体健康，对幼儿关注自我成长、提升自我服务、积极自我评价方面有很大帮助。例如晨检机器人会根据晨检画面中的牙菌斑提示口腔有异常，这让幼儿会结合自身口腔情况及时调整行为，在与机器人互动过程中不断养成良好的行为习惯。

通过机器人提供的照片，幼儿开始关注起自己的五官健康，从原先被动地了解健康问题转变成了自己主动发现和关注，健康意识变得越来越强。

在人机交互模式互动过程中，幼儿对自我的关注和认识有了新的想法，他们通过自发的游戏行为产生了新的关注点，同伴间的互动更好地引发了幼儿对自我健康、同伴健康的评价。将原先笼统、片面的评价方式转变成有针对性、全面深入的自我评价，并通过评价得到了后续的思考和自我健康管理的关注。在这样的评价过程中教师也能从更多的角度去了解幼儿，做全面性的分析，为每一个幼儿提供更有针对性的支持和引导。

三、人机互动实践经验和启示

幼儿园是幼儿游戏与生活的重要场所，晨检工作是幼儿园一项重要的保健措施，晨检机器人建立入园第一道"屏障"，是保证幼儿健康成长的重要"关口"。美墅幼儿园通过以晨检机器人的人机互动设备为抓手，收集、支持幼儿初步自我计划的方法和策略，引发幼儿借助现代化信息技术探索自我健康管理。

（一）创设环境引发幼儿对人机互动的关注

环境作为隐形的教育手段能够让幼儿在日常生活学习中受到潜移默化的影响，它可以实现幼儿自主解读、自主分析、自主学习。教师为"机器人"增加了"拟人化的提示标记"，如引导幼儿视线呈 120 度仰视的"大眼睛"、双脚站立位置的脚贴、正确姿势的图示等，通过这些标识增加幼儿对晨检机器人的关注。

（二）鼓励自主探索支持幼儿发现人机互动方法

让幼儿去观察很多典型的晨检截图照片，引导他们自主发现拍摄成功的照片和存在问题的照片是怎样的情况，并让他们通过探索去发现是什么原因造成的。教师通过创设环境、适当等待等方式为幼儿自主探索提供时间、空间、经验支持，帮助幼儿积累自主学习经验。

（三）拓展人机互动内容延续幼儿探索兴趣

探索内容的不断更新帮助幼儿维持对机器人的长久兴趣，在教师的引导下，不断拓宽视野，积累经验，了解新的学习方法，在同伴互助中进行深度学习。幼儿对晨检机器人的认知，从最初机器人替代保健教师做晨检检查，到成为幼儿健康检测小助手，到幼儿学习了解自己的身体的好帮手，最后机器人已经成为幼儿自我健康教育的素材来源，成为教育素材的提供者。机器人功能的不断开发、内容的不断丰富也成为幼儿持续探索的动力。

（四）及时回应助推幼儿持续探索

教师的及时回应意味着教师对幼儿的充分关注，能够充分调动幼儿的积极性，有助于构建良好的师幼互动模式，能让幼儿在有爱、有能量的氛围内生活学习，保持持续探索的精神。教师通过晨检机器人调整晨检流程，实现了更加智能化和个性化的晨检。当前，美墅幼儿园形成了保健教师"一摸、二问"，晨检机器人"三看、四查"，这种保健教师和晨检机器人互相配合的晨检模式。机器人的及时反馈、教师的及时调整保证了幼儿探索的主体地位，能够让幼儿感受到被看见、被认可，从而内生出不断提升的动力。

（五）充足时间充分机会满足幼儿探索需求

在幼儿和机器人的互动中，教师通过观察了解幼儿的想法和问题，引导幼儿大胆尝试，支持和满足幼儿的需求。在这样的体验式过程中，教师不要急着去告诉幼儿该如何做，而是通过他们和机器人的互动、生生间的互动将一个个问题转化为经验，在主动探索中不断加深对晨检机器人的认识。

随着"互联网＋"教学时代的来临，科技为教育注入"新血液"，教育服务也逐渐向数字化、品质化、体验化方向升级。我们希望幼儿在人机互动的体验中形成主动学习的高效模式，教师则通过数字化的精准分析更好地保障每个幼儿的健康成长，共同实现信息化时代的"幼有善育"，助力数字化赋能学前教育的高质量发展。

供稿单位：上海市普陀区美墅幼儿园

作者：孙霖珏

专家点评：

"科学陪伴助力成长"案例依据"幼儿来离园智能管理""幼儿健康常态监测""幼儿在园户外运动监测"等幼儿园保教活动的现实需要，以晨检机器人为例，引导幼儿开展自主探究、互助学习和自我评价，创设出幼儿园智能活动场景。在保教活动中，通过"提出假设—实验验证—调整方案—再次验证"的过程提高幼儿活动兴趣，帮助幼儿形成正确的晨检经验；利用晨检机器人采集、分析和处理后的数据，帮助教师从更多的角度去了解幼儿的身体健康情况，为每一个幼儿提供更有针对性的支持和引导，在真实教学实践中反映出数字化转型促进幼儿园的高质量发展。建议在对晨检机器人的保教应用中，能进一步结合"幼儿来离园智能管理""幼儿健康常态监测""幼儿在园户外运动监测"创新保教活动的新方法和新模式，探索出一条应用智能化工具获取幼儿健康数据、分析数据结果、应用结果进行个性化保教以及做好数据安全防范的路径，形成有较强操作性、可推广的幼儿园数字化转型经验。

点评人：华东师范大学教育学部教授　李锋

3.2.10　以"燕子"主题活动为例的数字化建设的实践与启示

在以"燕子"主题为例的探究活动中，潍坊市奎文区樱园幼儿园通过不同信息化技术和设备搭载不同形式的资源，不仅丰富了课程活动内容，也为幼儿认知的发展与经验的积累打开了新通道：动态观察数字平台的使用，让幼儿亲历燕子成长的全过程；运用二维码开展调查与分析，随时让幼儿以感兴趣的话题参与其中，以视频的实时记录支持幼儿深入探究。在探究燕子成长整个过程中，樱园幼儿园运用数字技术，改变师生"教与学"的方式，让幼儿保持高度的观察兴趣与探究欲望。

一、背景

潍坊市奎文区樱园幼儿园为山东省省级示范幼儿园、潍坊市十佳幼儿园。樱园幼儿园已实现教师人手一机及网络全覆盖。樱园幼儿园将数字化贯穿于幼儿园保教、安全、后勤等管理的方方面面，运用便捷的数字化工具与专业的内容赋能，取得一定的成果。2019 年 10 月，樱园幼儿园"基于教育信息化平台管理机制构建与实施"案例，入选山东省教育信息化应用优秀案例。2020 年 12 月，樱园幼儿园被评为山东省第二批教育信息化示范单位。

关于自然的主题活动是幼儿园常见的科学探究活动。既往，教师一般以网络调查或者绘本阅读帮助幼儿了解与观察动物或其他自然物，学习缺乏连续性、持久性。因此，樱园幼儿园开始探索数字技术在科学探究活动中的运用。

二、策略及价值

（一）借力数字平台，实现动态观察

为了让幼儿能够更好地观察幼儿园中的各种动植物，幼儿园建立"动态观察数字平台"，根据幼儿兴趣需要围绕被观察对象安装摄像头，以监控实现跟踪式动态观察及过程性视频资料的积累。现以幼儿园里孩子们对燕子的探究为例进行具体介绍。

人们都说燕子是吉祥之鸟，燕子住的人家是福源之地、幸福之家。每年春天燕归来，在樱园幼儿园已有十多年的时间，观察燕子成了孩子们最开心的事，燕子在无形之中已成为幼儿园宝贵的隐性课程资源。

1. 聚焦问题，"码"上调查

又一年的清明节假期归来，大一班的孩子们惊喜地发现小燕子回来了，他们开心地相互告知，热烈地讨论着关于对燕子的诸多疑问。"这是去年的燕子吗？燕子是怎么记住我们幼儿园的？"于是教师借助班级微信群发布二维码，邀请幼儿和家长共同参与，以音频或者视频的形式提出问题并进行表征统计，"今年燕妈妈会生几个蛋？""蛋宝宝要经过多长时间孵育才会出壳"……几十个问题迸发式产生。

2. 增设监控，即时观察

有问题代表着感兴趣，师幼共同依据前期调查确立"燕子"主题，同时综合关注问题以及接下来燕子的生活经历，初步预设为筑巢、孵育、成长这三个阶段。为实现对燕子的即时观察，幼儿园在燕窝上方安装监控并配备闭路电视，借助数字化技术，让幼儿的观察不再受时间

与空间的限制。散步时、过渡时间，在走过燕子窝的每一刻都可以实现即时观察，通过真实生动的画面，让燕子走进幼儿的视野，实现幼儿与燕子的近距离接触，让幼儿了解燕子生活习性，与燕子共同成长。

3. 多元互动，满足需求

数字技术的融入拓展了幼儿的观看与交流空间。为满足幼儿对于燕子观察与认知的需求，在监控设备附近，增设燕子生活习性视频及音频生成的二维码，用手机扫一扫即可满足幼儿对于燕子问题的解答，丰富幼儿的认知需求，增加关于燕子话题的交流内容。

（二）实时捕捉信息，增强自主互动

如何实现动态化追踪观察，实时捕捉信息？幼儿园除以监控视频随时捕捉实时信息外，同时融入剪映、小影等软件技术将视频进行剪辑保存，让实时信息成为生动的课程资源。

1. 虚实交融，动态生成

一天下午的离园时间，孩子们突然发现，燕窝里有了一个蛋，他们激动异常，盯着屏幕不肯离开，"怎么就一个蛋呢？去年燕妈妈生了五个蛋呀？今年会生几个蛋？""小燕子多长时间才能出壳呢？"在接下来两天的观察中，孩子们发现窝里的蛋依次增加为三个、四个，由此知道了燕妈妈的蛋不是一次生完，而是需要经过几天、多次。视频成为孩子们对"多长时间出壳"这个关注度最高的问题进行深入探究的最有力的辅助工具。随着持续观察与探究的深入，问题逐步解决并形成多元化的活动。借着对燕子孵蛋的兴趣，教师支持幼儿开始了对各种蛋的认识，当看到鸽子蛋与燕子蛋大小颜色很相似时，孵蛋的想法又重新燃起。孩子们提议试试孵鸽子蛋，教师决定顺应兴趣孵鸽蛋。孩子们将鸽蛋依次写上序号，每天照顾并记录蛋的情况，21天后孩子们成功孵出来了三只小鸽子。近距离观察孵育的全过程，感受着小生命出生的喜悦，真实的体验让孩子们感受到燕爸燕妈孵育小燕子的辛苦。视频的观察与真实的体验相融合，为幼儿的学习提供有效支持。

2. 视频积累，深入探究

借助数字化设备与平台视频录制及保存，教师利用剪映、小影等软件对视频进行剪辑与处理，将燕子筑巢、孵育等关键性的内容进行保存，形成课程资源包。针对幼儿兴趣点，教师可以随时抽取视频进行再次播放，引导幼儿细致观察，将探究引向深入，不断提升幼儿已有经验的同时，借助视频资源纵向延伸出其他教学活动、室内外游戏以及家园共育的亲子活动，通过这些活动建构有逻辑体系的单元活动课程。

（三）成长收获：数智赋能，实施科学评价

在《幼儿园保育教育质量评估指南》发布的背景下，课程评价是课程建构、生成与发展必不可少的内在组成部分。樱园幼儿园采用数字化手段，开展动态评价。从筑巢、孵育、成长的课程预设，到跟随过程依次展开的归来、筑巢、孵育、成长、死亡的课程实施路径，不断生成的课程吸引着幼儿在不断探究体验中实现自主成长。在燕子的观察过程中，教师通过图片、视频、语音转文字等方式把幼儿行为以白描方式做观察记录。并借助平台便捷操作，依托 App 内置的评估体系作为抓手，自动关联观察记录，动态化体现幼儿在课程实施中的发展状况，帮助教师更好地理解每个幼儿在本主题内各领域水平的表现。同时，教师深入观察和倾听幼儿的心声，追随幼儿兴趣，支持活动探究。

三、启示与反思

（一）发展经验

1. 数字技术系统化运用，实现对课程实施全过程的助力

从视频技术到课程软件的应用，力求搭建数字化场景，满足儿童的个性化学习和主动探究的需要。在观察和支持中优化、深化场景，始终体现"幼儿发展优先"的理念。

2. 数字技术赋能幼儿主动学习

数字技术的使用让幼儿亲历燕子成长的全过程，基于数据分析，获得幼儿的兴趣和想法，支持深入探究。探究燕子成长整个过程，随着探究的深入产生更多更有意义的提问，教师作为观察者和支持者则在参与开发和应用的过程中成为幼儿学习的伙伴和研究的共同体。

3. 个性化评价方式真正关注每一个

数字化为幼儿的学习路径和成长发展提供数据支持，帮助教师更好地了解幼儿的发展需求，为个性化教育提供依据，支持每个幼儿全面而有个性地发展。

燕子课程已告一段落。年复一年，幼儿与燕子的和谐相处让燕窝增加到了四个；孩子们为幼儿园设计的小燕子吉祥物，存在于幼儿园的角角落落；创作了园歌《温暖的家》，每周的第一个活动就是从在国旗下歌唱开始的。在孩子们心中，小燕子已成了幼儿园这个大家庭中不可或缺的一员。

（二）进一步发展的方向与关键问题

首先，深研数字技术，对已有软件进行积极的实践应用和优化建议，积累更多的优秀案例和各类活动方案，丰富园所园本课程资源库，满足各个层级的教师借鉴和使用需求。

其次，优化教师的教学方式和手段，不断完善教学资源库，支持课程实施的良性、可持续性发展。

再次，通过平台建立多元、智能、互动、有温度的个体电子成长档案，保留教师、家长、幼儿不同视角下的成长轨迹，逐步完善过程评价机制。

最后，通过平台搭建园级空间、班级空间和家庭空间三个层级的互动圈，实现精准统计，保证家园互动的有效频率；及时共享，科学实施个性化教育，以深度的家园共育实现教育同频共振。

供稿单位：山东省潍坊市奎文区樱园幼儿园

作者：王海霞

专家点评：

本案例在幼儿观察燕子的传统自然探究活动中，将视频设备与动态观察数字平台等数字化手段应用于课程实施及评价的全过程，帮助幼儿保持高度的观察兴趣与探究欲望，亲历燕子的归来、筑巢、孵育、成长与死亡，也记录下幼儿的自主成长，并进行过程性评价。

在本案例中，通过监控设备获取实时信息提高了幼儿观察的灵活性、有效性和可持续性，而教师作为幼儿探究的观察者和支持者，实施"码"上调查的兴趣聚焦、实时视频的后期课程资源包制作、过程性记录与评价，特别是实时捕捉信息、对幼儿探究的有效引导等显然更为重要。在这个数字化场景中，教师成了幼儿学习的伙伴和探究的共同体，从而能够调动幼儿的探究兴趣，拓展教学空间，丰富课程内容，支持个性化学习，真正变革教与学的模式。

案例后续可对以幼儿学习过程的实时跟踪和记录为数据支持的评价模式做更加深入的解析；关注视频设备等的长期运行对燕子生存环境的影响，确保设备安装使用安全；持续关注信息技术的发展，适时恰当地使用更多的数字化手段，引入更多形式的资源，通过更多场景的数字化转型，为幼儿个性化发展打开新通道。

点评人：上海市教育委员会信息中心原总工程师　朱宇红

3.2.11　虚实结合　数字赋能幼儿入学准备

打破空间限制，通过虚拟资源搭建仿真场景，实现幼儿园高效管理及教学，为师生提供沉浸式的教育环境是数字化幼儿园的发展方向，也是提高保教质量、实现家园共育的重要途径。郑州市第二实验幼儿园以幼儿入学准备数字平台的建构为切入点，家园携手，探索运用大数据和数字镜像虚拟伙伴支持幼儿入学准备评价，开发幼小衔接数字化课程资源，精准培育幼儿入学准备核心能力。

一、发展现状

在"漫教育"园本理念的引领下，郑州市第二实验幼儿园坚持儿童发展为本，积极建构学前教育信息化生态圈，探索教育数字化应用。2019年参与中国科学院心理研究所"城镇化过程中儿童积极行为塑造模型及其应用研究"课题，将大数据理念引入师幼评价；2021年成为河南省首批"幼小衔接实验园"后，借助"小学生胜任力"模型，建立幼儿入学准备数字平台，运用大数据支持幼儿入学准备评价和幼小衔接数字化课程资源的开发，提升幼儿入学准备核心能力。

目前，幼儿入学准备数字平台（以下简称"数字平台"）集幼儿发展评价、入学能力互动游戏、幼小衔接课程、家园校教育策略等内容为一体，教师、幼儿、家长参与幼儿发展评价、提供数据及资料，教师依据平台评价结果调整课程建构、优化教与学的过程，家长根据评价结果开展家庭教育，全面助力幼小衔接。

（一）虚拟伙伴提升学习兴趣，自主游戏中动态收集数据

在数字平台的幼儿板块，设置有"阿核哥哥"数字镜像虚拟伙伴，幼儿通过在平板终端设备上与虚拟角色自主互动游戏来提升入学准备能力。

幼儿："阿核哥哥"是我们的新朋友。"阿核哥哥"将我们游戏活动中的场景再现，它会回答问题、讲故事、唱儿歌，里面还有很多关于超市、小学、幼儿园、动物园的游戏，在游戏时，"阿核哥哥"还会和我对话、教我填写操作单，它是我们的一个新朋友，我喜欢和它一起玩游戏。

数字镜像为幼儿提供交互场所。将真实的游戏活动场景嵌入虚拟场景之中，形成数字镜像。游戏活动中的操作层次被提取和优化，再次在幼儿区角活动中投放，幼儿借助虚拟人物"阿核哥哥"，结合游戏化的情景方式，通过幼儿跟"阿核哥哥"互动游戏的方式动态收集数据、分析评价，帮助教师读懂幼儿能力发展。

（二）虚拟场景支持个体学习，互动游戏精确匹配能力提升

对幼儿的入学准备评价由教师、家长、幼儿、幼儿园四方共同完成，涵盖身心准备、生活准备、社会准备、学习准备等全面内容，展现幼儿各阶段、各时期的发展和变化，记录结果会以图形模式直观呈现。除常用的观察、作品分析等方式外，还结合"阿核哥哥"帮助教师收集分析数据，精准发现各能力发展空缺，并及时调整领域课程内容、区角操作材料和"阿核哥哥"平板终端的数字互动内容，增加相关能力资源，转化为"阿核哥哥"每天向幼儿发布的新游戏任务，精准助力幼儿提升能力。

如，针对班级幼儿学习准备中课堂"观察""倾听"能力较弱的问题，教师设计了闯关游戏"丛林探险"场景，通过营救"葵花妹妹"的任务，让幼儿在虚拟互动游戏中依靠视觉、听觉来完成任务，促进幼儿听觉分辨、视觉分辨、视觉追踪等"视""听"能力的提升。比如，今天，"阿核哥哥"给幼儿布置了新的游戏任务：它的好朋友"葵花妹妹"被小野狼抓走了，需要小朋友们帮它去营救。幼儿要和"阿核哥哥"一起根据小野狼的要求，在规定的30秒时间内寻找物品，需要用眼睛寻找、用耳朵听，但不能用手指辅助。这个游戏有较多关卡，有的关卡幼儿能独立完成，有的关卡则需幼儿小组合作完成。

闯关游戏符合大班幼儿年龄特点，操作时长等规则的制定保护了幼儿视力，也促进了幼儿同伴互助和小组合作能力提升。除了虚拟游戏的设置，教师还同步在一日活动中开展多样化的

"视""听"活动，在班级区角中投放多种关于"视觉分辨、视觉记忆、听故事讲述、走迷宫、路线图"这样的操作材料、记录单，并注意操作难度的层级变化及操作和挑战时长的缩减。

（三）记录反馈激发成长自信，数据支持全面展示能力发展

幼儿："阿核哥哥"记录了我的进步！今天，妈妈给我读"阿核哥哥"写给我的信，它夸奖我进步了。我看到"阿核哥哥"画的我的"成长图"，从图上看，我在听觉分辨、视觉记忆和专注力方面进步最大，我这个月比上个月多获得了8个"激励币"呢！妈妈也夸我读绘本时比以前更认真了，还鼓励我下个月继续进步。

前后对照，让幼儿能力提升能被教师看见。在"阿核哥哥"数字游戏课程与幼儿园原课程整合实施一段时间后，教师再次对幼儿发展进行数据收集分析，发现幼儿的"视""听"能力有了提升。比如，"阿核哥哥"中的"超市整理员"游戏，之前孩子们一次只能发现5种水果，现在基本一次可以发现10种水果，视觉广度、视觉分辨等能力有了明显的提升。

二、发展经验

（一）注重顶层设计与建模

数字平台由幼儿园、家长代表共同进行顶层架构，搭建大数据支持下的幼儿入学准备平台模型，实现参与主体多元化，记录分析及资源内容多维化，数据收集及更新过程动态化，分析结果直观化，资源应用互动化。

（二）全面了解幼儿入学准备状态，支持家园有效指导

数字平台使教师可以通过班级、个体数据结果及自己日常观察分析，直观而又清楚地了解、认识本班幼儿的入学准备状态，并据此来规划调整班级课程、一日活动、区角材料等，进行有针对性的指导，多措并举提升孩子的入学准备能力。

数字平台也对家长开放。通过数据，家长可以全面地看到自家孩子在入学准备方面的现状，借助课程资源，家长可以选择合适的内容科学地进行家庭教育，有效缓解了家长的幼小衔接焦虑，提高了家园共育的实效性。

（三）科学指引幼儿入学准备活动，激发幼儿学习兴趣

数字平台还设有相对应的学习、游戏资源库和虚拟场景。幼儿可以通过多媒体设备，在游戏中了解和开展相关入学准备活动，增进幼儿对小学生活的向往，激发了幼儿主动学习的兴趣。

三、发展方向

（一）进一步提升教师数字素养

开展教师数字素养培训，不断提升教师数字素养，培养教师大数据思维能力、数据分析能力、幼小衔接课程资源设计能力及根据幼儿发展需要从幼儿角度设计互动数字游戏的能力。

（二）进一步加强数字化平台建设

从完善和深化幼儿评价体系、提升幼儿入学准备能力角度不断统筹、优化平台建设，简化幼儿评价各类数据采集方式，细化评价内容，增加入学准备能力，提升互动类游戏资源等大数据应用方面的内容。

供稿单位：河南省郑州市第二实验幼儿园

作者：石吟、李艳玲、海洋

专家点评：

郑州市第二实验幼儿园案例以幼小衔接数字化课程资源的建构与应用为切入点，探索运用互联网信息技术，构建虚拟伙伴"阿核哥哥"来提升幼儿学习兴趣，将真实游戏活动场景嵌入虚拟场景，并形成数字镜像，通过游戏再造场景，动态采集幼儿发展数据并进行分析，全方位增强幼儿入学准备评价，精准提升幼儿能力。案例提供了很多有意思的场景实践，并介绍了建设经验，特别是从教师数字素养提升和数字化平台建设角度提出了未来进一步发展方向和关键问题，相信对其他幼儿园很有启发。这个案例诠释了学前教育数字化转型发展中如何运用大数据、数字孪生技术来实践儿童发展为本，积极建构学前教育信息化生态圈，探索教育数字化应用。

点评人：上海市科研领域大数据联合创新实验室主任　复旦大学教授　张计龙

3.2.12　打造"云上"纸牌王国，探索智能化园所管理

习近平总书记指出："教育数字化是我国开辟教育发展新赛道和塑造教育发展新优势的重要突破口。"当学前教育迈入信息化时代，如何借助互联网与信息技术赋能园所管理与高质量发展是当前普遍关注的热点话题。上海市普陀区秋月枫幼儿园实现校企携手，共建具有园所特色，且可供幼儿、教师、家长及园所管理者共享、互动的个性化"云上"平台。该案例为园所借助信息化技术与场景提高保教质量、实现教师专业化发展提供借鉴与经验。

一、背景及问题

随着教育信息化时代的到来，信息技术和人工智能正以各种形式走进学前教育领域。互联网与学前教育交汇，带给我们的不仅是挑战，更是发展的机遇，置身其中的我们也在不断思考：如何运用现代化信息技术打造园所的"云端"空间，实现智能化园所管理？如何运用网络平台优势，助力教师专业化发展与园所保教质量的双提升呢？

2021 年起，秋月枫幼儿园引入"慧园通"平台应用（以下简称"平台"），尝试以"纸牌"为载体，依托信息化平台构建起幼儿、教师、家长共育、共生、共长的"云上"纸牌王国，探索新时代背景下园所智慧管理以赋能学前教育高质量发展。

二、策略及价值

（一）定制特色化园所徽章，探索线上游戏化评价模式

1. 设计"云上"记录徽章，开启"线上"纸牌游戏

除了平台上本就有的 36 个幼儿成长发展徽章，秋月枫幼儿园还有"园所自建"和"队伍建设"这两个园所专属个性化徽章，它们是由花色与数字组成的一张张电子扑克牌。

（1）"园所自建"徽章

孩子们运用这些"园所自建"徽章（如图 3-45）在线上展开一场贯穿三年的大型"集牌游戏"。在此过程中孩子们不仅能感受获得徽章的快乐，也可能会体验错失徽章时的失落，但每一个孩子在"集牌"时挥洒汗水、积极进取的美好时刻都会在平台上留下网络印记，成为伴随他们成长的美好记忆。

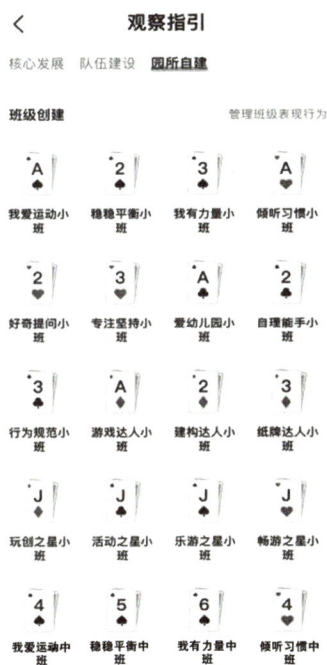

图 3-45 "园所自建"徽章

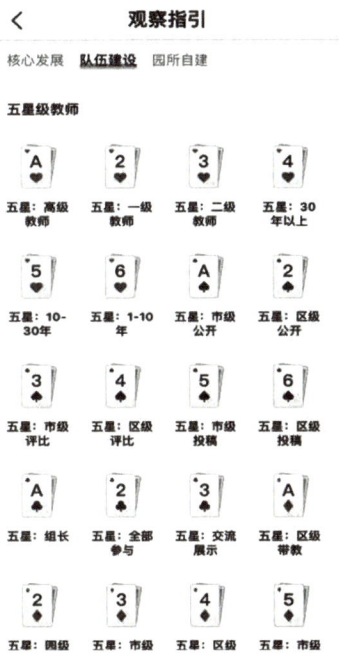

图 3-46 "队伍建设"徽章

（2）"队伍建设"徽章

2023 年，幼儿园与企业合作在平台上开发了专属于秋月枫幼儿园教师的队伍建设徽章（如图 3-46）。该徽章主要结合幼儿园"星级教师"的教师队伍建设目标，每一张电子扑克牌的背后都代表着不同"星级"教师在不同发展领域中的发展目标。在这场教师成长与发展的线上"牌王争霸赛"中，不仅涌现出了一批积极奋发的优秀教师，也在互联网留下了他们不断进取的"枫"采。

2. 科学运用记录徽章，以数据分析锚定幼儿成长之需

（1）分析系统数据，提升教师个别化指导准度

平台为每个幼儿提供发展数据图，其中，雷达图能够帮助教师直观、快速地发现幼儿在各个发展领域中的优势和弱势。2023 年 4 月，大五班的吴老师通过发展数据图发现凡凡小朋友在"自我与社会性"领域的发展略低于同龄儿童平均发展水平。吴老师根据这个信息，为凡凡设计了能够支持她社会性发展的各类活动。

（2）明确成长方向，锻炼促进发展

5 月，吴老师鼓励凡凡加入由秋月枫幼儿园和管弄新村小学低年段学生组成的"小伙伴讲解团"，在普陀区"半马苏河"幼儿创意制作展上担任小小讲解员。在此过程中，凡凡得以与陌生的人、事、物接触，在老师的鼓励下，凡凡在短短一个月时间里进步迅速。通过努力，凡凡在 6 月获得了"自我与社会性"领域以及"园所自建"中代表社会实践的两个成长徽章。再看凡凡的发展数据雷达图，发现开始趋向均衡了，成长的"高光时刻"也留在了徽章记录中。

（二）线上平台"云"携手，家园联动"云"共育

1. 借助热点话题，获取家长"云"支持

"幼小衔接"一直是大班阶段幼儿及家长最为热衷谈论的话题之一。参观小学前，大班教师在平台上发布了一个名为"上学那些事儿"的亲子讨论话题，获得了幼儿家庭的积极响应。在家长的陪伴下，孩子们不仅来到社区中的多个小学探访、采风，记录下了自己对小学的向往与疑惑，还在家长的支持下纷纷将自己设计的"参观小学计划书"分享在平台上，并同步获得园所自建的社会实践成长徽章。

2. 基于问题发现，提供家教"云"指导

我们在家长的留言中发现：不少家长对幼小衔接内容存在认知差异，与学习准备相比，他们较少关注幼儿的身心准备和社会准备。于是，大班的教师们借助平台开展了一系列线上家庭教育指导活动，鼓励家长多多陪伴幼儿主动地去了解小学生活。参观小学当天，大班孩子们落落大方地提出了一个个问题，小学生哥哥姐姐们热情耐心地回答每一个问题。我们以照片、视频等方式将孩子们在参观小学中的点滴同步发送到平台的线上班级相册中，近在眼前的"云上"直播似乎转变了家长们对小学生活的刻板印象，纷纷留言表达自己不同以往的育儿观念。

（三）向线上平台借力，构建教师成长网络"档案袋"

1. 借线上班级管理模式，搭建教师成长网络舞台

目前，秋月枫幼儿园已成功借鉴平台自带的班级管理模式，为每一位教师提供了网络"成长档案袋"，建立了虚拟教师班级。在"班级"中，教师们不仅能相互传递信息，还能将其视为教学资源的共享平台。教师们可以在其中分享自己的教学资源与教学经验，也可以展示自己

的教育观点与研究成果，还可以通过"点赞""留言"等方式与他人交流互动。通过平台的班级管理模式，教师们将原来烦琐的工作学习，转化为图文并茂的教育随笔，让教育工作在信息化的加持下，更具互动性。

2. 借线上成长记录工具，秀出教师梯队发展轨迹

借助平台中的"成长记录"工具与平台提供的后台管理系统，幼儿园尝试搭建园本化的教师线上工作档案平台。我们鼓励教师在"成长记录"中以"随手记""随手拍"等方式为自己成长中的"'哇'时刻"留下"网络记忆"。未来，幼儿园还打算将星级教师评定活动搬至"云"上开展，园内考评组则基于教师网络"档案袋"提供的数据，评估教师的综合能力、教学水平和成长潜力。每当教师的专业发展到达一定水平时，后台系统便会发放一枚相应的纸牌徽章，随着积累的纸牌徽章数越来越多，教师便能提高自己所在的成长梯队，向更高一层迈进。

三、启示与反思

校企合作下的幼儿园教育信息化平台建设，不仅为幼儿提供了更为多元的成长资源、为园所提供了更为高效的管理方式、为家长提供了更为便捷的沟通途径、为教师提供了高速成长的环境，更是为"成就每一个"提供了更为高质的"云上"土壤。园所教育工作者与企业技术人员通过不断地磨合与探讨，逐步构建出了一个由幼儿、教师、家长、幼儿园管理者共享共创的"云上"纸牌王国。在"云"端，谁都可以站上舞台的中央展示自己，一张张电子扑克牌既记录着我们的成长与发展，又在分享中鼓舞着更多的人勇毅前行。

供稿单位：上海市普陀区秋月枫幼儿园

作者：李莹

专家点评：

初看到案例题目"我们的'云上'纸牌王国"我不禁心里一动，"纸牌王国"已经是非常让人向往了，还是"云上"的，更加引起我的极大兴趣。纸牌应该是很多人童年时期非常喜爱的游戏之一，秋月枫幼儿园巧妙地运用互联网信息技术，尝试以"纸牌"为载体，依托信息化平台构建幼儿、教师、家长共育、共生、共长的云上"纸牌王国"，通过定制特色化园所徽章，探索游戏化的发展监测模型，例如36个幼儿发展监测指标被设计成36个徽章，还赋予了不同星级，"纸牌"成为幼儿成长的记录工具，同时也秀出了教师发展轨迹。这是一种非常有创意的设计，真正体现了寓教于乐、欢乐成长，是非常值得学习和借鉴的互联网学习的典型案例，希望后续可以有更多种类、更有意思的"纸牌王国"上云，助力学前教育数字化转型发展。

点评人：上海市科研领域大数据联合创新实验室主任　复旦大学教授　张计龙

3.2.13 推进数字化转型，探索幼儿园智慧教育新路径

随着教育数字化战略的深入推进，山东省青岛市实验幼儿园深入开展教育数字化应用实践，积极推进数字化转型，有效利用 AI 技术，为幼儿园教育注入新的活力。建设 AI 数字学习环境，为幼儿提供个性化的学习支持；建设 AI 数字教学资源，为教师提供精准化教学支持；建设 AI 数字共育平台，为家园提供高效化的互动支持。幼儿园获批山东省首批教育信息化试点单位，并承办了"青岛市数字化赋能学前教育高质量"研讨会等。

一、背景

近年来，青岛市实验幼儿园加强基础设施建设，升级高速互联网，配备智能交互白板、移动便携式数字交互智能录播系统等硬件资源；建设数字化课程与在线学习资源，方便多园区共享与访问；创设 AI 智慧教育学习空间，提供"AI+"阅读、编程等，支持幼儿个性化自适应学习；实施"智慧幼儿园建设项目"，实现幼儿一日活动数据无感精准采集，助力教师看见幼儿的发展趋势，看到幼儿个性化学习和成长。在打造智慧教育生态系统，创造高效互动和个性化学习环境，有效提高教师的教学质量，高质量促进幼儿全面发展，尤其是利用 AI 技术为幼儿个性化学习赋能方面，取得了一定成效。

二、策略与价值

（一）应用 AI 智能设备，支持个性化学习

1. 运用 VR 虚拟现实技术，提供沉浸式学习场景

原本难以理解的抽象概念、难以观察的微观世界、难以企及的宏观宇宙、无法触达的特殊场景，幼儿使用 VR 设备都可以身临其境地体验，促进学习和发展。例如，幼儿对浩瀚的太空充满好奇，他们戴上 VR 头显，进入高度沉浸式的太空环境学习，教师引导幼儿主动探究问题，带领幼儿进入 VR 虚拟世界，幼儿在虚拟宇宙中自由移动，探索不同的星系和星球。教师通过 VR 系统与幼儿互动，幼儿身临其境地探索行星的大小、轨道、表面特征。教师鼓励幼儿提出问题，如为什么火星是红色的，通过探究引导幼儿对天文现象有更深刻的理解。幼儿还可以体验虚拟的太空任务，如模拟降落在月球或火星上，这种沉浸式的学习体验增加了课程的趣味性和互动性，大大激发了幼儿的兴趣和好奇心，在培养幼儿的观察力和空间认知能力的同时，加深了他们对科学的热爱，培养了探索精神。

2. 运用 AR 增强现实技术，支持情景式互动学习

AR 技术能够将计算机生成的图像叠加到真实世界的视图上，创造一种混合的更加互动和引人入胜的现实学习体验，同时 AR 技术可鼓励幼儿移动和探索物理环境，促进身体活动和社交技能的发展。例如，在 AR 体感互动教学中，教师设计"安全探险旅程"虚拟学习环境，引导幼儿识别常见的消防安全、交通安全等安全标志，理解标志的重要性，增强课堂教学效果。

幼儿在虚拟环境中通过模拟过马路、火灾逃生等场景，通过身体动作与之互动，如模拟按下火警按钮、参与模拟虚拟交通事故或火灾等，在限定时间内正确识别尽可能多的安全标志。根据幼儿的年龄和学习进度，按需调整游戏难度，以提供不同类型的安全标志。教师可以通过互动系统及时获取幼儿互动数据，个性化支持幼儿学习理解每个安全标志的重要性。通过互动和沉浸式的学习方式，幼儿在学习安全知识的基础上，通过模拟真实场景增强在紧急情况下的安全应对和防范能力。AR 体感互动教学通过感应幼儿的身体动作，支持情景式的体感互动学习，将幼儿从被动的接受者转变为积极的参与者，让学习变得更加有趣和个性化，有效地激发幼儿的学习兴趣和主动探索精神。

3. 运用物联网和触控技术，提供个性化游戏体验

引入贝板游戏智能设备，幼儿可根据自己的学习情况和能力水平自主选择语言、数学、思维、音乐等游戏卡片，通过儿童友好的交互触控板，在主动游戏的过程中，全方位地提升创造力、想象力、探究力与解决问题能力等多种核心能力。例如，在以"中国元素"为主题的贝板游戏学习案例中，幼儿通过 AI 智能设备，操作具有中国传统元素的春节、中秋节、中国结、京剧脸谱等卡片，在触摸和互动中学习中华优秀传统文化，增强幼儿对中华优秀传统文化的兴趣和认识。此外，设备还可以使用声音识别技术来接收和处理幼儿的语音指令，自主创作故事和音乐，通过互动式学习和创意表达，激发幼儿的兴趣和创造力，同时提供个性化的学习支持。

（二）应用 AI 幼教助手，提供多样化资源

每个班级配备 AI 幼教助手，运用 AI 技术赋能教学场景，增强学习的趣味性与互动性。教师可以随时快速调取所需的音视频和互动游戏等资源，为教育活动提供儿歌、童话、故事、音乐、游戏等多样化资源，增强活动趣味性和互动性，促进幼儿多感官学习。同时教师可让班级幼儿与配备有高级的语音识别和自然语言处理功能的 AI 幼教助手进行亲密互动，通过语音交互、触摸屏操作等与 AI 幼教助手进行交互式学习，为幼儿提供高标准、沉浸式互动氛围，精准匹配幼儿学习需求，支持个性化学习。

（三）应用 AI 幼教机器人，支撑智慧教育

1. "AI+ 阅读"，让幼儿"玩转绘本"

在阅读区域中开展"AI+ 阅读"活动，引进 AI 阅读机器人，提供类别丰富的绘本，支持幼儿开展点、读、听、交互等活动，幼儿通过佩戴相关耳机与 AI 阅读机器人互动，从而为幼儿提供独立、自主阅读和沉浸式阅读体验，让幼儿"玩转绘本"，培养幼儿成为有学习能力的倾听者和阅读者，提升幼儿认知观察、创造性学习、语言表达和阅读等能力，促进幼儿多元智能的全面发展。

2. "AI+ 编程"，让幼儿"玩转游戏"

以编程机器人为载体，搭建一个幼儿互动、人机互动的游戏化学习场景，使幼儿在与同伴及 AI 机器人的有趣互动中进行游戏与学习。幼儿在教师的引导下通过编程机器人开始学习编程，在分析问题、拆解问题、测试验证等过程中，学习编程知识，掌握编程能力。幼儿在编程活动材料包提供的多样材料支持下开展编程活动；幼儿与同伴自主进行情景营造、编程学习、创造延展，丰富而多样的材料为幼儿多元化发展创造了空间。例如，大班幼儿在"消防"主题活动中，在区角进行"消防车救火"的 AI 编程机器人游戏。幼儿通过实际编程，操作控制一辆消防车，完成救火任务。幼儿将机器人外形设计成消防车，设置模拟城市场景，包含道路、交通信号灯等元素以及模拟火灾的地点，自主计划有效的救火路线。在小组合作中，幼儿使用点读笔为消防车编程，设置行驶路线和行动，利用"向前""左转""右转""停止"等基本编程命令卡片，通过编程控制消防车沿着正确的道路前往火灾地点完成"消防车救火"的任务。AI编程机器人游戏让幼儿在完成有趣任务、学习编程基础的同时，锻炼幼儿的逻辑思维、问题解决能力，同时提升创造力和合作精神。

3. "AI+ 共育"，让家园"玩转互动"

利用 AI 幼教机器人，实现家园同频互动。依托其海量优质幼教资源和强大的功能，实现教师引导、家长陪伴、幼儿自主学习三位一体，让家庭与幼儿园之间实现幼儿的习惯养成、教育活动、品格培养零距离互通，帮助家庭建立正确的教育理念，实现高质量陪伴。

班级教师和家庭端分别由 AI 机器人与多屏相连，教师可选择其中的优质内容开展游戏化学习活动，同时，还可以利用手机小程序在班级圈对课程资源进行推送，孩子可以在触屏端接收资源，通过互动游戏对在园一日生活进行回顾，实现亲子同玩共学。教师可以把孩子在幼儿园的表现拍摄记录下来，上传到家园共育相册，孩子可以将自己在幼儿园的欢乐瞬间分享给家长。教师还可以查看本班孩子使用教育资源开展学习情况。"AI+ 共育"构建了一种家园互通新模式，助力家园协同高效育人。

三、经验与启示

智慧教育是幼儿园高质量发展的重要推动力，也是培养未来社会所需人才的重要途径。幼儿园在推进数字化转型中，引入 VR、AR 技术和 AI 智能设备等实现了技术与教育的融合创新、多元化教学和家园协同育人。

启示：

首先，须加强对新技术新工具的敏锐洞察和灵活应用，持续保持教育方法的现代性和有效性。

其次，须重视个性化教育，进一步发展个性化教学策略，支持个性化的学习需求，让每个幼儿都能按照自己的节奏和兴趣学习。

最后，须持续探索和实践，将数字化转型与教育理念创新相结合，构建一个既能看见幼儿童年快乐，又能预见未来可能性的教育环境。

供稿单位：山东省青岛市实验幼儿园

作者：王正伟

专家点评：

青岛市实验幼儿园打造智慧教育生态系统，为园所数字化发展奠基，并积极探索创设智慧教育空间环境，为幼儿个性化学习赋能。该园主要通过建设 AI 数字学习环境，为幼儿提供个性化的学习支持；建设 AI 数字教学资源，为教师提供精准化教学支持；建设 AI 数字共育平台，为家园提供高效化的互动支持。该案例体现了园所利用 AI 技术与多种工具，整合各类教学资源，为幼儿提供丰富的视觉、听觉等多种感官刺激，激发幼儿的学习兴趣和探索欲望，支持幼儿个性化自适应学习。该案例还反映了伴随学习过程智能采集的数据、分析与反馈在教师提供的针对性的教学策略和资源、与家长的沟通和合作中的使用与作用。这些探索都很有意义与前瞻性，提供了新的思路，值得业内进一步探索和借鉴。

基于"幼儿发展优先"的理念，后续该案例可以考虑智慧教育空间环境的安全保障，以及考虑合理安排幼儿在智能环境中的学习时间，加强对幼儿学习与发展的过程性评价。期待园所能够伴随探索的不断深入，将数据分析与反馈及时运用于教师调整教学计划和内容、提升教学质量中，让 AI 数字环境能在支持教师培训与专业发展方面发挥更多作用。

点评人：华东师范大学课程与教学研究所副教授　杨晓哲

3.3 企业案例

3.3.1 "一起长大"平台赋能学前教育高质量发展

"一起长大"是为幼儿园提供专业服务的学前教育数智化平台，专注于 3—6 岁学龄前儿童的学习与发展，贯彻落实国家对学前教育发展的指导方针，打造家园共育的整体解决方案，为百万家庭和园所提供一站式服务。核心团队由深耕学前教育行业 20 余年的教育人，联合腾讯、百度精尖技术人才，并携手幼教专家团队组成。

一、发展现状

当前，"一起长大"以家园共育、观察评价和课程资源三大系统为支撑，如图 3-47 所示，支持园所、教师和家长形成合力，共同支持幼儿的个性化发展。

图 3-47 "一起长大"平台三大系统

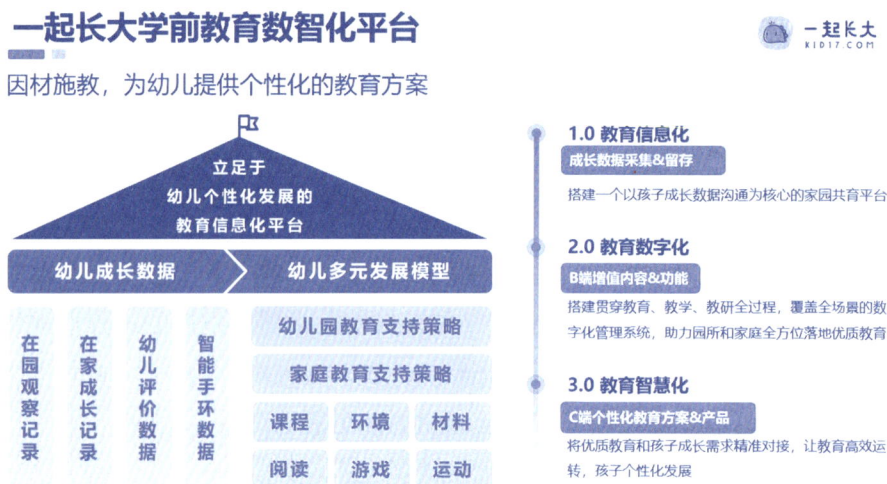

图 3-48 "一起长大"平台设计架构图

二、策略与价值

（一）创新研发为园所管理减负增效

1. **技术迭代升级，支持易用**。深入体验幼儿园应用场景的每一个细节，以同理心驱动产品设计及研发，是"一起长大"每一款产品及每一次迭代的出发点。为了让教师运用更便捷，平台采用了批量化交互方式、AI 智能识别、自动化排版等，每个步骤都支持一步多效，教师不用再为各种场景重复准备和整理不同要求的资料。例如，日常的观察记录不但可以逐步积累成为家园沟通的丰富内容，还能自动排版生成幼儿成长档案，并能引用为教学研究的证据材料，更能生成对外展示的精美课程故事图文等，让教师日常工作更专业、更高效。

2. **资源专业丰富，实现适用**。为了更好地助力教师达成教育工作的目的，"一起长大"联合教育专家、名师名园共同研发了家园共育、观察评价、课程资源对应的内容资源库，让教师在实施教学过程中有参考、有支架、有启发，收获专业成长。并一改传统工作模式中需要耗费大量时间、精力进行数据统计、制表和分析的状况，支持教师随时查看各维度数据，做到对一个孩子、一个班级、一个年级、整个园所的发展情况心中有数，应对有方。

3. 普适个性兼容，追求好用。平台与教育机构、专家团队、行业应用等多方合作，不断融合创新教育理念、资源和技术，保持开放性和前瞻性，推动行业资源的共融互通，一站式解决园所多样化需求，支持扩展包含智慧管理、智慧健康、智能设备等多种场景的第三方应用，实现多种数据有效关联，完善硬件采集数据–家园数据–评价数据–课程数据–管理数据系统，打造完整的数据管理中心。因此，平台面向园所用户不仅提供便捷化工具，更鼓励并支持园所进行个性化探索，形成"融合·沉淀·开放"的平台应用环境，数据化驱动、全方位助力智慧幼儿园建设。通过数据驱动，家园同蓄力、评价同开展、课程同构建，实现数字技术与育人全过程深度化融合，从而建构起教育新体系、新范式；随着使用的逐渐深入，日常观察、家园互动、课程实施等可以沉淀为园本课程资源库和教学实践性成果，并能根据资源的属性标签，同时支持搜索和智能推荐，形成最贴近教师需求的"智慧大脑"。

（二）助力教师，实现数字化素养提升

平台赋予教师利用数字化工具分析思考和支持幼儿的能力，不是简单粗暴地替代教师观察记录，而是利用便捷的技术工具，不断提升教师观察记录的效率、质量和专业水平，让教师得心应手地用好功能工具，而非被工具"捆绑"和"架空"。平台帮助教师在实际观察中看到幼儿的发展，通过观察数据中呈现的幼儿发展特征进行灵活地研判和调整，让教师在一定程度上对幼儿发展做到"心中有数"，在教与学的互动中，师幼彼此看见、有温度地互动、真实连接。

以吉林实验幼儿园 2023 年度秋季学期中三班数据报告为例（图 3-49），可以看出中班孩子的表现集中在阶段 3，那么≥表现 5 就是发展比较好的优势区，≤表现 1 就是发展弱的薄弱区，通过标准差和极差科学测算，对异常数据进行高亮标注，以数据呈现优势区和薄弱区的突出领域（占比较高），并在此基础上做进一步的原因分析，得出参考性和指导性的结论描述。

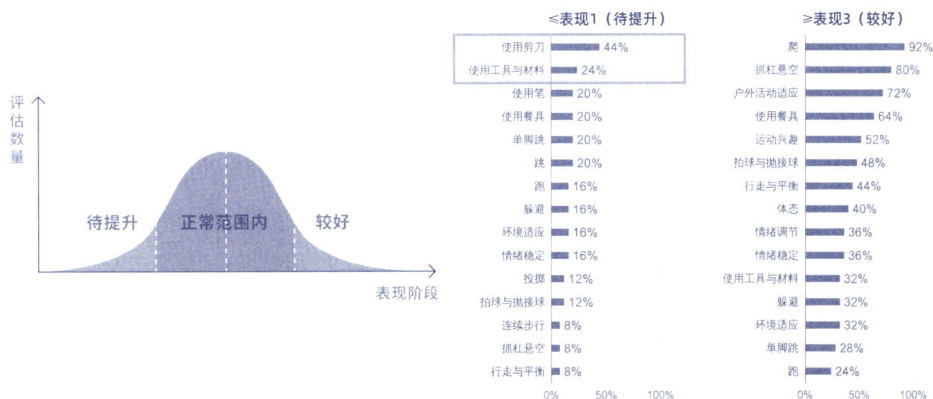

图 3-49　2023 年度秋季学期中三班各领域具体典型表现统计示例

对健康与体能领域各类典型表现数据中≥表现3的占比数据进行分析，发现爬、抓杠悬空、户外活动适应、使用餐具方面发展比较好；对≤表现1的占比数据进行分析，发现使用剪刀、使用工具与材料方面有不少幼儿尚处于表现1及以内，教师参考统计数据并结合日常教学实际，就可以明确需要关注并提升幼儿在这方面的发展。

教育本身就是在活动中、过程里，幼儿的学习生长就在过程中发生、在过程中进行、在过程中学习和在过程中反思，教师的专业成长也在过程中得到提升。在日常保教工作中，教师运用技术完整记录并通过数据科学分析，实现了教学教研的专业化提升和保教行为从传统向数字化的全面转变。

（三）科学观察促进幼儿个性发展

平台的观察评价系统（图3-50）应用于全国各地多个园所的保教实践中，有效地助力幼儿园自主开展评价工作，赋能教育教学和幼儿成长。

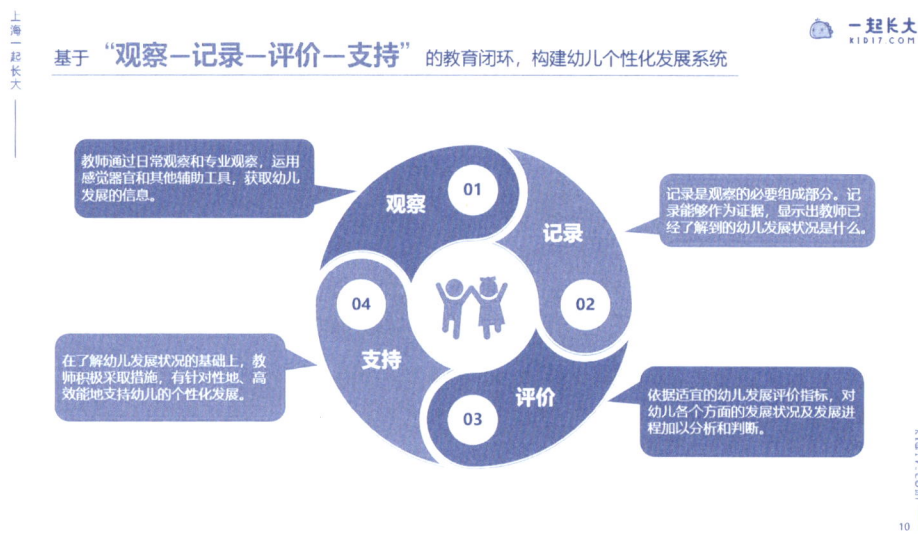

图3-50 "一起长大"观察评价系统

只有看见孩子，教育才能发生。在上海市闵行区爱博果果幼儿园，教师充分利用"一起长大"平台观察评价系统的便捷化功能，通过文字、图片、语音、视频多种方式随时随地记录，实现多主体、多渠道、多场景的连续性观察，捕捉幼儿在游戏、生活、教学等多种情境下的典型行为，让幼儿的学习、生活行为体现出连续性和全面性，每一个个体的形象逐渐从模糊走向清晰、从平面走向立体。例如，通过区域活动中观察地点和观察子领域分布特点，教师可以从中发现幼儿的兴趣点所在，进而做出针对性支持等。

这种支持最终体现在师幼互动中，教师给予幼儿个别关心、指导，实现循证评价、因材施教，关注每一个幼儿的体验和成长，为幼儿之后的学习发展提供了更多可能性。

三、经验和启示

通过产品不断迭代优化和场景广泛运用探索，我们也在实践中总结并发现，"一起长大"平台是高效便利的数字化工具，园所工作能够围绕"幼儿—家长—教师"，在数字化作用下形成更为健康的循环关系；同时，多元角色同向发力，又反过来推动了学前教育的数字化发展需要，"园所—家庭—企业"主动作为，形成共同创新的良性生态。

"一起长大"努力将服务贯穿教育、教学、教研全过程，覆盖学前教育全场景，助力园所和家庭全方位落地优质教育，并将优质教育和幼儿的成长需求精准对接，促进学前教育高质量发展，支持幼儿个性化发展；在此基础上，始终秉持儿童本位理念，不断强化顶层设计、注重协同融合、加深实践应用，紧跟学前教育由高速增长到高质量发展的时代诉求，做有温度的产品，构建更具幸福感的教育生态系统（如图 3-51）。

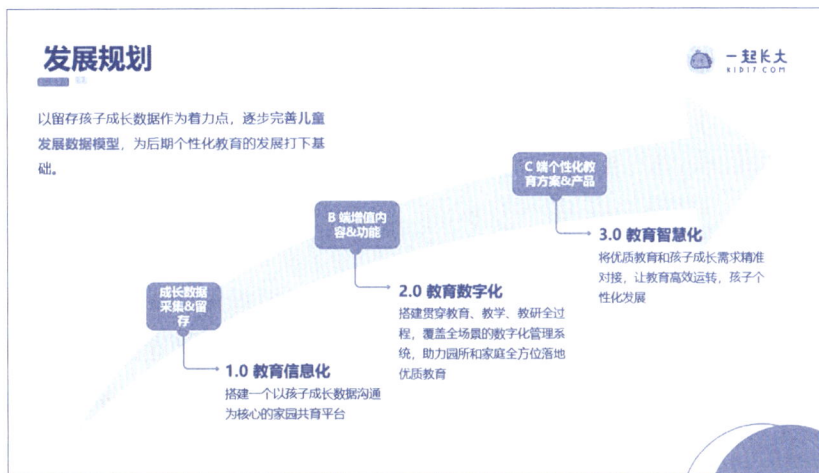

图 3-51 "一起长大"发展规划

供稿单位：一起长大（上海）信息科技有限公司

专家点评：

学前教育发展离不开行业企业的支持，"一起长大"平台是一个以家园共育、观察评价和课程资源三大系统为支撑，助力园所、教师和家长形成合力，共同支持幼儿的个性化发展的学前教育场景化、数智化平台。平台汇聚幼儿成长数据，开发幼儿多元发展模型，已在多个地区、幼儿园开展了系列活动，其功能比较丰富多样，对于如何通过互联网技术，以数为基提升幼儿园管理和幼儿发展还处于比较迷茫和观察、学习阶段的幼儿园管理者来说，值得进一步了解和试用，并通过反馈优化意见进行提升，从而有效促进校企合作、共生、共长，构建一个政府、园所、企业、家长的生态圈。

点评人：上海市科研领域大数据联合创新实验室主任　复旦大学教授　张计龙

3.3.2　长江唯诚"优成长"让幼儿做户外运动的主人

长江唯诚聚焦幼儿园户外活动实施的真实问题，紧贴学前教育一线，始终关注幼儿、教师需求，研发"优成长"学前教育大数据平台，不断拓展边界，积累丰富的场景支持服务，让大数据帮助教师读懂幼儿，让教师能够更好地在活动中支持幼儿，让幼儿释放天性，形成终身受益的学习品质。

一、背景和问题

运动在儿童早期发展中具有重要作用，影响儿童终身健康发展。2022 年发布的《幼儿园保育教育质量评估指南》明确要求幼儿户外活动时间每天不少于 2 小时，体育活动时间不少于 1 小时。然而在高要求下，幼儿园户外活动明显不足。一方面，幼儿一日在园有相应的保教活动安排，如何保证每个幼儿户外活动时长达标？另一方面，自由、自主的游戏精神让幼儿户外活动呈现更丰富、多变的状态。自主活动的效果到底怎么样？再者，户外环境创设、户外活动设计、天气、幼儿活动观察等各种要素都是园所进行户外活动决策的原始数据，如何帮助分身乏术的教师有效收集、分析这些数据，持续探索改进户外活动的策略？

二、策略和价值

长江唯诚聚焦幼儿园户外活动实施的真实问题，深入教育现场，研发"优成长"学前教育大数据平台（以下简称"优成长""平台"），把幼儿放在一切设计的核心，以幼儿智慧手环为载体，以"为每一个幼儿个性化发展提供伴随式支持"为目标，以支撑教师整体性地实践循证教研为关键路径，通过"五个一"场景建设，赋能幼儿园高质量保育（图 3-52）。

"手环"	"屏"	"轨迹"	"处方"	"报告"
无感知、常态化采集数据	大屏观态势中屏促交互小屏助流程	0—6 岁婴幼儿发展数据全面跟踪	一人一方（体弱儿干预）一事一方（运动发展）	发展可视化教研有依据

图 3-52　"优成长"户外活动、户外运动场景工作模式

（一）再见，手工填报

2022 学年起，"优成长"为浦东新区提供幼儿在园户外 2 小时活动监测服务。第一阶段的应用重心是关注每一个幼儿的户外 2 小时活动达成情况，实现数据的自动采集与上报，免去教

师手工收集和填报数据的工作，避免错报漏报。利用自主研发的幼儿智慧手环，搭建智慧物联环境，幼儿在户外活动时佩戴手环，实时、无感地采集幼儿户外活动时长、实时运动轨迹等数据，持续追踪幼儿体温、心率变化，并为保健教师和班主任配备智能手表，幼儿出现过高心率状态时，及时提醒保健教师做精准护理。

（二）运动强度测算准确一点，幼儿安全加倍

2 小时户外活动数据采集相对容易做到，1 小时中高强度运动如何衡量？长江唯诚结合学前教育应用场景，从数据准确性和算法有效性两方面优化，与领域专家共同设计幼儿运动量效模型，让幼儿运动强度的测量更准确，同时避免运动过量给幼儿带来的伤害。

以浦东新区新场幼儿园为例，教师通过观察幼儿心率变化，发现幼儿小 A 出现了多次运动心率异常情况，建议家长送医检查，诊断为心脏肥大，实现了早发现、早诊断、早干预。幼儿园户外活动中引导幼儿将自己的感受与数据做对照，观察不同运动的数据变化，培养幼儿的自我管理能力，使幼儿学会关注自己、关心同伴。

（三）扩展与联动健康监测模块，"大数据"守护"小个体"

基于运动安全的考虑，教师在组织户外活动时往往不太敢放手。因此从发现幼儿潜在疾病、关注特殊幼儿运动情况开始，园所希望能为幼儿建立动态的健康档案，从而支持幼儿户外活动开展。

青浦区徐泾幼儿园结合体弱幼儿个案干预，为幼儿量身定制家园运动计划，并向家长推送智慧手环采集的幼儿在园活动数据，辅助幼儿在家"加练"。

杨浦区向阳幼儿园为幼儿全天佩戴手环，教师利用手环提供的睡眠质量分析，更清楚地看到幼儿对午睡的需求是否存在年龄或个体的差异，适时调整一日活动。

中国福利会幼儿园将幼儿每日晨检、全日健康观察、幼儿疾病与服药、饮食禁忌、营养膳食、幼儿生长发育等数据与幼儿运动数据关联分析，以户外活动为载体，支持幼儿身体发展和运动能力发展。

金山区教育局借助数字赋能"教养医结合的一日生活"，持续探索高质量保教融合 3.0 版的保教管理研究，打造基于大数据背景下幼儿健康管理平台，打通教育局、卫生健康委数据之间的壁垒和数据孤岛，统一管理 0—6 岁婴幼儿名单、就医数据、康复数据、体检数据等学龄前儿童的相关数据，实现幼儿健康信息管理、保教工作流程优化，并通过电子"口袋书"实现全区保教管理可视可循。

（四）儿童视角的循证教研，走向"真学习"

到 2023 年末，上海市已有 8 个区县，超过 2 万多名幼儿使用"优成长"服务。

运动与学习之间对幼儿来说没有界限。从看数据到用数据再到用好数据，当前，幼儿园正

在开展基于实证的研究，以指导户外活动。立足儿童发展需要的教育支持，长江唯诚参与百余场教研讨论，释放课程、天气、幼儿健康等数据要素价值，开发了多样的数据分析服务，帮助教师将感知和经验数据化，让园本运动课程研发更有针对性。

冰厂田前滩幼儿园在教研中同步关注教师的成长，让教师透过数据看见了幼儿的自主运动发展需要，帮助教师从儿童的视角优化户外活动。

金山区张堰幼儿园采用"数据＋观察＋一对一倾听"的方式，教师与幼儿一起讨论什么是高质量运动，在户外环境创设上充分给予幼儿表达和自主探索的权利，让幼儿园"真的好玩"。幼儿成为运动的主体后，通过每日、每周、每月、每学期回顾，发现中高强度运动达标率明显上升。幼儿手工绘制"运动达人榜"，积极分享自创玩法，在玩中实现"真学习"。

三、启示和反思

"优成长"学前教育大数据平台，紧贴学前教育一线，始终关注幼儿、教师需求，不断拓展边界，积累了丰富的场景支持服务。幼儿园通过循序渐进的应用，实现对幼儿发展真实监测—动态预警—个性干预—跟踪效果的闭环，让大数据帮助教师读懂幼儿，为幼儿提供个性化支持。

面向未来，长江唯诚不断思考如何利用大数据更好地挖掘分析和解决学前教育发展中的关键问题；如何将幼儿情绪、教师观察贯穿于课程设计、活动实践中，让课程适宜园所中每一个幼儿的发展。我们将继续深入学前教育现场，研发智能设备，在幼儿情绪感知与表达、教师观察等场景持续发力，让教师能够轻松地追踪和记录每一个幼儿的真实行为，帮助幼儿表达感受，帮助教师感知幼儿情绪，让幼儿、课程、教师建立更丰富的联结，让教师能够更好地在活动中支持幼儿，释放幼儿天性，助其形成终身受益的学习品质。

供稿单位：上海长江唯诚科技股份有限公司

专家点评：

本案例是企业平台在幼儿园户外有效活动实施中的应用。该平台以幼儿智慧手环为载体，采集幼儿户外活动数据；通过三屏应用，实现活动数据归集直报、幼儿活动动态预警干预、幼儿健康信息管理、数据分析支撑循证教研等功能；目前已服务于上海8个区县2万多名幼儿，并在多所幼儿园生成了特色应用场景。

从本案例中，我们可以看到智能设备的魅力，它让教师分身乏术的观察变成了科学的一对一的数据观察；也能看到数据的魅力，它帮助教师读懂幼儿，让教师更好地在活动中关注每一个幼儿，支持幼儿个性化发展。同时，本案例是由企业设计开发平台并服务于多所幼儿园的应用模式，企业在服务中努力解决幼儿户外活动实施过程中碰到的实际问题，而每一个问题的解决都会让更多的园所受益。

本案例的应用模式表明，企业在学前教育数字化转型过程中不可或缺，而规模化应用和建立共赢机制至关重要，只有园企深度合作，并通过合作帮助企业获得更多的资源和支持，才能让企业为学前教育投入更多、提供更好的服务，共同推进学前教育的数字化转型和发展。

此外，企业平台积累了大量数据，但这些数据的所有权应归于幼儿园，因此在使用过程中须采取更多有效的措施保障数据安全，严格保护幼儿隐私。

点评人：上海市教育委员会信息中心原总工程师　朱宇红

3.3.3　增强现实（AR）、人工智能（AI）赋能幼儿园 STEAM 教育

广东笑翠鸟教育在广州市荔湾区芳村儿童福利会幼儿园通过增强现实（AR）和人工智能（AI）积极推动幼儿 STEAM 教育创新，有效解放教师生产力，优化低结构材料的教育应用，实现过程和结果双重提升。教师通过技术工具辅助，探索如何高效指导幼儿，而幼儿则在快乐学习中获得实质技能。实践发现，这一教学模式促进了教师和幼儿对 STEAM 教育的深度理解与参与，实现了高质量教学活动的目标。

一、背景及问题

当前，幼儿园 STEAM 教育培养体系欠缺，没有成熟的 STEAM 课程资源；幼儿园 STEAM 教育产学研薄弱，幼儿园 STEAM 教育科研课题尚未能有效转化为课程产出；幼儿园 STEAM 教育资源配置不足，缺少专业系统的 STEAM 教程方案、教学资源、设备设施、教具、学具、玩具材料等，缺少系统、针对性的培训、教研。

二、策略及价值

广东笑翠鸟教育多年来深耕 STEAM 教育与幼儿园游戏化课程改革相结合领域，不断升级产品以满足各类幼儿园对 STEAM 教育课程实施的需求。在园所的艺术空间、科创空间、教师资源中心，利用增强现实（AR）和人工智能（AI）技术（表 3-14），解放教师的生产力，助力教师开展高质量的 STEAM 教学活动，探索出幼儿园 STEAM 教育互联网学习的新价值。

表 3-14　增强现实（AR）和人工智能（AI）技术

序号	"过程性学习支持"特征	实践做法	"数字赋能"效果
1	构建数字化观察评价监测环境	利用 AI 观察记录对幼儿进行科学观察、记录分析；幼儿在富有创意和互动性的学习环境下，螺旋式上升挑战制造物品	通过 AI 提升教学质量，促进个性化学习；师幼互动完成增值性评价
2	构建 AR 园本化资源环境	实现 AR 园本化教育资源的即时生成和应用	打破传统教学模式，创造丰富的互动体验
3	构建教研专家 AI 数字分身环境	通过 AI 数字分身提供教学支持和教师发展评估	拓展 AI 专家角色，从理论、技术和教研专家处获得反馈，以提供教师专业发展新途径

（一）以 AR 互动形式激发幼儿创作灵感与活跃思维

教师在音乐室开展中班"有趣的影子"教学活动中，对于影子与实物的关系，备课运用了 AR 骨骼绑定和图卡识别技术，制作出 AR 互动绘本课件。教师组织"有趣的影子"游戏，让幼儿对影子的组合产生感性认识。

活动最大的亮点在实物作品虚拟复活技术："有趣的影子"游戏，激发幼儿对影子产生想象和创造。把幼儿制作的绘画作品，投入屏幕，让作品实现走、跑、跳、跃、飞、扑、滚、翻、缩、放等动作。

（二）以 AR 互动形式带给幼儿全新的实践参与感

人机交互环境中，幼儿直接与 AR 体感拟真情境进行游戏互动，让幼儿的活动充满参与感、情景感、沉浸感，打破常规，好玩、有趣，实现更多教学场景、教学设计、教学互动的突破。如，教师在科创室的大班"超级机器人"活动中，采用 AR 人机交互和实物作品虚拟复活技术，实现了虚拟现实中最重要的"实践参与感"。在实物作品虚拟复活技术支持下，教师把幼儿的作品同步投入屏幕，对作品进行骨骼绑定。作品实现了走、跑、跳、跃、飞、扑、滚、翻、缩、放等动作。教师采用增强现实、体感交互等技术，开展互动游戏。幼儿在 3D 虚拟海洋场景中看到自己、看到自己制作的机器人在海洋里畅游，激发其介绍自己的作品内容的表达欲望，他们根据场景，边表演、边创编，讲述机器人在海底世界发生的趣事……真正做到了在学习中感受快乐。

（三）以 AR 互动形式增强园本资源多模态视听体验

通过建设园本 AR 内容素材库，实时生成园本教学多模态内容，包括图片、贴图、音频、视频、2D 面片、3D 模型、视频场景、3D 场景、互动游戏等，设立了教师"过程性学习支持"园本化资源中心。如教师在科创室组织大班"小小建筑师"活动中，幼儿在认识建筑物前，对建筑框架结构不理解。教师导入建筑图片和 3D 建筑模型场景，360 度呈现从外部形态到透视建筑物内部结构，探索不同建筑物的框架结构与稳定性。静态物体变成动态，抽象概念变形象，枯燥内容变有趣，让资源更直观、更易懂，增强了幼儿亲身体验的视觉冲击，让幼儿以更直观的方式获得认知经验。

（四）在 STEAM 科创空间构建幼儿"过程性学习支持"观察评价监测环境

采用 AI 自动采集以下数据：科创空间功能区、班级、学号、幼儿姓名、幼儿性别、STEAM 科创活动、过程性观察记录、AI 图片数据、AI 语音数据、AI 视频数据、AI 数据统计结果、AI 数据详细信息。对以上采集数据的使用包括：达到等级人数、全园观察与被观察占比、全园动态列表、历史学期看板记录、历史观察记录、行为轨迹、停留时间、STEAM 项目技术水平观察评价量表、STEAM 项目学习能力观察评价量表。

（五）定制 AI 名师数字分身，对教师开展指导

1. 出具 AI 名师·环境创设评估报告（图 3-53）

插件调用：AI图片识别补充

这是一张幼儿园STEAM项目活动的照片。
照片展示了几个穿着黄色上衣的孩子们在参与不同的创意和学习活动。
左下角的孩子坐在桌边，旁边散布着剪纸和其他工艺材料。
中间的孩子站在一个布满各种颜色和形状作品的工作台旁，正在搭建模型。
右边的孩子站在互动屏幕前，屏幕上显示着AR互动绘本插图的画面和一些操作按钮。
桌子上有不同的搭建作品和散落的创意材料，展示了孩子们的创造力和想象

图 3-53　AI 名师·环境创设评估报告

2. 向教师展示幼儿 STEAM 项目活动造物环境 AI 评估结果

评估结果包含"好的方面""问题关键""评估结果修改方案""启发建议"等四个方面，具体如下（见表 3-15 至表 3-18）：

表 3-15　好的方面

序号	原图片描述	得分点	得分详细描述	评估要点完成率
1	幼儿在参与创意学习活动	互动性与参与度	幼儿参与度高，活动安排促进创意思考和学习	90%
2	各种颜色和形状的作品	材料丰富性	提供了丰富多样的材料，符合评估要点 1 的标准	100%
3	整洁而生动的内部环境	环境结构	环境布置考虑幼儿视角，成功吸引幼儿注意	85%

表 3-16　问题建议

序号	关键指标	扣分点	扣分详细描述	改进思路
1	环境结构	成人化元素	照片中的互动屏幕可能过高，不易于幼儿操作	将互动屏幕放低，以适应幼儿身高
2	环境灯光	光照不足	图片描述缺乏有关环境灯光的信息，无法确定是否满足标准	确保工作台和展示区域光照充足
3	操作工作台	空间拥挤	工作台上散落材料多，可能影响幼儿操作	提供宽敞的操作空间，及时清理不必要的材料
4	桌面收纳盒	透明性和陈列	缺乏透明收纳盒以及明显的引导作品范例	使用透明分格收纳盒并展示引导作品

表 3-17　修改方案

序号	关键指标	原图片描述	修改后方案
1	环境结构	互动屏幕设置过高	把互动屏幕降到幼儿舒适可触及的高度
2	环境灯光	缺乏光照信息	在工作台和展示区域增加明亮的暖光
3	操作工作台	材料散布过多	优化工作台布局，确保有足够操作空间
4	桌面收纳盒	不足的材料收纳	加入透明收纳盒，并明显展示引导作品

表 3-18　启发建议

序号	启　发　建　议
1	考虑幼儿的身高和操作便利性，合理布置教学设施
2	通过明亮的环境照明增强幼儿的学习兴趣和作品展示效果
3	保持工作台整洁有序，促进幼儿的创造力
4	通过透明的材料收纳盒和引导作品展示激发幼儿的创作灵感

三、经验与启示

增强现实（AR）、人工智能（AI）在幼儿园 STEAM 教育活动中的应用，有以下明显效果：

（一）多维度创新，激发幼儿智慧成长

作品虚拟复活激发幼儿的好奇心和求知欲，多模态视听体验也带给幼儿全新的实践参与感。

（二）教师的信息化能力与素养获得提升

教师能基于 AR 数字资源开展 STEAM 项目主题活动；使用 AI 观察记录系统，提升科学观察、记录分析幼儿学习过程的意识和能力；使用 AI 自评，获得理论专家、技术专家、教学专家点评，提升结构化思维能力。

（三）教师开展 STEAM 教育活动能力获得提升

将教研与教师培训相结合，帮助教师在活动案例研磨中反复思考：幼儿是怎样的，我准备做什么，为什么这样做，做的效果如何？幼儿是怎样的，我可以如何改进。在实操中反思、在反思中成长、在成长中获得新的提升。

广东笑翠鸟教育的技术核心长达数年与广州市荔湾区芳村儿童福利会幼儿园合作，参与该园系统化的教研与增强现实、人工智能辅助的教育实践，让不擅长于做低结构材料 STEAM 教育的教师用技术解决问题，高质量支持幼儿主动探究，玩得快乐，在玩中学，并获得发展。通过申报，《幼儿园 STEAM 项目数字资源中心建设及共享应用实践研究》课题成功立项为广州市电化教育馆 2023 年教育信息化研究课题，成为教育信息化研究的代表案例；体现了互联网技术在支撑学前 STEAM 教育中的关键作用，尤其是在教师专业成长和教学实践改革方面展现了明显的效益。

供稿单位：广东笑翠鸟教育

专家点评：

在教育中引入增强现实（AR）和人工智能（AI）技术，是一种创新的教育实践。这种方法通过技术手段丰富了幼儿的学习体验，提高了教育内容的趣味性和互动性，有效地激发了幼儿的学习兴趣和创造力。

AR 和 AI 技术的应用使得幼儿能够以更直观和互动的方式参与学习，有助于提高幼儿对复杂概念的理解。这种教育模式鼓励幼儿主动探索和实践，有助于培养他们的问题解决能力和创新思维。

然而，也应注意到技术应用在幼儿教育中的适宜度。过度依赖技术可能会忽视幼儿的身心发展需求和人际互动技能的培养。因此，应在引入新技术的同时，保持教育的全面性和平衡，确保技术服务于教育目标。该案例呈现了一种积极的探索，为幼儿教育提供了新的可能性。未来的挑战在于如何将这些技术与幼儿的全面发展相结合，创造一个既刺激又安全、既高效又促进幼儿全面发展的学习环境。

点评人：华东师范大学课程与教学研究所副教授　杨晓哲

3.3.4　沉浸式数字互动博物馆赋能幼儿文化素养培养

儿童光影博物馆是一种以多通道融合 CAVE 投影系统为主要显示载体，通过灯光、全景声、多通道 CAVE 投影、物联网技术、数字人和 AIGC 大语言模型等多种技术融合创造出来的互联网多维感官数字博物馆教育体验空间。此类沉浸式数字互动博物馆不同于传统的文物陈列模式，更加强调幼儿的参与性、主题性和互动性，让幼儿在各种数字博物馆主题场景下进行自主观察、探索、协作和游戏。喵呜科技打造的沉浸式数字互动博物馆实现全面、便捷地赋能幼儿园幼儿文化素养的培养。

一、发展现状

喵呜科技坚持儿童发展优先，打造儿童沉浸式数字互动博物馆（以下简称"数字博物馆"）并进行课程设计，其呈现方式都是基于支持儿童的探究及与环境互动。

目前上海喵呜信息科技有限公司打造的数字博物馆的硬件核心是基于 CAVE 空间的投影系统，也叫洞穴投影系统（以下简称"CAVE 系统"）。这是一种具有高度沉浸感和多种交互模式，融合视觉、听觉、触觉的多维感官增强体验的复杂系统。随着 ChatGPT4.0 时代的到来，数字博物馆也逐渐呈现出以计算机图形学和次世代游戏引擎为视觉体验基础，融入人工智能大语言模型，结合数字人技术问答、超大空间墙面与地面的人机互动游戏、喷干冰喷气味的 5D 影院级物联网体验、多通道视景画面同步技术、多人室内定位跟踪和动作捕捉技术等的趋势。

二、在幼儿园中打造数字博物馆的三种类型及其优势

（一）三种主流类型

幼儿园可将普通教室改造为数字博物馆，根据教室面积从小到大划分为三种主流类型：类型一约 30 平方米，为三个投影承载面（两个墙面和一个地面）；类型二约 50 平方米，为四个投影承载面（三个墙面和一个地面）；类型三约 100 平方米，为五个投影承载面（四个墙面和一个地面）。（见图 3-54 至图 3-57）因为数字博物馆的成像投影面积可以覆盖幼儿的大部分视野范围，因此幼儿完全被超大的数字虚拟三维空间动态影像所包围，具有身临其境的震撼感受。

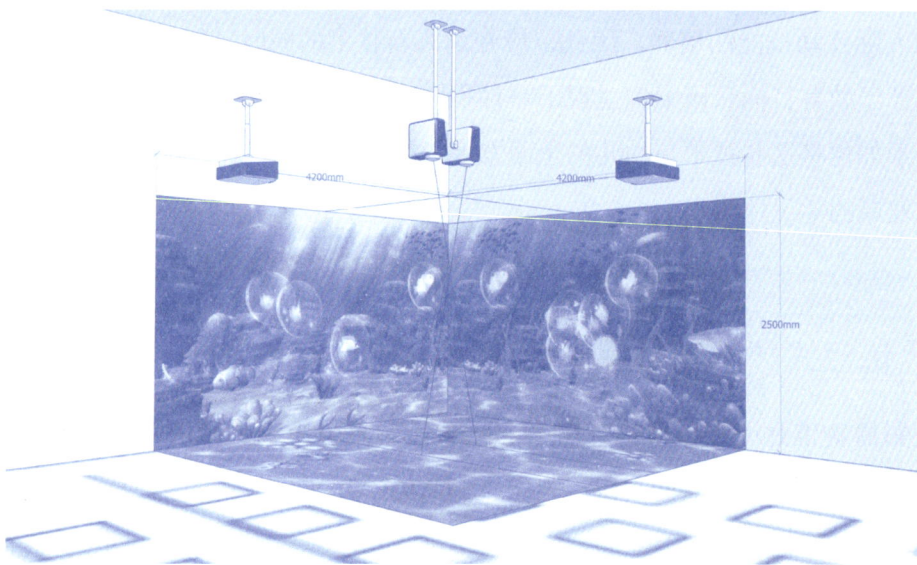

图 3-54　三个投影承载面的 CAVE 系统

图 3-55　四个投影承载面的 CAVE 系统

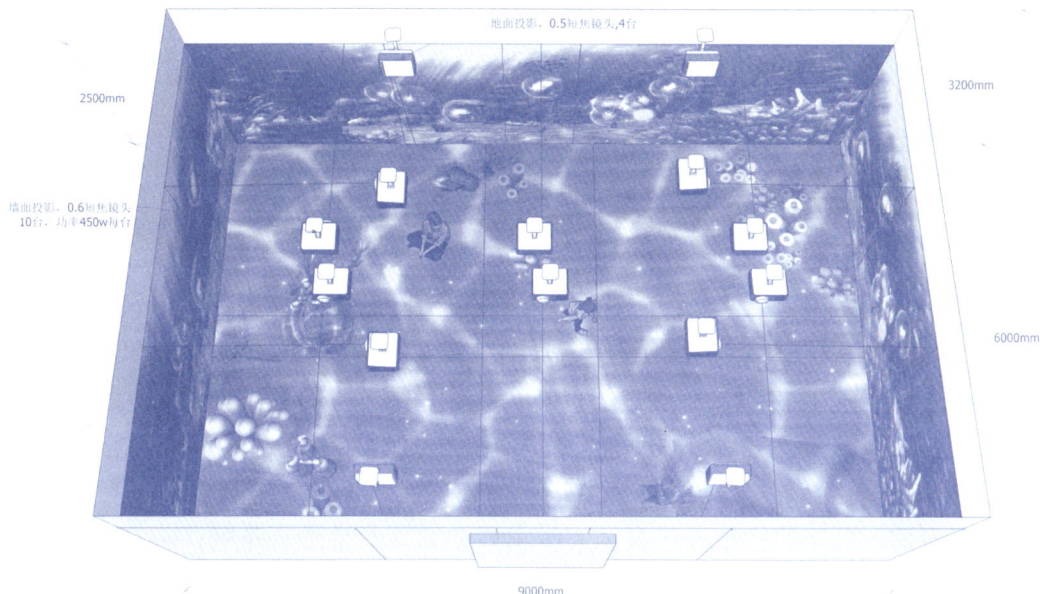

图 3-56 五个投影承载面的 CAVE 系统

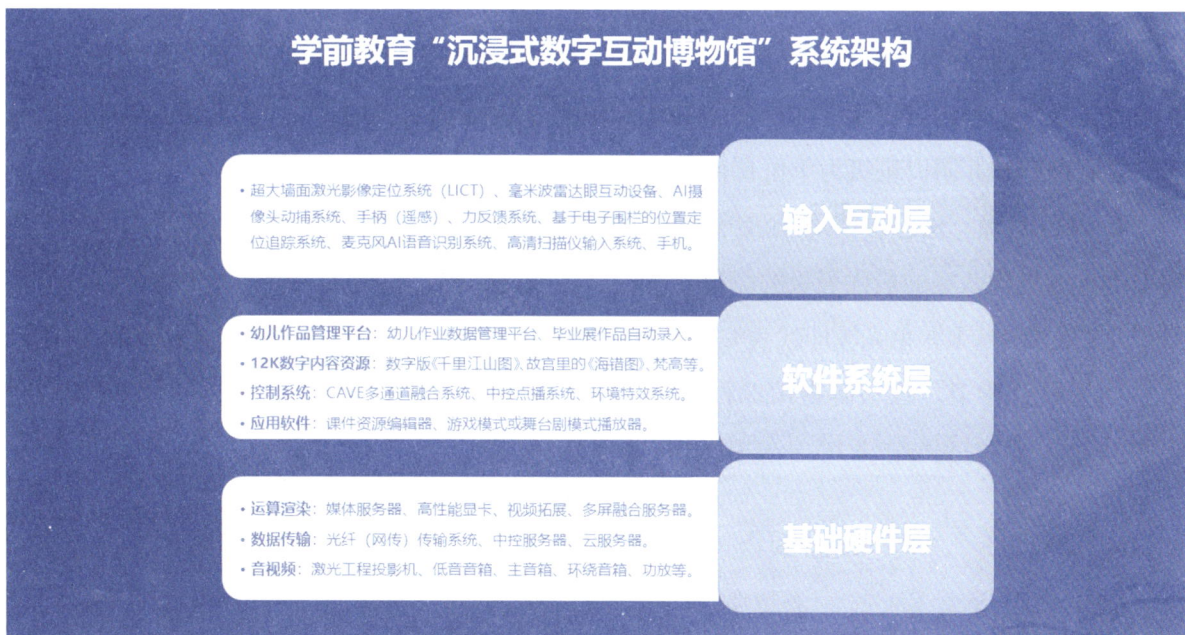

图 3-57 数字博物馆系统架构

（二）数字博物馆及其课程资源的优势

1. **主题多元化**。数字博物馆摆脱传统博物馆在物理空间方面的限制，运用先进的数字技术"移步换景"，为幼儿提供更多元、更丰富且融合创意与技术的博物馆教育主题的学习体验。数字博物馆的课程主题涵盖学前教育五大领域，可以促进幼儿五大领域的融合发展（图 3-58）。

图 3-58　沉浸式数字博物馆多元化主题 12K 数字软件资源

2. **多感官刺激**。数字博物馆通过视觉、听觉和触觉等多维感官系统，为幼儿提供了更为丰富的感知体验，并强调了多维感官体验对幼儿认知发展的重要性。数字博物馆通过视觉、听觉和触觉等多维感官的刺激，可以促进幼儿感官系统的发展，提高感知能力，并且对幼儿的感知、创造力和思维发展产生积极的影响。

3. **集体共创活动**。数字博物馆课程打造的沉浸式虚拟现实大空间场景可以容纳更多的幼儿同时进入空间参与博物馆主题的学习活动，并支持多人室内定位互动和多人超大墙面人机互动，这更利于幼儿园以班级为单位在数字博物馆中进行多人共创类游戏活动。

4. **绿色光源**。相较于传统显示屏，数字博物馆的沉浸式虚拟现实大空间采用由国家光生物安全检测机构认定的最优等级的绿色光源投影机来拼接融合成超大光影墙面图像矩阵，时刻保护儿童的视力。（绿色光源即代表 CAVE 系统的显示效果对儿童眼睛无危害，达标 RG0 级）

5. **游戏化学习**。数字博物馆课程充分借鉴游戏设计元素（图 3-59），设计有趣的学习任

图 3-59　数字博物馆太空主题的多人互动游戏

务、挑战和奖励机制，激发幼儿的学习兴趣和积极性。这些顺应孩子天性的游戏化学习机制，例如答题闯关、达成成绩、虚拟奖励等增强了幼儿主动参与的积极性和学习兴趣，有利于促进学习活动内容的记忆巩固和知识迁移。

6. **超大分辨率的稀缺数字内容**。数字博物馆系列课程数字内容目前以 8K 或以上的软件系统资源为主（图 3-60），其超大分辨率显示的三维画面效果是提供高精度虚拟实验和超高清仿真模拟环境的必要条件，保障了幼儿在数字博物馆中对抽象和微观事物快速且高效的理解。

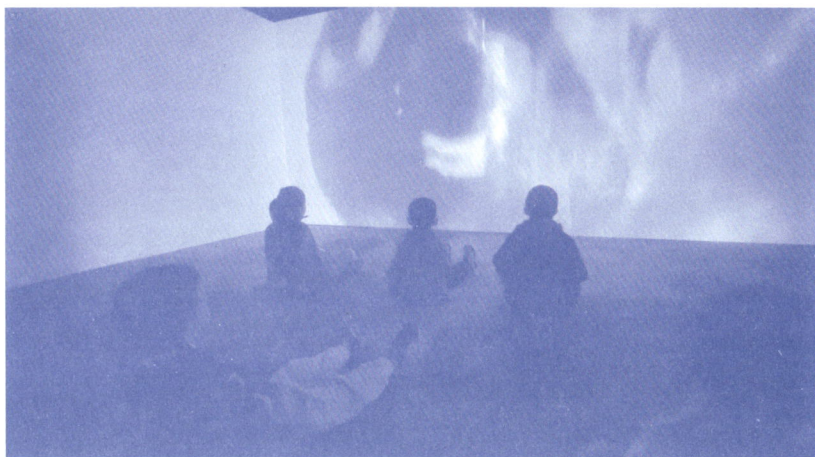

图 3-60　数字博物馆地球主题的导入情境

7. **AIGC 大语言模型和数字人**。数字博物馆系列充分利用人工智能技术，为幼儿学习活动提供智能化的学习体验辅助，包括智能导学、答疑助教等功能。使用 AI 大语言模型和数字人技术实现幼儿与牛顿、梵高、钱学森等名人进行对话，让幼儿穿越时空，带着问题随时去问问，来一场"与世界级大师"的巧妙邂逅（图 3-61）。

图 3-61　数字博物馆支持幼儿与基于大语言模型的 AI 数字人对话

8. **多模态交互**。激光雷达眼、AI 摄像头、各类传感器的部署，让幼儿不知不觉间成为数字博物馆的一部分，直接参与到创作中。数字博物馆目前支持墙面多人手势触控交互、地面多人实时位置跟踪和特定位置触发交互、语音输入交互、动作体感交互、图像识别输入交互等多种交互形式（图 3-62）。

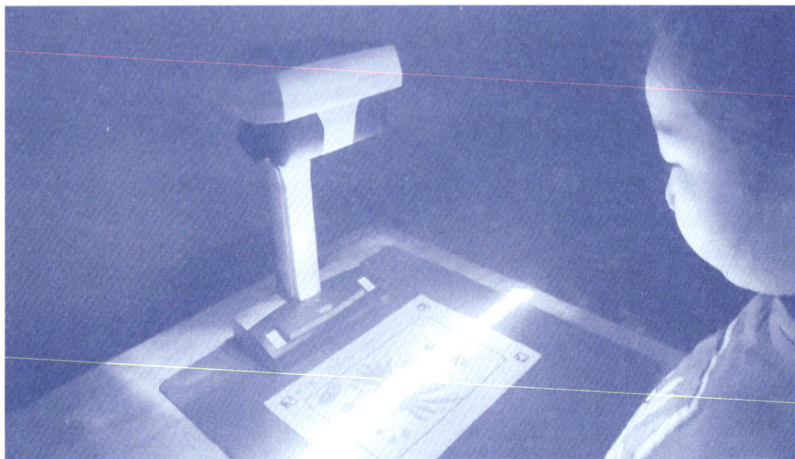

图 3-62　数字博物馆支持幼儿将自己的绘画作品进行快速 AI 扫描

9. **课件制作平台**。数字博物馆目前向幼儿园教师提供低代码创作 8K—12K 的课件编辑云平台。平台支持自定义背景图、自定义背景音乐、触发互动音效，支持自定义嵌入播放 1080P 视频资源，提供基础常用模版动画库，教师一键发布等功能。

10. **虚拟数字作品展**。支持幼儿园小朋友将自己的绘画作品一键扫描后进行数字化展陈，还提供对每幅作品的支持投票、评论功能。教师后台登录后可以管理幼儿数字化采集作品，支持按学期查阅和发布幼儿个人作品集（图 3-63）。

图 3-63　数字博物馆支持幼儿的绘画作品一键数字展出

三、数字博物馆的应用启示

1. 将数字博物馆引入幼儿园数字化转型中，有利于学前教育整合社会化的博物馆教育数字化教学资源，解决了博物馆教育资源如何走出博物馆的问题，其数字化"分身"能激活相关资源的使用效率和频率。

2. 数字博物馆为幼儿创造了更多具有互动性、情感性的数字化教学内容，使幼儿能够积极参与到学习活动过程之中，提高学习活动的趣味性和参与度，也培养了幼儿的数字素养，让幼儿更充分地感受数字互动技术，提高幼儿对数字时代的适应能力。

3. AI助教帮助幼儿像历史学家或人类学家一样开展学习活动，有助于幼儿发展好奇心与探索力。

4. 激发幼儿对全球文化和历史的兴趣，促使他们从小就对世界多元文化有更全面的认识。这样做也促进了全球范围内博物馆教育资源的共享和合作，让中国的幼儿园也能够跨国界获取和体验全球多样化的博物馆教育精品资源。

5. 幼儿园教师和家长可以通过数字化方式更直观、更便捷地查阅、浏览每个幼儿在园期间（按学期或按月归档）的海量数字作品集、数据档案，有的放矢开展家园共育。

供稿单位：上海喵呜信息科技有限公司

专家点评：

"沉浸式数字互动博物馆赋能幼儿文化素养培养"案例，围绕着以"文化知识、文化认同、文化敏感性"为特征的幼儿文化素养培养的需求，依据儿童的认知发展特征，发挥多媒体及人工智能技术优势，打造幼儿沉浸式数字互动博物馆，融合视觉、听觉、触觉的多感官增强体验，促进幼儿在活动中的深度沉浸感和多种交互模式，为幼儿创设认识世界，开展自主、体验学习的新场景。案例通过主题化活动、多感官刺激和集体创作等方式开发了包括自然科学、社会、艺术、语言等多个领域的沉浸式数字互动博物馆的主题课程，以数字课程创新了幼儿学习的模式。同时，还针对沉浸式数字互动博物馆课程提供了幼儿园教学案例，为课程推广和实施提供可资参考的经验。但是在幼儿数字课程研发中，也应注意要避免因虚拟世界的过度交互引发幼儿对现实世界误解的问题，建议课例开发者能将技术环境和幼儿真实生活情境相结合，围绕幼儿已有学习经验和生活中的经历研发学习案例，将技术环境体验和幼儿真实情境体验融合为一体，帮助幼儿全面、准确、真实地理解身边的现实世界。

点评人：华东师范大学教育学部教授　李锋

3.3.5　阿尔法蛋助力幼儿园数字化发展

随着"互联网+"技术的普及，人工智能技术应用不断深入，安徽淘云科技股份有限公司通过幼儿园绘本馆的数字化应用场景，探索人工智能技术在幼儿园教育模式创新中的应用，不断挖掘数据价值和意义，为教师科学指导绘本阅读活动提供"鹰架"支撑。

一、发展现状

为满足学前教育高质量发展需求，淘云科技打造"人工智能＋学前教育"项目，基于图像识别、语音识别、语义理解等 AI 技术，融合大数据、移动互联网、云计算和物联网等技术，构建了"1 个数字服务云＋N 类园所游戏化活动 AI 工具＋1 套数字素养提升服务"的完整解决方案（图 3-64），提供过程数据记录、动态监管、人机交互、智能评价等功能，向区域的局、园、家等多层次多角色提供专业化服务，辅助主管部门高效督导，服务园所智慧管理，促进园所保教质量提升，助力幼儿快乐成长。

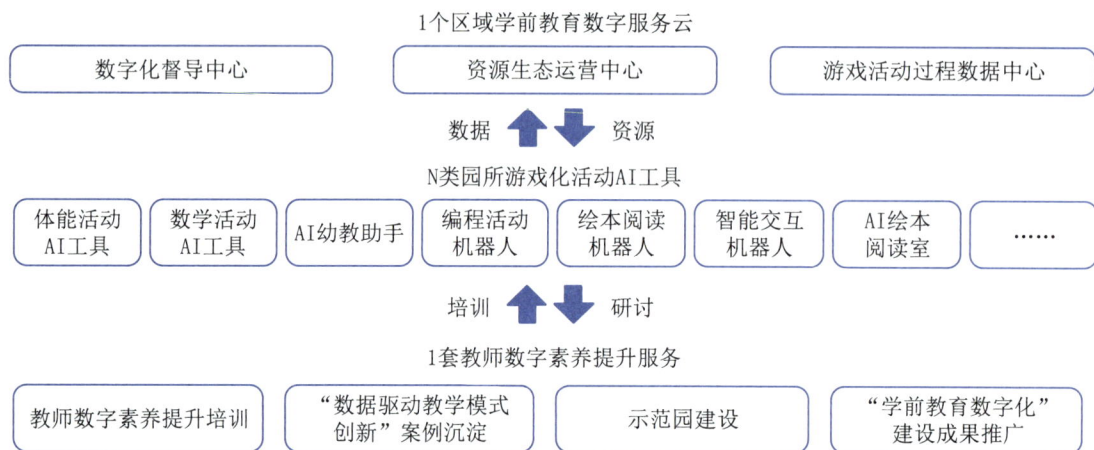

1个区域学前教育数字服务云

| 数字化督导中心 | 资源生态运营中心 | 游戏活动过程数据中心 |

数据 ⬆⬇ 资源

N类园所游戏化活动AI工具

| 体能活动 AI工具 | 数学活动 AI工具 | AI幼教助手 | 编程活动 机器人 | 绘本阅读 机器人 | 智能交互 机器人 | AI绘本 阅读室 | …… |

培训 ⬆⬇ 研讨

1套教师数字素养提升服务

| 教师数字素养提升培训 | "数据驱动教学模式 创新"案例沉淀 | 示范园建设 | "学前教育数字化" 建设成果推广 |

图 3-64 "人工智能＋学前教育"项目解决方案

1 个数字服务云，秉承"人工智能助力学前教育数字化建设"理念，是通过人工智能及大数据技术，面向区域管理者、园长、教师和家长，提供管理与教学服务的"局—园—家"三位一体的数字化管理平台（如图 3-65）。以"数字化建设"方式，提供办园质量督导评估、资源生态良性运转、活动过程数据记录分析等服务，助力区域智慧管理、园所科学保教和幼儿个别化教育。

N 类园所游戏化活动 AI 工具（图 3-66），支持记录过程性数据，帮助教师全面观察、及时分析并指导回应。教师、幼儿在与 AI 工具的互动活动中，提升了数字化知识、智能化素养。AI 智能工具伴随式无感记录游戏与活动过程数据，同时辅以多维度的数据分析，为幼儿个体、教师个人、班级园所，乃至整个区域个性化教育提供指导，实现基于数据的循证式改进教学目的。

1 套数字素养提升服务，主要包括"人工智能助力学前教育普惠优质专题培训""数据驱动教学"线上研讨培训、"人工智能＋学前教育"优质教学活动、数字化示范园建设、数字化成果汇编等几大模块，服务园所更好地应用智能设备，并开展园本化融合活动。

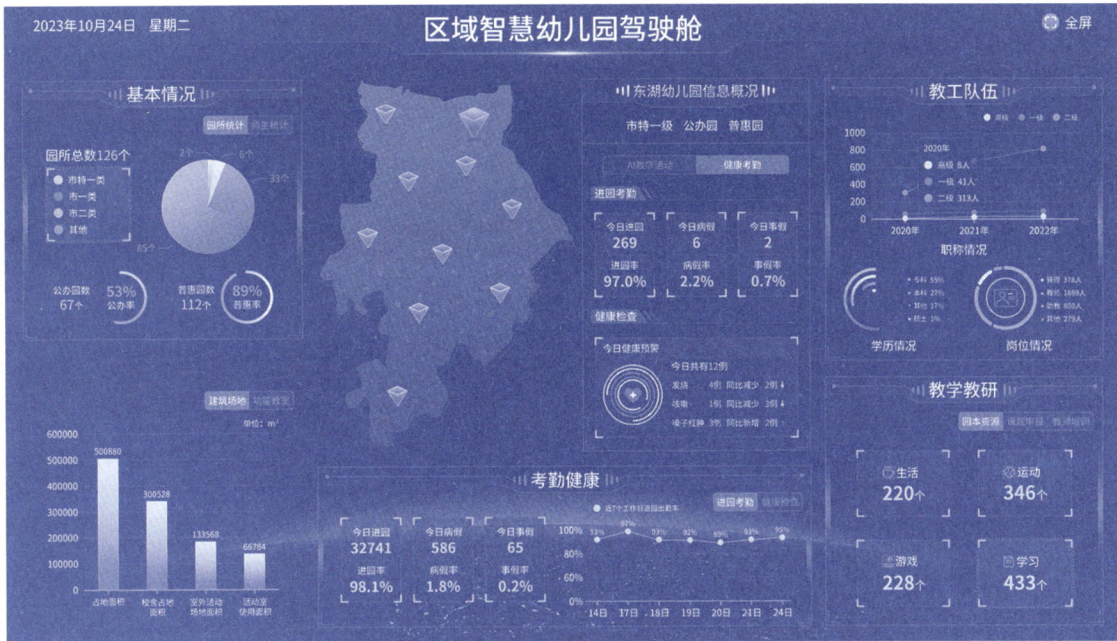

图 3-65　区域智慧幼儿园驾驶舱示例

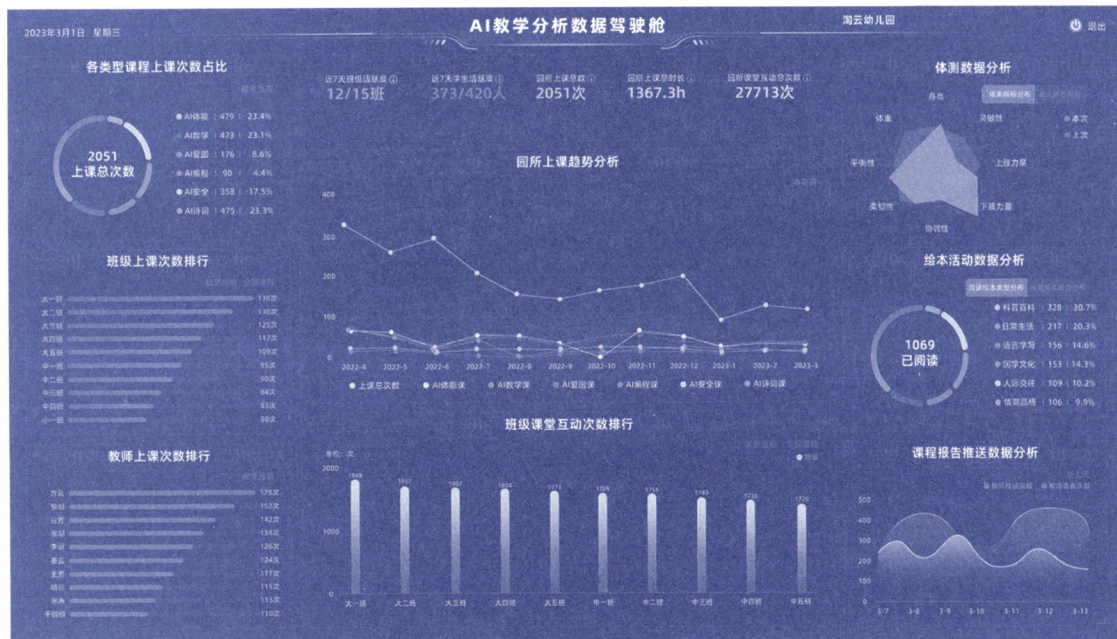

图 3-66　AI 游戏化活动数据驾驶舱

二、策略与价值

（一）AI 绘本阅读数据为教师科学开展绘本阅读活动提供"鹰架"支撑

幼儿园绘本阅览室的打造，通常会根据幼儿的成长发展的需求，从空间环境的打造到绘本种类的选择，综合考虑幼儿身心发展特点的需要。然而，在绘本阅读活动中，由于绘本种

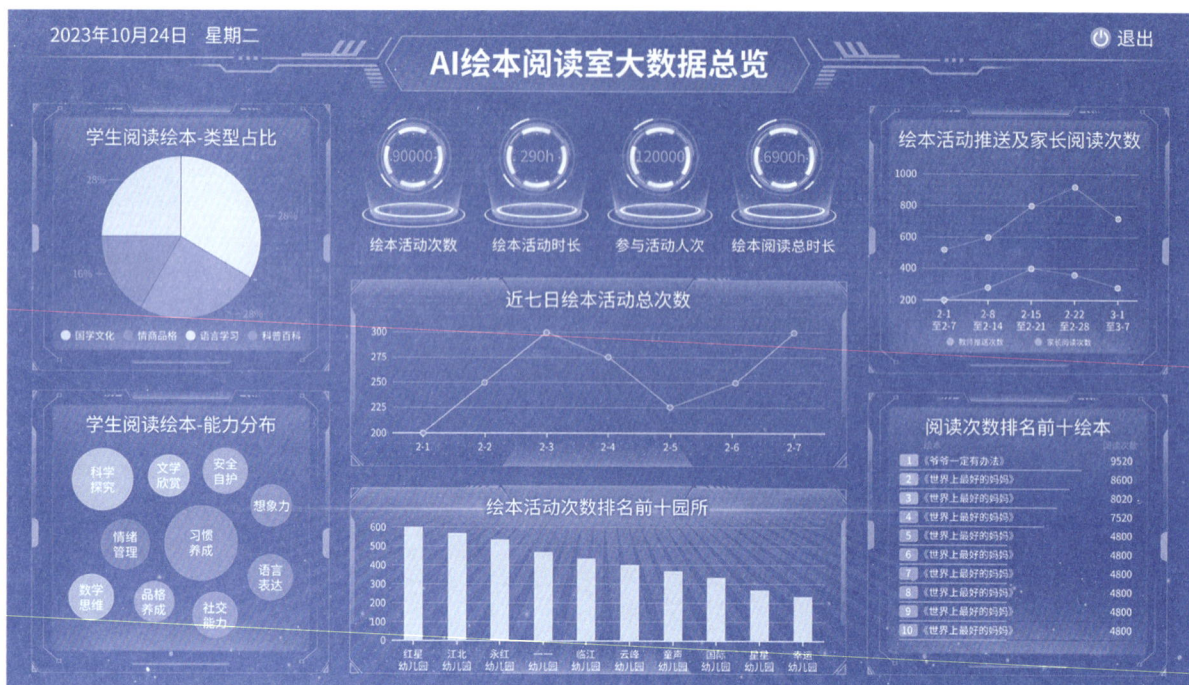

图 3-67　幼儿园阅读数据记录

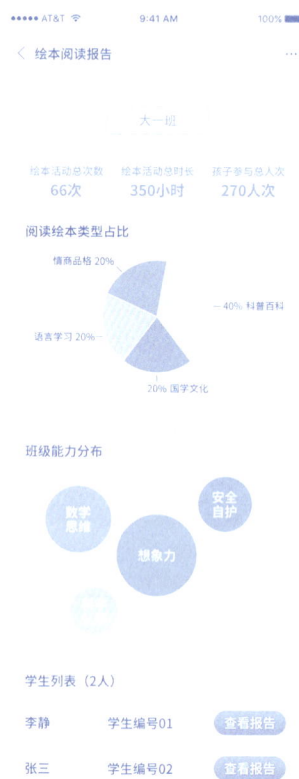

图 3-68　班级阅读数据记录

类多、幼儿数量多、教师精力有限等，教师难以对当下空间的阅读轨迹进行追踪，从而难以对幼儿进行后续个性化指导支持。阿尔法蛋绘本阅读机器人的加入，不仅能够支持幼儿自主阅读绘本，同时在过程中会记录和统计幼儿的阅读数据，为教师科学开展绘本阅读活动提供支持（图 3-67、图 3-68）。如：阅读绘本类型占比——方便教师直观了解幼儿整体的阅读喜好和阅读情况；绘本阅读能力分布——提示教师如何组织班级活动，兼顾更多幼儿，延伸幼儿能力发展；阅读排行前十绘本——提示教师了解幼儿兴趣所在，围绕绘本兴趣拓展延伸；阅读绘本类型占比——提示教师根据幼儿喜欢的绘本类型及个体差异，更加精准地了解幼儿的特点；阅读统计——提供了幼儿阅读时长、次数、绘本数、完成数等信息，为教师更好地支持幼儿养成良好的阅读习惯提供数据支撑；爱读榜——提供幼儿高频阅读书单及次数，助力教师与幼儿交流为什么喜欢读这些书，以便拓展和丰富课程实施内容；建议书单——系统根据阅读类型分布、能力球大小的情况，向教师和家长推荐绘本选择参考。

（二）支持教师基于数据，聚焦幼儿阅读兴趣拓展活动开展

借助 AI 绘本阅读大数据平台，记录幼儿在自主阅读活动中的数

据，并进行统计分析，可以为教师发现、判断幼儿的阅读兴趣提供依据。

如在某园所的绘本阅读数据统计中发现，不同班级的阅读兴趣呈现出不同的差异。以大班各班最喜欢的绘本类型为例，大一班是"日常生活"（占比31.91%），大二班为"人际交往"（占比33.87%），大三班为"日常生活"（占比33.87%），大四班为"科普百科""语言学习"（均占比33.33%）；基于数据，不同班级的教师可针对本班的阅读兴趣，制订个性化的班本阅读方案。此外，不同班级的阅读均衡性也呈现出较大差异：除大四班外，其他三个班"科普百科"类绘本阅读占比较少。通过对教师访谈发现，大四班从中班开始，开展了班本化的主题式科学活动，为幼儿的兴趣发展奠定了一定的基础。

（三）支持教师对阅读活动的个性化观察及指导

AI绘本阅读活动除了可以了解班级群体的阅读情况，辅助教师调整教学策略外，还可以记录每个幼儿的阅读时长、阅读次数、阅读绘本总数、完成数以及推荐绘本阅读清单等，辅助教师进行个性化的阅读活动的观察与进一步指导。

如泽泽小朋友的阅读报告（图3-69）显示，在共计6次的阅读活动中泽泽只阅读了5本绘本，且只完整读完2本，阅读的数量及完整读完次数偏低。教师观察发现，在自主阅读中，他的绘本阅读习惯特点是"快"，对于画面信息较多的绘本，会习惯性地直接翻过去，难以按顺序一页一页阅读，阅读的兴趣和深度较弱。泽泽的阅读报告，显示他对于社会情感类的绘本兴趣较高，而在阿尔法蛋的互动阅读中，"蛋蛋"也会引导他根据线索去寻找画面，泽泽对于这种互动十分喜欢。结合泽泽的阅读兴趣，教师给予个性化指导，在阿尔法蛋的辅助下，提升泽泽的自主阅读能力。同时教师将阅读报告分享给泽泽妈妈，通过精准数据帮她找到"建议书单"，加强亲子阅读。

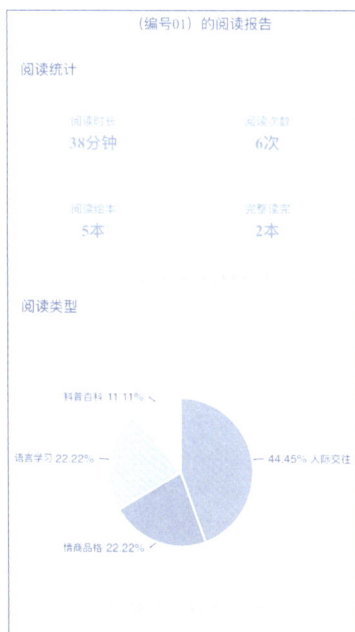

图3-69 阅读报告示例图

三、未来方向

淘云科技作为一家专注于人工智能和儿童相结合的国家级高新技术企业，未来将利用30多年来积累的儿童人工智能核心技术和儿童智能产品开发经验，基于讯飞星火大模型的对话理解、逻辑推理、开放式问答等能力，深入幼儿园师幼互动场景，丰富幼儿游戏活动体验，推进幼儿园场景下技术升级，促进学前教育高质量发展。

供稿单位：安徽淘云科技股份有限公司

专家点评：

面对信息技术快速发展给学前教育带来的机遇和挑战，淘云科技积极探索人工智能赋能的教育模式创新，促进技术与教育的融合，助力幼儿园教育数字化转型。淘云科技依托"1 个数字服务云 +N 类园所游戏化活动 AI 工具 +1 套数字素养提升服务"，立足幼儿园一日活动中的主要活动场景提供了多元的 AI 工具，聚焦当前制约技术应用水平的关键因素提供了教师胜任力提升服务，为区域和园所教育数字化转型提供了系统解决方案，更好地支持幼儿园智慧管理、科学保教和个性化教育指导。

以绘本阅览室与绘本阅读机器人为例，呈现了 AI 工具应用场景，通过对幼儿阅读数据的记录、统计与分析，把握幼儿个体与群体的阅读兴趣、偏好、习惯以及能力，为有针对性的阅读指导提供依据，彰显了技术对幼儿园教育和幼儿学习的支持作用。建议在关注绘本类型、阅读时长等基本数据的基础上，强化幼儿阅读行为监测与阅读能力深度分析，通过互动表达等多元方式支持幼儿呈现阅读理解结果，即从关注阅读行为转向关注阅读活动中表现出的幼儿认知水平与思维品质，并以此为依据提供综合支持。

点评人：上海市教师教育学院（上海市教育委员会教学研究室）教研员　陈群波

第四章

CHAPTER 4

幼儿园教师互联网教学与发展支持

本章节将从教师获得的教师互联网教学能力、互联网教学应用、互联网教学支持以及互联网教学环境四个方面，对幼儿园教师开展互联网教学进行分析。

首先，重点调查教师在掌握互联网教学工具和解决问题能力等方面的技术操作能力，了解他们应用技术的难点和短板。

其次，通过调研教师参与互联网教学的积极程度和方式，以及教学效果评价，全面反映教师开展互联网教学的现状。

再次，调研教师在参加互联网教学培训活动、活动效果评价以及专业学习等方面获得的支持情况，分析他们获取学习资源的渠道和难点，为改进提供依据。

最后，评价当前幼儿园的互联网教学硬软环境建设水平，包括教学资源配备与更新情况，以及教学设施与平台建设是否足以支持教学需求。

以上四个方面系统地分析后，将指出教师互联网教学存在的问题和不足，并提出相应对策建议，以期提高教师水平，促进幼儿教育质量的提升。

4.1 幼儿园教师互联网教学能力

幼儿园教师互联网教学能力主要体现在六个方面：一是技术操作，即教师对互联网教学所需的技术操作的掌握程度；二是资源整合，即教师以合理的方式引用与制作互联网教学资源的能力；三是教学促进，即教师利用互联网改进教学方法与支持自主学习的能力；四是赋能学习者，即教师实现个性化与差异化教学，并促进学习者的主动参与和深层次学习的能力；五是学

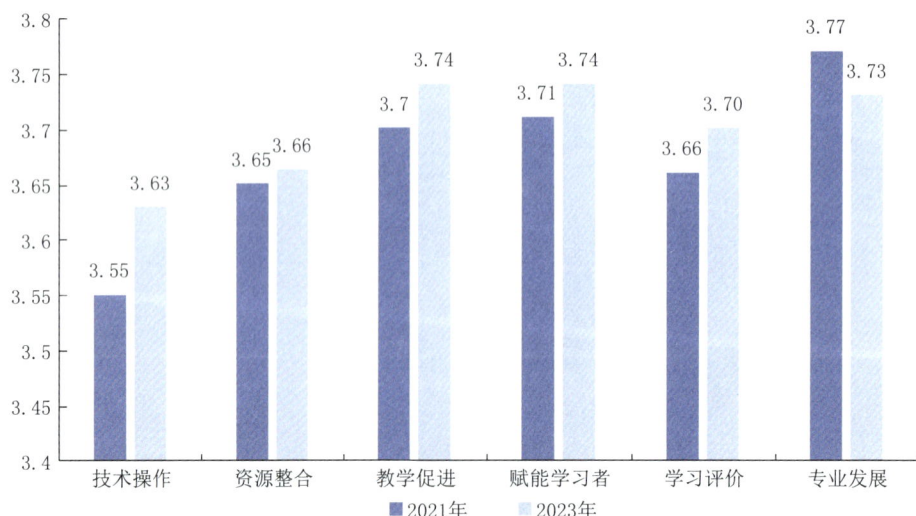

图 4-1 2021 年和 2023 年幼儿园教师互联网教学能力指数

习评价,即教师利用互联网来支持学习的评价策略;六是专业发展,即教师反思互联网教学实践和利用互联网支持专业发展的能力。

幼儿园教师互联网教学能力六个方面的指数如图 4-1 所示(总分为 5 分),2023 年互联网教学能力在这六方面表现较为均衡。其中"教学促进"和"赋能学习者"能力相对高一些,均为 3.74 分,"技术操作"能力相对低一些,为 3.63 分。相较 2021 年,除"专业发展"能力指数下降外,其余五项能力在 2023 年都有上升。总体来讲,幼儿园教师互联网教学能力有所提升,但还需要进一步提升。

4.1.1 技术操作能力

技术操作能力主要包括教师对互联网教学工具的掌握和更新,以及互联网教学中的技术问题处理能力等。

一、大多数幼儿园教师能够掌握多种互联网教学工具

如图 4-2 所示,对"幼儿园教师掌握互联网教学所需的多种技术工具"的调查情况表明,有 59.16%(符合及完全符合)的教师认为自己能够掌握互联网教学所需的多种技术工具,但也有 6.24%(不符合及完全不符合)的教师认为自己没有掌握。

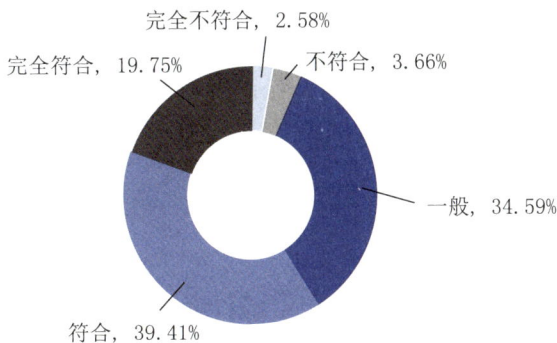

完全不符合, 2.58%
完全符合, 19.75%
不符合, 3.66%
一般, 34.59%
符合, 39.41%

图 4-2 幼儿园教师掌握互联网教学所需的多种技术工具的调查情况

同时,对幼儿园教师"总能及时掌握最新的互联网教学工具"的调查情况表明,54.03%的教师表示完全符合或符合,38.26% 的教师表示一般,7.71% 的教师表示不符合和完全不符合,如图 4-3 所示。

信息技术与教育教学融合进程正在从单要素推进走向系统性变革、深层次突破发展阶段[1],这种背景下对教师掌握和应用互联网教学工具的能力提出了更高的要求。2019 年教育部

---

[1] 教育部 . 加强中小学线上教育教学资源建设与应用 推进基础教育信息化深层次发展 [EB/OL].(2021-02-08)[2024-01-16]. http://www.moe.gov.cn/jyb_xwfb/moe_2082/2021/2021_zl10/202102/t20210208_512973.html.

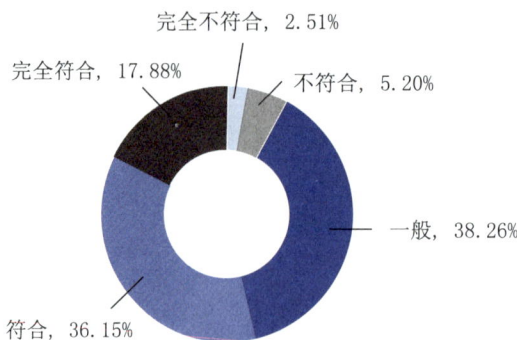

图 4-3　幼儿园教师及时掌握最新的互联网教学工具的调查情况

发布的《关于实施全国中小学教师信息技术应用能力提升工程 2.0 的意见》中提出："推动教师主动适应信息化、人工智能等新技术变革，积极有效开展教育教学。"① 互联网技术改变了人类获取知识的方式和渠道，这也要求教师在教学中能够主动使用互联网新技术，进行课堂教学变革。以上两组数据表明，超过半数的幼儿园教师能够掌握互联网教学所需的多种技术工具，并能及时掌握最新的互联网教学工具。但仍有 5% 左右的幼儿园教师掌握互联网教学所需的多种技术工具的能力较弱，需要加强对这部分老师互联网教学工具使用的培训工作。

二、须帮助幼儿园教师提高互联网教学中问题解决的能力

对幼儿园教师"通常可以解决互联网教学中遇到的技术问题"的调查情况表明，52.05% 的教师表示符合或完全符合，38.49% 的教师表示一般，9.46% 的教师表示不符合和完全不符合，如图 4-4 所示。虽然超过一半的幼儿园教师认为自己能够解决互联网教学中遇到的技术问题，但还有一部分教师在面对互联网教学中遇到的技术问题时，难以依靠自己的力量来解决。互联网技术问题较为复杂，需要专业人员的支持与指导。因此，需要以现实问题为载体，开展多样化的互联网技术培训和指导，让教师的互联网教学更加丰富、生动。

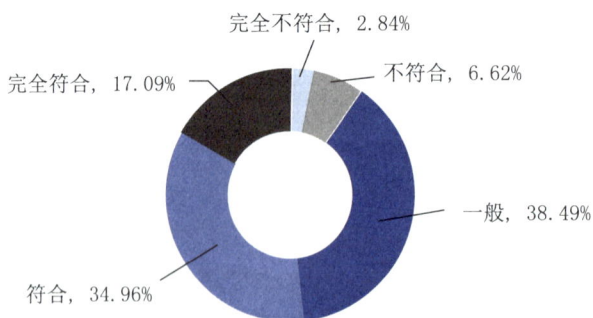

图 4-4　幼儿园教师解决互联网教学中遇到的技术问题的调查情况

① 教育部.关于实施全国中小学教师信息技术应用能力提升工程 2.0 的意见［EB/OL］.（2019-03-21）［2024-01-20］. http://www.moe.gov.cn/jyb_xwfb/s5147/202101/t20210112_509497.html.

4.1.2 资源整合能力

资源整合能力主要包括教师对互联网教学资源的搜索选择、改变或制作以及互联网知识产权意识等方面。

一、幼儿园教师搜索选择互联网教学资源能力强，但需要提升原创和改编能力

如图 4-5 所示，对幼儿园教师"根据教学目标与方法搜索与选择合适的互联网教学资源"的调查情况表明，62.82% 的教师表示符合或完全符合，31.21% 的教师表示一般，5.97% 的教师表示不符合或完全不符合。以上数据表明，多数幼儿园教师能够根据教学目标与方法来搜索与选择互联网教学资源。

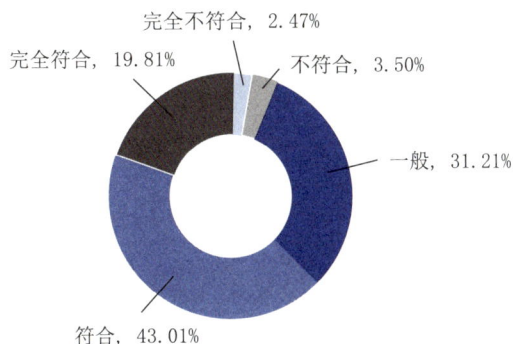

完全不符合，2.47%
完全符合，19.81%
不符合，3.50%
一般，31.21%
符合，43.01%

图 4-5 幼儿园教师搜索与选择合适的互联网教学资源的调查情况

同时，对幼儿园教师"根据教学目标与方法合理改编或制作互联网教学资源"的调查情况表明，55.16%（其中完全符合占 16.81%，符合占 38.35%）的教师表示能根据教学目标与方法合理改编或制作互联网教学资源，35.51% 的教师表示一般，9.33%（其中完全不符合占 2.96%，不符合占 6.37%）的教师表示不能，如图 4-6 所示。相比搜索与选择，能够改编或制作资源的教师从 62.82% 下降至 55.16%，改编或制作互联网教学资源对教师的能力要求较高，但幼儿园课程与教学的特点决定了活动园本化、班本化的内在需求。因此，要着重培养教师互联网教学资源的原创能力和根据自己所教班级幼儿特点和需求进行资源改编的能力。

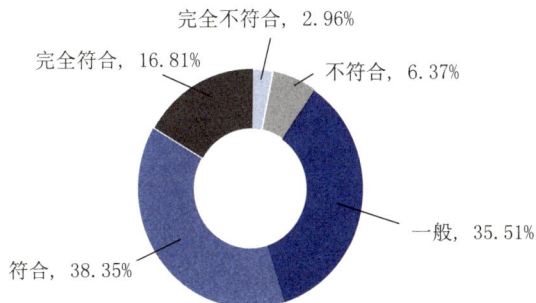

完全不符合，2.96%
完全符合，16.81%
不符合，6.37%
一般，35.51%
符合，38.35%

图 4-6 幼儿园教师改编或制作互联网教学资源的调查情况

二、幼儿园教师知识产权意识须进一步提高

对幼儿园教师"按照版权与许可协议合理引用或分享互联网教学资源"的调查情况表明，58.05%（其中完全符合占 17.79%，符合占 40.26%）的教师能够按照版权与许可协议合理引用或分享互联网教学资源，剩下的四成多教师对版权与许可协议关注度不高，敏感性不强，如图 4-7 所示。在越来越强调知识产权保护的当下，教师作为生产和利用相关知识产品的重要群体，需要加强知识产权意识。这不仅是对其他人版权的尊重，也是对自己生产的知识内容的权利的尊重和保护。

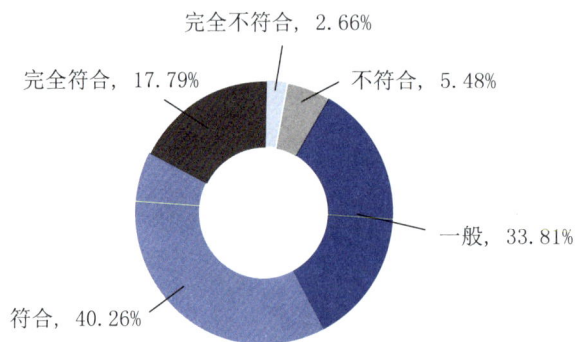

图 4-7　幼儿园教师按照版权与许可协议利用互联网教学资源的调查情况

4.1.3　教学促进能力

教学促进能力主要包括教师使用互联网开展教学活动、加强师幼多主体互动、促进和支持幼儿的自主活动的能力等。

一、互联网教学丰富了幼儿园教学活动，有效提升了教学效果

对幼儿园教师"利用互联网开展多种类型的幼儿园教学活动来提升教学效果"的调查情况表明，63.40%（其中完全符合占 18.55%，符合占 44.85%）的教师认为可以做到，30.65% 的教

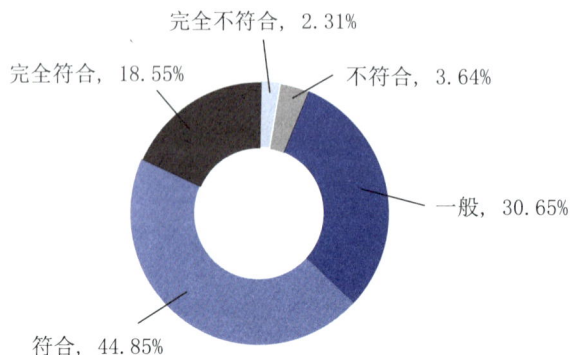

图 4-8　幼儿园教师利用互联网开展活动提升教学效果的调查情况

师表示一般，5.95%（其中完全不符合 2.31%，不符合 3.64%）的教师表示做不到，如图 4-8 所示。应该说，互联网为幼儿园的课程实施提供了更加广阔的空间，有超过六成的教师已经能够利用互联网开展诸如探究式学习等活动，让教学活动更加多元化、课程实施形式更加多样化，进而提升了教学效果。

二、幼儿园教师能利用互联网促进活动中的多主体互动

对幼儿园教师"利用互联网加强自身与幼儿之间的互动与交流，及时为其提供针对性的指导"的调查情况表明，18.46% 的教师表示完全符合，45.25% 教师表示符合，30.78% 的教师表示一般，3.28% 和 2.23% 的教师表示不符合和完全不符合，如图 4-9 所示。

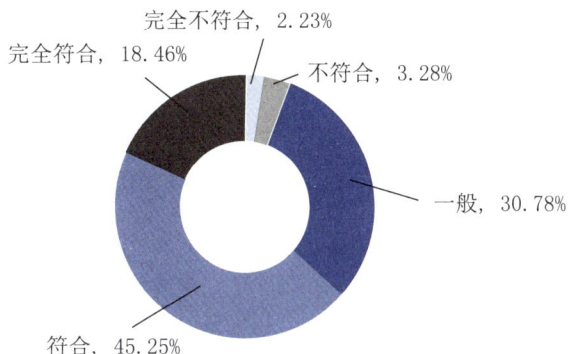

图 4-9　幼儿园教师利用互联网加强师幼互动的调查情况

同时，对幼儿园教师"利用互联网加强幼儿彼此之间的同伴合作与交流"的调查情况表明，18.51% 的教师表示完全符合，45.61% 的教师表示符合，30.23% 的教师表示一般，3.49% 和 2.16% 的教师表示不符合和完全不符合，如图 4-10 所示。

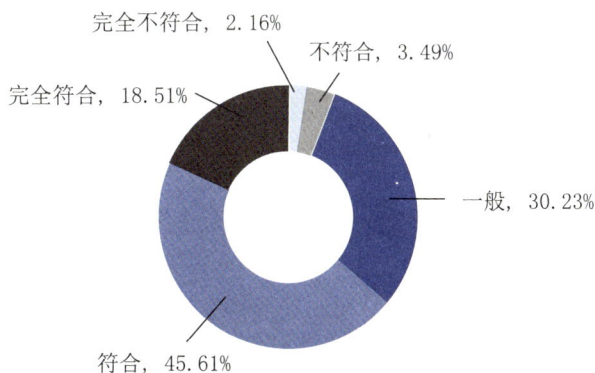

图 4-10　幼儿园教师利用互联网加强幼幼互动的调查情况

师幼互动与幼幼互动是幼儿园课程实施中体现质量的关键因素，互动质量的高低直接影响幼儿园课程实施质量的高低，而信息技术在促进相互沟通中有着表现形式多样、不受时空限制

等优势。不管是师幼互动还是幼幼互动，均有 60% 左右的教师能够利用互联网技术加强互动。但需要注意的是，还有 5% 左右的教师对于使用互联网加强师幼互动、幼幼互动还存在一定困难。因此，应适当鼓励教师加强对互联网教学设备、相关软件等的应用，开展更多丰富多彩的线上、线下活动，提高师幼互动和幼幼互动的质量。

三、互联网技术的发展促进了教师对幼儿自主活动的支持

对幼儿园教师"利用互联网促进与支持幼儿的自主活动"的调查情况表明，64.37% 的教师表示完全符合或符合，30.00% 的教师表示一般，3.39% 和 2.24% 的教师表示不符合和完全不符合，如图 4-11 所示。能利用互联网促进与支持幼儿的自主活动的教师占到了六成多，随着适合幼儿的多样化互联网学习设备和软件的不断开发和优化，以及幼儿互联网学习能力的提升，教师利用互联网技术支持幼儿学习的空间也越来越大，这一趋势值得继续鼓励，让更多教师加入进来。

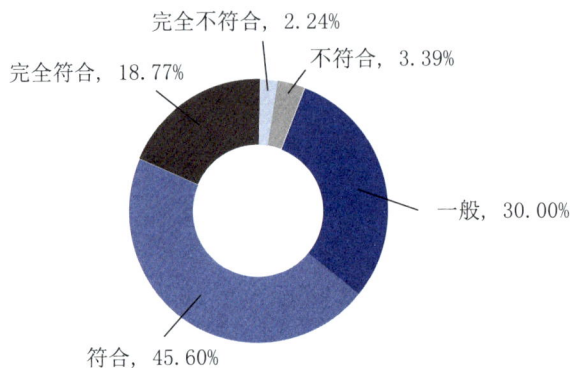

图 4-11　幼儿园教师利用互联网促进与支持幼儿的自主活动的调查情况

4.1.4　赋能学习者能力

赋能学习者能力包括教师利用互联网赋能幼儿学习活动，满足幼儿个性化学习需求，激发幼儿开展深度学习的能力等。

对幼儿园教师"利用互联网使所有幼儿都能获取学习资源并参与学习活动"的调查情况表明，62.95%（其中完全符合占 18.44%，符合占 44.51%）的教师认为能够做到，31.14% 的教师表示一般，3.79% 和 2.12% 的教师表示不符合和完全不符合，如图 4-12 所示。

同时，对幼儿园教师"利用互联网满足幼儿的个性化学习需求"的调查情况表明，61.10%（其中完全符合占 17.76%，符合占 43.34%）的教师认为能够做到，32.66% 的教师表示一般，4.09% 和 2.15% 的教师表示不符合和完全不符合，如图 4-13 所示。

对幼儿园教师"利用互联网激发幼儿活动兴趣并引导幼儿开展深度学习"的调查情况表明，

完全不符合，2.12%

不符合，3.79%

完全符合，18.44%

一般，31.14%

符合，44.51%

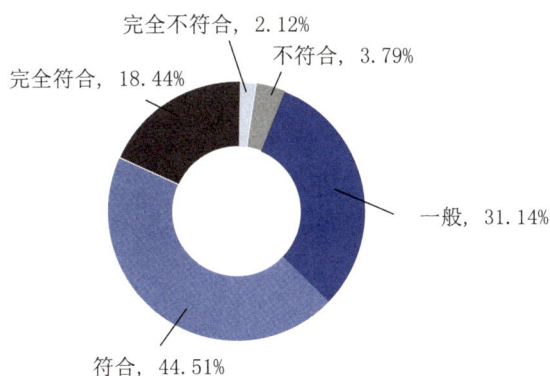

图 4-12 幼儿园教师利用互联网支持幼儿获取学习资源并参与活动的调查情况

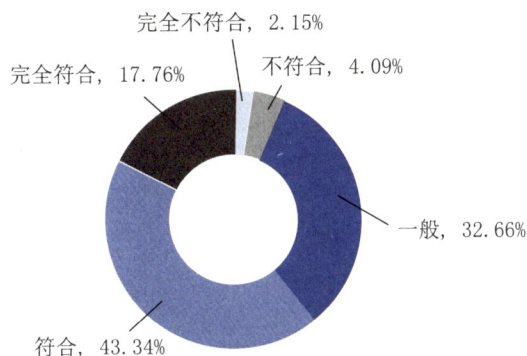

完全不符合，2.15%

不符合，4.09%

完全符合，17.76%

一般，32.66%

符合，43.34%

图 4-13 幼儿园教师利用互联网满足幼儿的个性化学习需求的调查情况

65.32%（其中完全符合占 18.69%，符合占 46.63%）的教师认为可以做到，29.47% 的教师表示一般，5.21%（其中完全不符合占 2.08%，不符合占 3.13%）的教师表示做不到，如图 4-14 示。

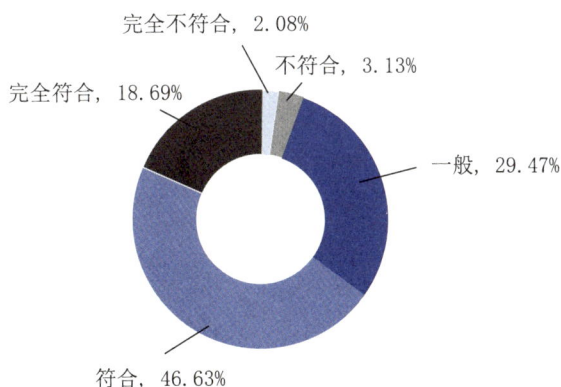

完全不符合，2.08%

不符合，3.13%

完全符合，18.69%

一般，29.47%

符合，46.63%

图 4-14 幼儿园教师利用互联网激发幼儿活动兴趣并引导幼儿开展深度学习的调查情况

从参与活动到个性化学习、深度学习，在这些学习中，幼儿学习状态逐步加深、学习更加主动。相较于传统的教学，互联网技术给教学带来了更多的学习资源、更大的学习空间、更多样的学习路径，能够让同样的教师数量支持更多的幼儿深入自己的学习中去。通过以上三个调查发现，有六成以上的教师在利用互联网技术来赋能幼儿学习的意识和能力，这是一个比较好的状态。当然，随着互联网技术与教学的深度融合，基于技术的大规模因材施教逐渐成为可能，应当引导更多的教师积极利用互联网技术为幼儿学习赋能。这不仅仅是学习空间的拓展、学习方式的增加，更重要的是依据幼儿的年龄特点，让互联网技术成为幼儿学习的工具，去探索传统学习方式无法到达和深入的学习情境。

4.1.5 学习评价能力

学习评价能力包括教师利用互联网对幼儿开展评价，支持幼儿开展评价以及利用数据为幼儿提供学习反馈和改进教学策略的能力等。

一、幼儿发展评价呈现数字化、科学化、多元化发展趋势

对幼儿园教师"利用互联网对幼儿进行过程性评价和总结性评价"的调查情况表明，18.14% 的教师表示完全符合，44.33% 的教师表示符合，31.49% 的教师表示一般，3.93% 和 2.10% 的教师表示不符合和完全不符合，如图 4-15 所示。

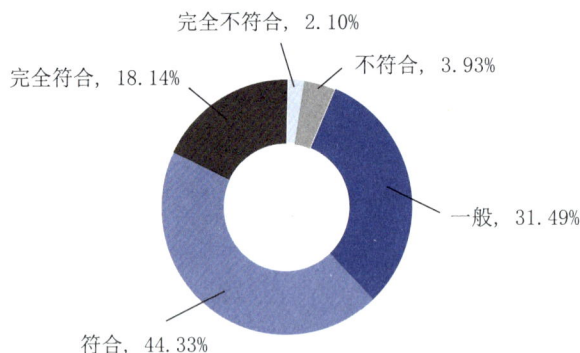

图 4-15 幼儿园教师利用互联网对幼儿进行过程性评价和总结性评价的调查情况

同时，对幼儿园教师"利用互联网支持幼儿开展自我评价、同伴互评等多种形式的评价"的调查情况表明，17.57% 的教师表示完全符合，43.48% 的教师表示符合，32.32% 的教师表示一般，4.42% 和 2.21% 的教师表示不符合和完全不符合，如图 4-16 所示。

幼儿发展评价与评估是幼儿园教育中非常重要的一环，它可以帮助教师了解幼儿的发展现状，是支持幼儿进一步发展的基础。2020 年中共中央、国务院印发《深化新时代教育评价改革总体方案》，明确提出"坚持科学有效，改进结果评价，强化过程评价，探索增值评价，健全综合评价，充分利用信息技术，提高教育评价的科学性、专业性、客观性"[①]。以上两项调查数

---

① 中共中央、国务院.中共中央 国务院印发《深化新时代教育评价改革总体方案》[EB/OL].（2020-10-13）[2024-01-22]. http://www.moe.gov.cn/jyb_xxgk/moe_1777/moe_1778/202010/t20201013_494381.html.

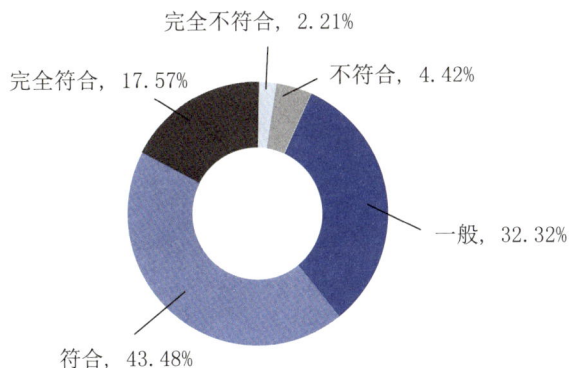

图 4-16 幼儿园教师利用互联网支持幼儿自评和互评的调查情况

据表明，超过六成的教师利用了互联网技术对幼儿进行发展评价，体现了幼儿发展评价的数字化、科学化趋势。作为幼儿园课程与教学中的热点和难点，幼儿发展评价往往是许多教师感到困难的工作。信息技术在评价数据的记录、汇总梳理、分享和无感采集以及快速精确分析等方面有着传统方式无法比拟的优势，特别是相关的集成化的幼儿发展评价系统的开发和推出，有力推动了幼儿发展评价的变革。教师可以进一步利用评价系统、各种小工具等开展幼儿发展评价；同时在评价中也要避免唯技术化。

二、互联网学习数据能够及时反馈幼儿学习效果，帮助教师调整教学策略

对幼儿园教师"批判性地分析与解释互联网学习数据，将其作为调整教学策略的依据"的调查情况表明，58.90% 的教师表示符合或完全符合，33.99% 的教师表示一般，7.11% 的教师表示不符合或完全不符合，如图 4-17 所示。

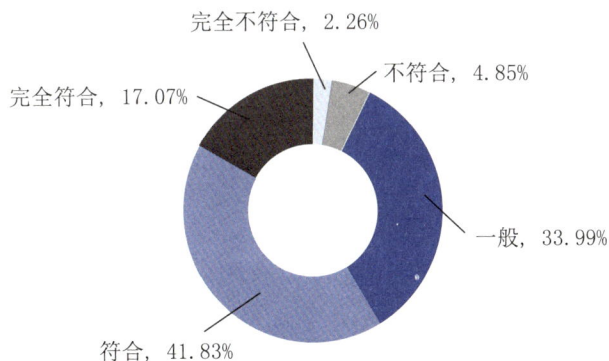

图 4-17 幼儿园教师将互联网学习数据作为调整教学策略依据的调查情况

同时，对幼儿园教师"结合互联网学习数据，为幼儿提供学习反馈"的调查情况表明，62.10% 的教师表示完全符合或符合，31.71% 的教师表示一般，6.19% 的教师表示不符合或完全不符合，如图 4-18 所示。

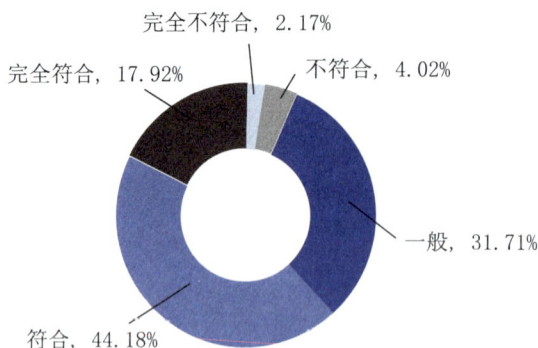

图 4-18 幼儿园教师用互联网学习数据为幼儿提供学习反馈的调查情况

一些学习软件可以自动记录幼儿的学习数据，这些数据是真实客观且过程性的，具有很高的使用价值和分析价值。从调查数据可以看出，已经有六成以上的教师开始使用这些数据对幼儿学习进行反馈，并且分析这些数据以便调整自身教学策略。一方面，通过技术来自动生成并自动发送学习的时长、学习习惯、简单的对错判断等学习结果的反馈；另一方面，对于学习的总体情况、倾向性、问题等的深入分析，可能需要教师更多的专业能力的支持。

4.1.6 专业发展能力

专业发展能力包括教师对互联网教学实践的反思改进、利用互联网促进自我专业发展以及增强与其他教育工作者的交流合作能力等。

一、教师有意识地改进互联网教学质量

对幼儿园教师"通过评估与反思来改进自身的互联网教学实践"的调查情况表明，61.53%（其中完全符合 17.90%，符合 43.63%）的教师认为可以做到，31.94% 的教师表示一般，4.17% 和 2.36% 的教师表示不符合和完全不符合，如图 4-19 所示。通过以上调查表明，六成多的教师能够有意识地主动改进自身的互联网教学实践。

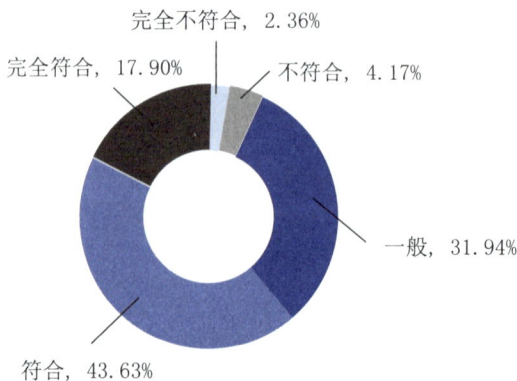

图 4-19 幼儿园教师通过评估与反思来改进自身的互联网教学实践的调查情况

二、丰富多样的优质网络资源助力教师专业发展

对教师"能利用网络资源与课程持续促进自身专业发展"的调查情况表明，有 63.59%（其中完全符合 19.18%，符合 44.41%）的教师表示完全符合或符合，30.42% 的教师表示一般，3.64% 和 2.35% 的教师表示不符合或完全不符合，如图 4-20 所示。以上数据表明，超过六成的教师能够利用网络资源与课程持续促进自身专业发展。这得益于我国国家数字教育资源公共服务体系的不断发展和完善，教育资源公共服务均等化、普惠化、便捷化水平不断提升，而且各类网络云平台提供了丰富多样的优质专题教育资源供教师参考与学习。

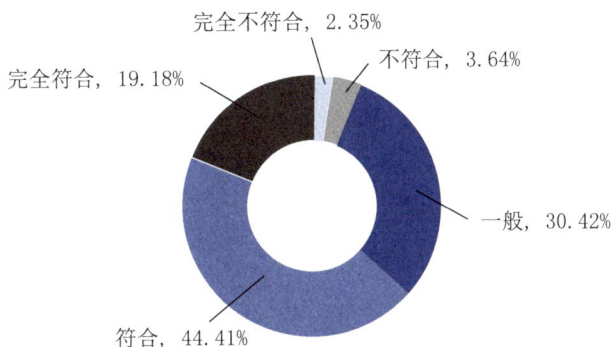

图 4-20　幼儿园教师利用网络资源与课程持续促进自身专业发展的调查情况

三、互联网增加了教育工作者之间交流合作与经验分享的机会

对教师"利用互联网加强与其他教育工作者的交流合作、经验分享"的调查情况表明，有 63.21%（其中完全符合 19.18%，符合 44.03%）的教师表示完全符合或符合，30.92% 的教师表示一般，3.46% 和 2.41% 的教师表示不符合或完全不符合，如图 4-21 所示。以上数据表明，超过六成的教师能够利用互联网加强与其他教育工作者的交流合作、经验分享。互联网具有开放性和共享性，专家、教师与学习者可以通过多种方式进行无障碍沟通，教师之间也可相互协作，帮助教师更好地组织自己的教学思路，提升教学能力。

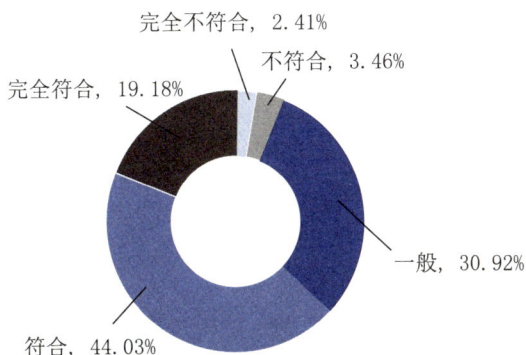

图 4-21　幼儿园教师利用互联网加强与其他教育工作者的交流合作、经验分享的调查情况

4.2　幼儿园教师互联网教学应用能力

幼儿园教师互联网教学应用能力是指教师在幼儿学习活动中应用互联网的意愿、策略与效果，它主要体现在四个方面：一是应用意愿，主要是指教师利用互联网对幼儿进行教学的意愿；二是应用频率，主要是指教师使用互联网对幼儿进行教学的频率；三是应用方式，主要是指教师利用互联网开展多种类型的幼儿教学活动；四是应用效果，主要是指教师利用互联网对幼儿进行教学达成的学习效果。

4.2.1　应用意愿

整体情况表明，学前教育教师开展互联网教学的意愿较高。如图 4-22 所示，对幼儿园教师对开展互联网教学的意愿的调查情况显示，学前教育领域教师对开展互联网学习持愿意或完全愿意态度的占 66.44%，一般的占 28.43%，持不愿意或完全不愿意态度的占 5.13%。信息化背景下，互联网技术为当前幼儿园课堂教学提供了大量的信息资源。在这种条件下，幼儿园教师可以充分利用互联网技术为幼儿教学带来的便利条件，不断深化改革幼儿教学方式和教学内容，为幼儿全方面发展奠定坚实基础。作为教师，要抓住时机，将互联网技术与学前教育充分融合，为幼儿营造良好的学习氛围。

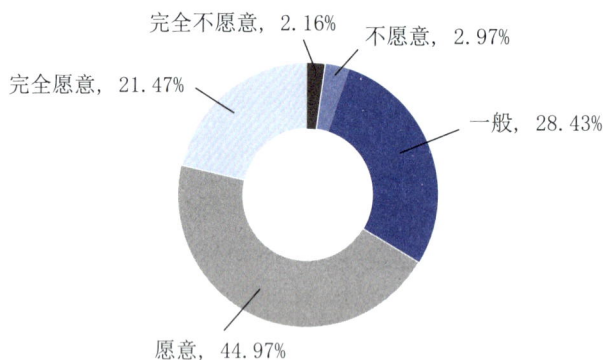

完全不愿意，2.16%　　不愿意，2.97%
完全愿意，21.47%　　一般，28.43%
愿意，44.97%

图 4-22　幼儿园教师开展互联网教学的意愿的调查情况

4.2.2　应用频率

本次调查的结果表明，首先，超六成的学前教育教师经常使用互联网资源和工具。如图 4-23 所示，对"教师在教学活动中经常利用互联网提供的资源和工具"的调研情况显示，教师经常利用互联网提供的资源和工具（符合或完全符合）的占 66.38%，一般的占 28.12%，不经常利用（不符合或完全不符合）的占 5.50%。随着政策、法规和标准的制定及信息化工作的不断深入，当前我国学前教育信息化已取得一定的成效，集中表现为：积极建设学前教育优质数字化教育资源；利用信息技术建设学前教育资源平台、管理平台；加强各区域、幼儿园之间的资源共享与互动交流等。总体来说，大部分教师能够在互联网上方便快捷地获取相应的教学资源和工具。但部分教师还未能经常开展互联网教学，一方面需要提高教师的信息化素养水平，另一方面需要加强配套的信息化环境建设。

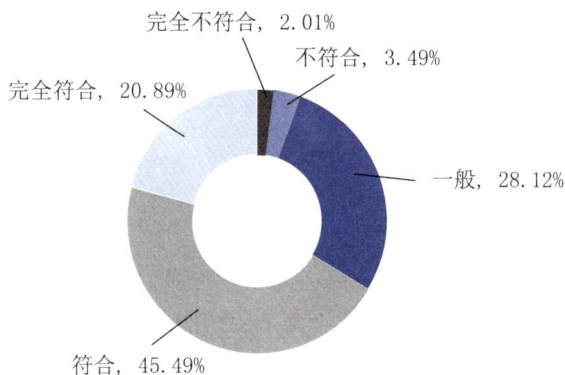

图 4-23　幼儿园教师在教学活动中经常利用互联网提供的资源和工具的调查情况

其次，幼儿园教师主要利用互联网开展现场教学。如图 4-24 所示，对幼儿园教师利用互联网开展教学模式的调查情况显示，64.08% 的教师开展过现场教学，56.00% 的教师开展过在线家园共育，54.59% 的教师开展过线上线下混合式教学，36.62% 的教师开展过线上直播教学。从数据来看，教师对互联网教学的主要使用方式是现场教学，其次是开展在线家园共育。

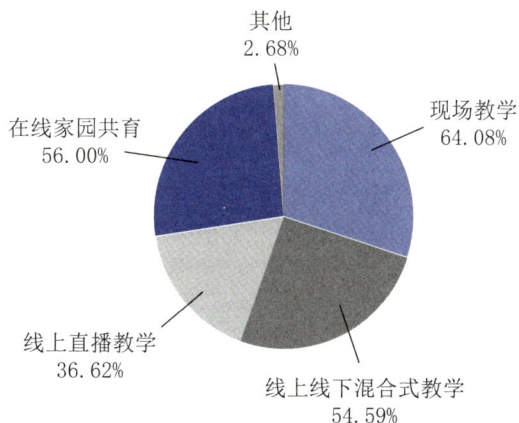

图 4-24　幼儿园教师利用互联网开展教学模式的调查情况

4.2.3 应用方式

首先，超半数的幼儿园教师能够在互联网教学上投入充足的时间。对幼儿园教师在互联网教学内容与活动的设计上投入时间的调查情况显示（图 4-25），符合或完全符合的教师占 58.11%，一般的占 34.33%，不符合或完全不符合的占 7.56%。

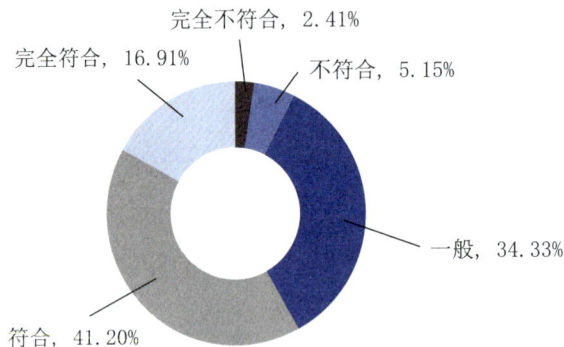

图 4-25　幼儿园教师在互联网教学内容与活动的设计上投入时间的调查情况

其次，幼儿园教师基于互联网开展的教学活动朝多元化发展。信息技术的发展大力促进了幼儿园课堂教育工作的开展。幼儿园教师能够利用互联网技术分享学习资源、发布学习任务、管理幼儿档案、开展家园共育活动等。如图 4-26 所示，对幼儿园教师在利用互联网开展教学活动的综合得分的调查发现，排名第一的是分享学习资源，其次是发布学习任务，然后是组织幼儿交流讨论。可以发现，互联网技术在学前教育领域的应用主要是作为课堂教学辅助工具。

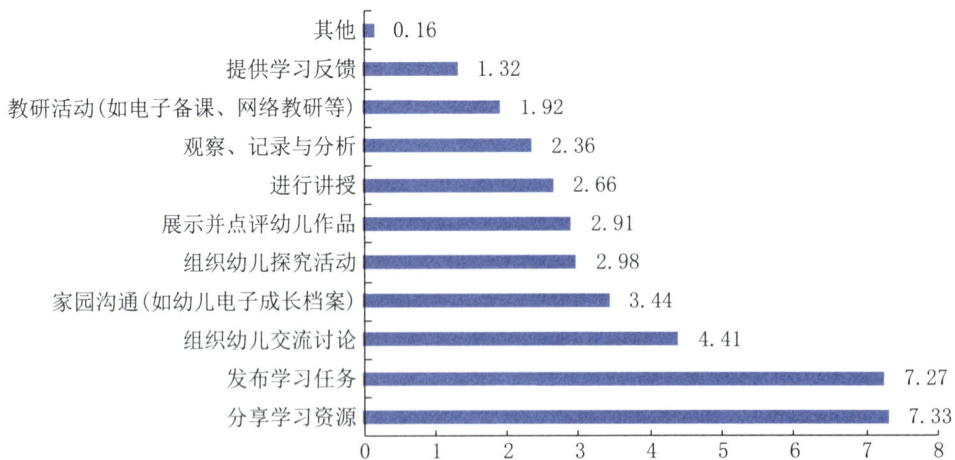

图 4-26　幼儿园教师在利用互联网开展教学活动的综合得分 ①

---

① 综合得分 =（∑ 频数 × 权值）/ 本题填写人次；首位选项的权值为 11，末尾选项的权值为 1。

例如，模拟仿真技术利用幼儿喜爱动画的特点，使幼儿可以在课堂学习中随着视频中动画的指引对课本书籍自主进行探索。除了在课堂中使用互联网技术，教师还可以在课前利用互联网技术进行教研活动或家长沟通等。总的来说，幼儿园教师基于互联网开展的教学活动呈多元化发展。

4.2.4 应用效果

如图 4-27 所示，超六成的教师对互联网教学持满意态度。对幼儿园教师对互联网教学效果的满意情况的调查发现，满意或非常满意的教师占 61.60%，一般的占 32.70%，不满意或非常不满意的占 5.70%。可以发现，大部分教师对互联网教学效果持满意态度。但值得注意的是，仍有 5.70% 的教师不满意互联网教学效果。未来需要关注这部分教师对互联网教学效果持不满意态度的原因所在，及时解决关键问题，加强学前教育信息化建设中薄弱环节的建设。

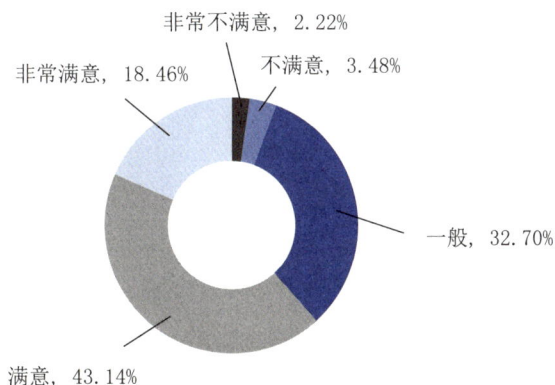

图 4-27 幼儿园的教师对互联网教学效果的满意情况

4.3 幼儿园教师互联网教学支持

教师所获得的互联网教学支持主要体现在三个方面：一是活动参与，主要关注教师是否有充分机会与足够时间持续参与互联网教学专业发展活动；二是活动效果，主要关注互联网教学专业发展活动对改进教师互联网教学、促进经验积累与实践反思的作用；三是共同体建设，主要关注教师互联网教学能够获得来自专业发展共同体的支持情况。

4.3.1 参与情况

教师对参与互联网教学相关能力提升活动的需求提高。对教师有机会参与互联网教学相关能力提升活动的调查情况表明，56.72%（完全符合及符合）的教师表示经常有机会参与互联网教学相关的能力提升，34.06% 的受访者表示一般，9.22%（不符合及完全不符合）的教师表示没有机会参与，如图 4-28 所示。对比 2021 年，2023 年呈现两极分化趋势，认为符合和不符合的教师人数都在增多，而持中立态度的教师在减少。

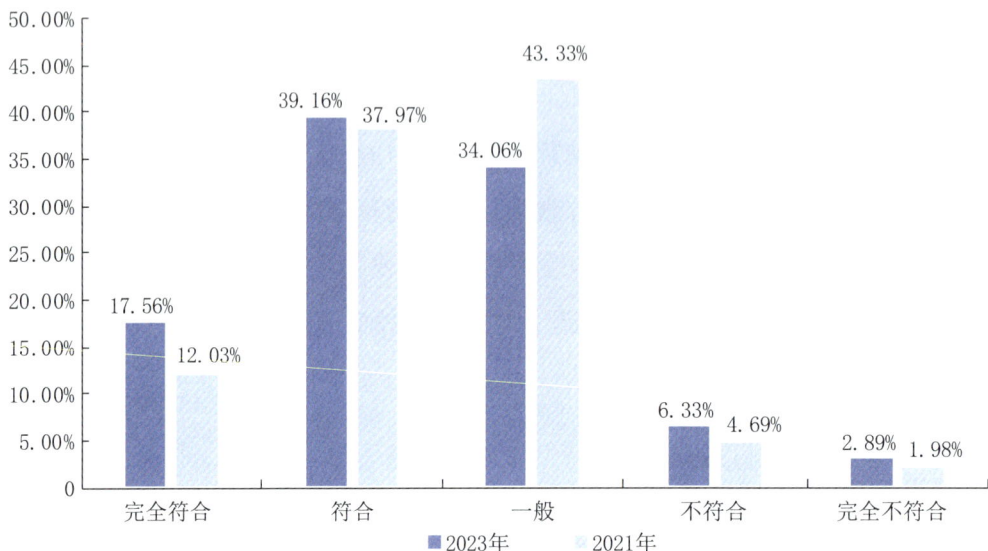

图 4-28　2021 年和 2023 年教师有机会参与互联网教学相关能力提升活动的调查情况

2022 年，教育部等八部门印发的《新时代基础教育强师计划》提出，到 2035 年，适应教育现代化和建成教育强国要求，构建开放、协同、联动的高水平教师教育体系，教师思想政治素质、师德修养、教育教学能力和信息技术应用能力建设显著加强。同时，要求优化培训内容、打造高水平课程资源，建立完善自主选学机制和精准帮扶机制，创新线上线下混合式研修模式，提升中小学教师的信息技术应用能力和科学素养。在这一背景下，教师自身对信息化能力提升的需求也有所提高，提示各级教育管理部门需要为教师创设更多能提升互联网教学能力的活动和实践机会。

教师参与互联网教学相关能力提升活动的时间有所改善。如图 4-29 所示，对教师"有足够的时间参与互联网教学相关能力提升活动"的调查情况表明，有 53.06%（完全符合及符合）的教师有足够时间参与互联网教学相关能力提升活动，37.16% 的教师表示一般，9.78%（不符合及完全不符合）的教师觉得时间不够充足。对比 2021 年的 41.71%，教师认可有足够时间参与互联网教学相关能力提升活动的占比提高了 11.35%，有显著提升。这也进一步反映了幼儿园越来越重视提升教师互联网教学能力，愿意给教师更多的时间支持其参加相关的活动。

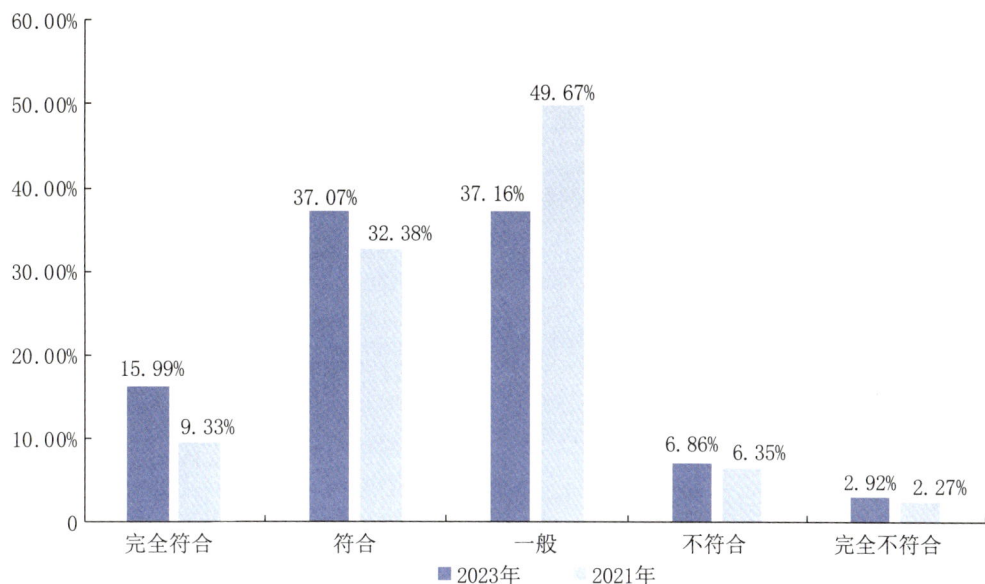

图 4-29　2021 年和 2023 年教师有足够时间参与互联网教学相关能力提升活动的调查情况

4.3.2　效果分析

超半数教师认为参加互联网教学能力提升活动能改进教学和引发思考。如图 4-30 所示，对教师所参加的能力提升活动对其改进互联网教学成效的调查情况表明，57.50%（完全符合及符合）的教师认为互联网教学能力提升活动为他们提供了有效的教学改进建议与策略，34.77% 的教师表示一般，仍有 7.73%（不符合及完全不符合）的教师认为互联网教学能力提升活动对自身改进教学的活动效果不尽如人意。对比 2021 年的调查情况来看，教师总体认可度有小幅提升，增长了 6.08%。

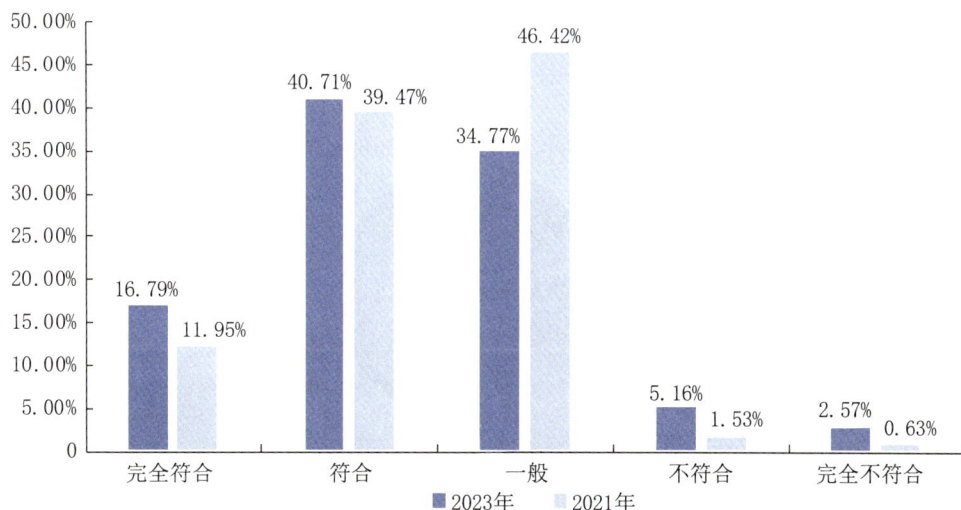

图 4-30　2021 年和 2023 年教师所参加的能力提升活动对其改进互联网教学成效的调查情况

如图 4-31 所示，对教师参加能力提升活动引发探究与反思的调查情况表明，64.17%（完全符合及符合）的幼儿园教师认为活动引发了他们对自身互联网教学实践的探究与反思，30.48% 的教师表示一般，但仍有 5.35%（不符合及完全不符合）的教师感到未达到相应的效果。对比 2021 年的调查情况来看，教师总体认可度有较大幅度提升，增长了 11.04%。

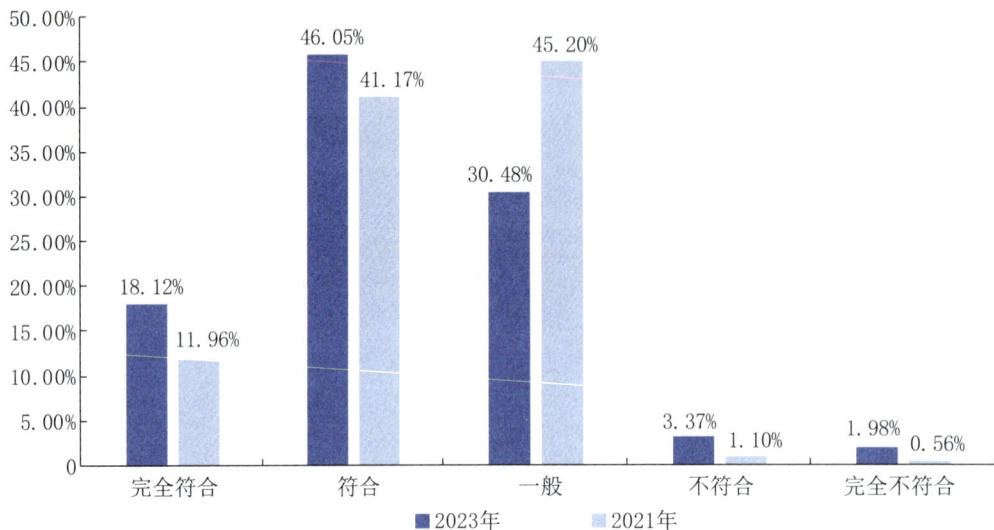

图 4-31　2021 年和 2023 年教师参加能力提升活动引发探究与反思的调查情况

从以上数据对比来看，认同参加互联网学习能力提升活动能引发思考与反思的教师要多于认为对自己的教学有改进作用的教师。就这一现象，我们从另一个针对教师每年参加互联网教学相关培训频率的调查情况可以看到，每年参加 3 次及以上互联网教学相关培训活动的教师仅占 35.86%，而 44.57% 的教师只参加过 1—2 次相关培训活动，如图 4-32 所示。总体而言，参与活动的频率偏低，且更多是宏观偏理论化的内容，因此能给到教师启发，但是由于缺少更多结合实际工作的实践探讨，所以改进力有限。

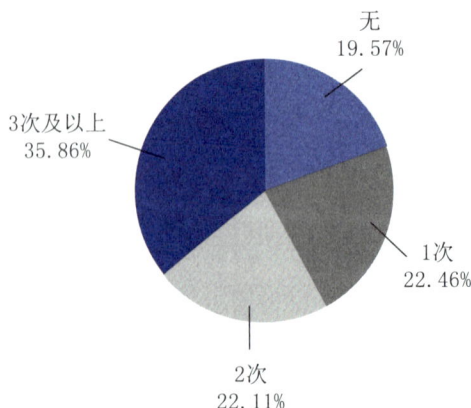

图 4-32　教师每年参加互联网教学相关培训频率的调查情况

在制订培训内容时，我们应当在考虑整体架构的基础上，更多地从园所和教师的实际学习需求出发，注重培训的实用性和针对性。这意味着要依据教师各自的特定问题和需求来进行定制化培训。此外，我们还应该增加互联网教学的培训次数，以此扩大教师参与培训的范围。通过这样的做法，我们能更有效地推动教育的变革和与信息技术的融合。

4.3.3 共同体建设

"互联网＋教师学习共同体"是基于互联网构建的一个专注于教师学习的组织，成员们共享学习愿景和目标，并建立起相互依赖的关系。在这个共同体里，成员们通过围绕问题的沟通、合作和共享，促进彼此的成长。在"互联网＋教育"的时代背景下，教师作为知识传递者，需要不断更新自己的知识和技能。通过参与这样的专业共同体，教师可以不断丰富自己的学习及教学经验。

对教师在互联网教学探索得到专业共同体的支持的调查情况表明，57.08%（完全符合及符合）的教师表示在进行互联网教学探索时得到了专业共同体的支持，34.96% 的教师表示一般，7.96%（不符合及完全不符合）的教师表示未得到相应的支持，如图 4-33 所示。这一调查情况对比 2021 年来说，并未有较大提升，反而认为没有得到相应支持的教师比例有所增加，这可能也和教师参加互联网学习能力提升活动频率较低、活动形式单一有关。这表明教师期望能在互联网教学探索中得到专业共同体更多的支持。

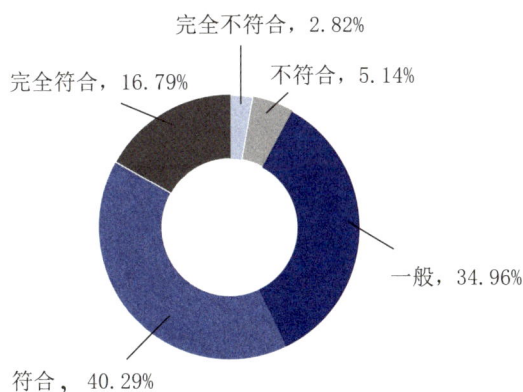

完全不符合，2.82%
不符合，5.14%
完全符合，16.79%
一般，34.96%
符合，40.29%

图 4-33　教师在互联网教学探索得到专业共同体的支持的调查情况

4.4 幼儿园教师互联网教学环境

互联网教学环境的构建主要体现在资源和技术两个关键方面。在资源层面，重点是教师能否访问到丰富而高质量的教学资源，以及国家资源库的建设和利用情况；技术方面，则侧重于幼儿园技术工具的应用和更新，以及互联网教学的基础设施和平台软件是否能够支持多样化的教学活动。

调查结果显示，2023 年学前教育领域互联网教学环境发展水平指数总均分为 3.72。从分项来看（如图 4-34 所示），资源环境指数得分为 3.73，技术环境指数得分为 3.70。与 2021 年相比，2023 年幼儿园互联网教学资源和技术环境水平均有所提高。

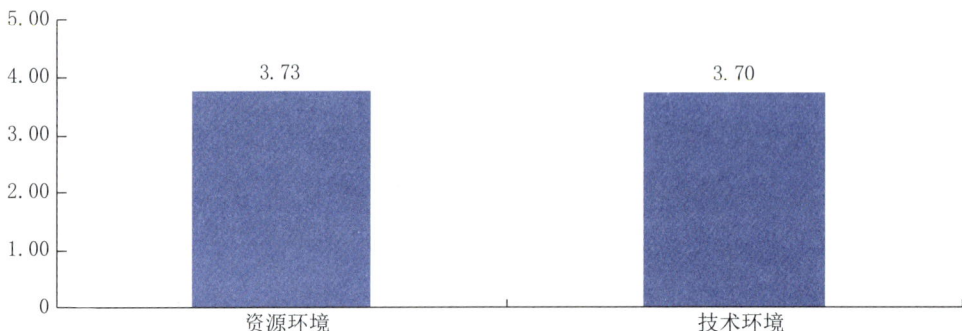

图 4-34 幼儿园教师的互联网教学环境指数（总分 5 分）

4.4.1 教学资源环境

2023 年度围绕教师获得互联网教学资源和渠道情况开展教学资源环境调查。

一、教师可获得需要的互联网教学资源，但是资源质量仍有待提高

根据调查，对于"在过去一年中，您可选择的互联网教学资源是否有所增加"这一问题，63.26% 的教师认为增加了，31.02% 的教师觉得一般，而 5.72% 的教师认为没有增加。

值得注意的是，党的二十大报告首次提出了"推进教育数字化"的目标，并在强调"办好人民满意的教育"的同时，明确了"推进教育数字化，建设全民终身学习的学习型社会、学习型大国"的重要性。教育部积极回应，坚定不移地贯彻习近平总书记关于教育及数字中国的重要论述和指示，全面推进国家教育数字化战略行动。

2022 年 3 月 28 日，国家智慧教育公共服务平台正式启动。目前，许多地区已经开始将国家平台资源的常规应用和发展作为学校教育和教学管理的基础性要求。从最新的调查结果来看，教师对于利用国家平台资源表现出了较高的积极性。

另外，教师应善于将互联网资源应用于幼儿教育中。在数字化时代背景下，我国日益增加对儿童编程教育的重视。2017 年，国务院发布了《新一代人工智能发展规划》，提出了在中小学设置人工智能相关课程和建设人工智能学科的目标。教育部在《2019 年教育信息化和网络安全工作要点》中也强调了编程教育的逐步推广。编程教育培养的计算思维，被国际学术界广泛认为是未来每个人必须具备的一种基本素养。这种素养不仅限于计算机科学家，而且被视为一种文化基石，有助于提升人们的阅读、写作和算术能力。因此，教师在利用互联网资源时，应考虑如何将这些资源与编程教育以及儿童的计算思维培养相结合，以进一步提高儿童的数学和科学技能，促进他们的综合能力发展，为他们未来的成长打下坚实的基础。

二、国家教育资源公共服务平台是教师获取资源的主要渠道，缩小了地区差异

调查数据显示（图 4-35），国家教育资源公共服务平台是教师们最常使用的资源平台，占比高达 71.86%。此外，幼儿园购买的资源平台占 55.64%，市级教育资源公共服务平台（或教育云平台）占 52.86%，省级教育资源公共服务平台占 44.16%，其他占 5.26%。由此可见，国家和各级地区政府提供的资源公共服务平台已经成为教师获取互联网教学资源的主要渠道。

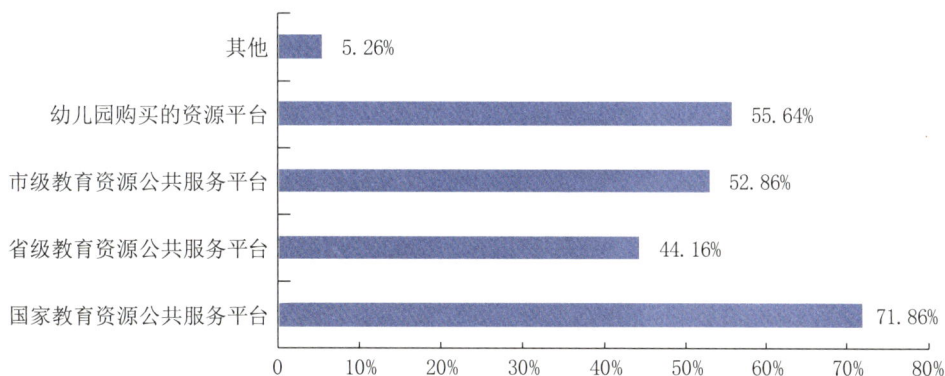

图 4-35 "您通常获取资源的平台是"的调查情况

调查结果显示，87.28% 的教师将网络搜索作为获取资源的首选方式。此外，当问及是否曾为互联网教学资源付费时，43.48% 的教师表示他们愿意为高质量的教学资源支付费用。这些数据明确表明，互联网已成为教师获取教学资源的主渠道，且教师愿意投资优质的网络教学资源。

2022 年 3 月 28 日，国家智慧教育公共服务平台的正式上线标志着一个重要的进展。许多地区已经将该平台资源的常态化应用和发展纳入学校教育教学管理的核心要求中。调查显示，教师对使用国家资源平台表现出了高度的积极性。至今，国家教育资源公共服务平台已成为幼儿园教师获取互联网教学资源的主流途径。截至 2023 年 9 月，该平台已服务于 1 880 万教师、2.93 亿在校生以及广大社会学习者，覆盖全球 200 多个国家和地区，总访问量超过 330 亿次，

访客量超过 22 亿人次。

2022 年 9 月 9 日，教育部部长怀进鹏在一次新闻发布会上宣布，试点范围已覆盖全国 31 个省（区、市）及新疆生产建设兵团，成功构建了世界上最大的教育资源数字化中心和服务平台。此外，国家通过积极推进西部大开发、"一带一路"经济带建设、振兴东北、粤港澳大湾区建设等基础设施项目，有效缩小了中西部地区在经济、教育、社会发展上的差距。通过集中建设国家级、省市级资源共享平台，让资源获取不再受时空限制，有助于教师更便捷地获取资源，减少了各地区教师在互联网学习环境上的差异。

国家智慧教育公共服务平台的成功上线和广泛应用，不仅证明了公共教育资源服务平台已成为教师获取教学资源的主要渠道，而且国家层面的积极推动和资源共享平台的建设，有效缩小了地区之间在教育资源获取方面的差异。这一进展标志着我国在实现教育公平和促进教育资源均衡发展方面迈出了重要一步，为所有地区的教师和学生提供了平等的学习机会，进一步促进了教育的整体提升。

4.4.2 教学技术环境

教学技术环境调查主要围绕教师使用互联网设备的种类、场所以及教师开展互联网教学的障碍和促进措施等方面开展。

一、移动设备支持教师开展互联网教学活动，互联网教学支持设备向多元化发展

随着信息技术的不断进步，教育界正经历前所未有的变革，数字化转型正在改变教育理念和教学模式。2018 年，《教育信息化 2.0 行动计划》的发布强调了技术与教育深度融合的重要性，旨在推动创新应用。尽管在幼儿园阶段，移动设备如智能手机普及率较高（如图 4-36 所示），但其他互联网教学支持设备的应用仍有待加强。这提示我们需要进一步强化幼儿园的设备更新和互联网教学支持。

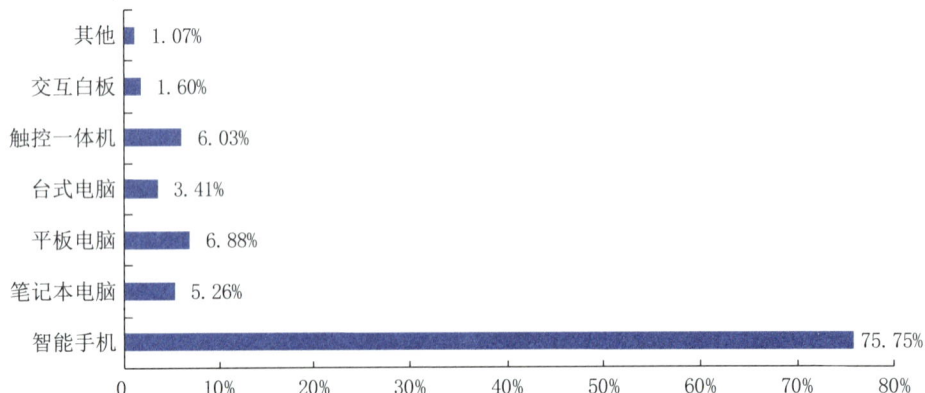

图 4-36 "您常用的互联网教学设备主要有"的调查情况

后疫情时代，教育场景的线上与线下转换加强了教育技术设备向多元化发展的趋势。2023年，随着ChatGPT4.0等AI技术的问世，国内科技公司在技术创新方面取得显著进展，突破了国际技术制约。这要求我们以发展的视角审视互联网教学设备的应用情况，认识到AI软件在教育领域提供个性化支持、提升教学有效性的潜力。

尽管AI技术的应用面临一些挑战，如部分教师对AI的误解和缺乏实践经验，但这也凸显了加强教师信息技术培训的重要性。通过深入了解AI应用方法和场景，例如组织AI互助体验营，可以有效提升教师的信息素养，促进教育技术的有效融合和应用。

关于"您开展互联网教学的场所主要是"的调查显示，班级活动室是首选场所，占比达到33.22%。其次是家中，占比为30.55%。其他一些场所如多功能活动室（5.44%）、幼儿园任何地方（17.26%），以及没有合适的场所（10.83%）也有一定的占比。另外，还有2.70%的教师选择了其他场所进行互联网教学。（如图4-37）

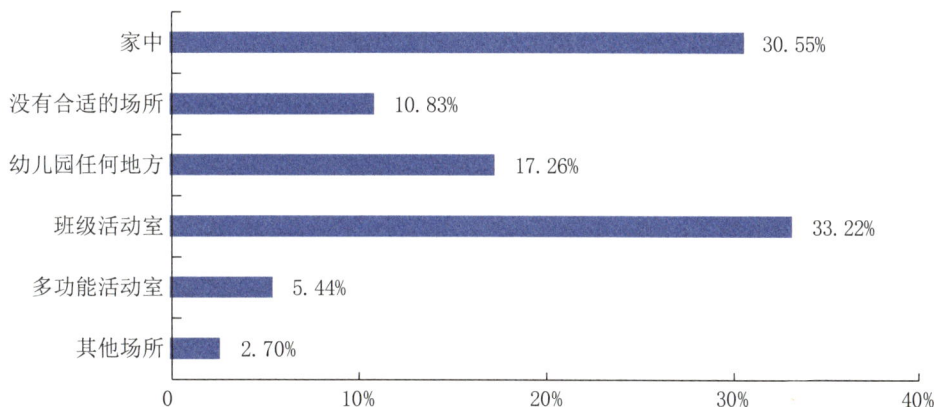

图4-37 "您开展互联网教学的场所主要是"的调查情况

在互联网教学中，班级活动室发挥着关键作用。教师能够运用他们的能力，从活动室的设备中筛选出适合幼儿年龄段和教学需求的数字资源，并有效地使用它们。例如，通过互动演示软件等工具，教师可以使用3D模型动画帮助幼儿直观理解人体器官和植物生长等知识点。在户外活动中，运动手环的数据（如心率、活动强度和运动密度）可以帮助教师评估运动环境的适宜性、幼儿的运动量，以及是否特别关注到体质较弱或肥胖的幼儿。通过这些数据，教师能够更准确地了解幼儿的身体状况，调整运动计划，逐步培养出适合他们个体需求的健康运动习惯，从而提高运动活动的质量和效果。

在幼儿园，多样的技术支持使得互联网教学更加丰富和有效。教师可以设计和创建数字学习资源，例如使用希沃白板制作富有互动性和趣味性的电子课件。通过整合互联网教学设备、数字资源和技术，教师能够设计出更优质的课程。利用AR、VR等虚拟技术，可以为幼儿提供沉浸式的学习体验。同时，借助 AI 视觉识别技术，教师可以实时记录和分析幼儿的语言表达和社交互动，更好地了解和记录幼儿在不同情境下的表现。通过智能可穿戴设备和 AI 技术，教师可以收集幼儿的生命体征、运动发展和语言发展数据，逐步构建每个幼儿的多模态数据集，使用 AI 技术支持对幼儿的了解、评估和教学。

二、幼儿园多种举措促进互联网教学，但是对技术环境提升投入不足

幼儿园采取了多种措施来促进互联网教学的应用，但对技术环境的提升投入似乎不足，同时教师的信息素养有待提升。如图 4-38 所示，对"您所在的幼儿园关于互联网教学采取的促进措施主要有"的调查显示，园内经常组织关于互联网教学的培训、交流或观摩活动的占比高达 64.55%。另外，有 58.76% 的幼儿园鼓励教师外出参加各类与互联网教学相关的培训或研讨交流活动。此外，55.28% 的幼儿园出台了专门政策，鼓励教师利用互联网开展教学，如绩效考评、评优选先等。然而，只有 44.75% 的幼儿园为开展互联网教学提供了大量资源供教师免费使用。另外，41.01% 的幼儿园重视网络环境建设，为教师开展基于互联网的教学提供便利。而重视硬件配备，为教师提供了较为完善的设备支持的幼儿园占比为 36.92%。

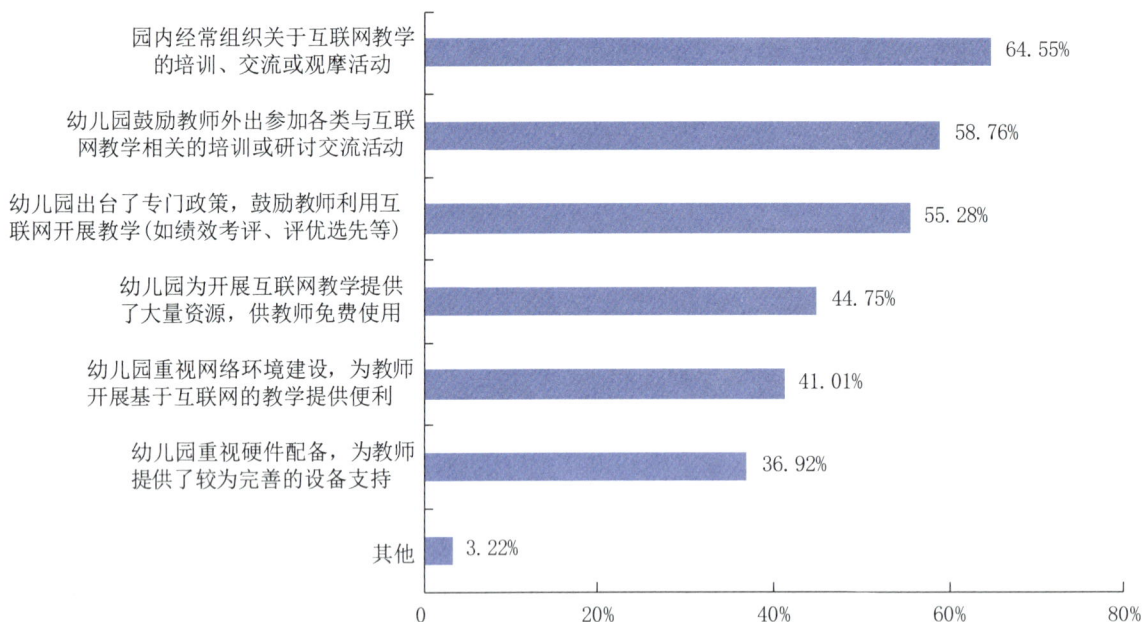

图 4-38 "您所在的幼儿园关于互联网教学采取的促进措施主要有"的调查情况

尽管幼儿园在多个方面采取了措施来促进互联网教学的应用，但在技术环境的提升投入上还有待加强。

在数字技术迅速发展的今天，越来越多的机构正致力于提高互联网教学的质量。2022 年 6 月，上海学前教育学院（上海师范大学学前教育学院）成立了学前教育数字化转型研究中心，

旨在促进数字技术与学前教育领域的交叉研究，并力图在国际上取得领先的研究成果。自成立以来，该中心在儿童数字游戏、远程家园合作、技术赋能的教师教育、数字化转型政策以及学前教育的技术理论框架和哲学范式等多个领域开展了丰富的研究工作，为幼儿园技术环境的建设提供了坚实的理论基础。

在更具体的操作层面，教师也可以借助现有的设备和数字技术来优化互联网教学。例如，通过将数字技术整合进活动评估中，教师能够解读评估数据并据此优化教学内容。利用无感技术收集幼儿在活动中的实时心率、活动强度和活动范围等数据，教师能够准确分析幼儿的运动发展水平，并据此调整运动活动计划，以更好地促进幼儿的身体发展。

然而，调查显示，教师在当前"互联网 +"环境下开展教学仍面临一些障碍。其中，网络环境不稳定是互联网教学的主要障碍，占比高达 57.94%。其他障碍包括无法快速找到想要的资源（11.64%）、自己的技术应用能力弱（8.15%）、工具平台不好用（8.25%）、难以获得及时的技术支持（2.96%）、不知如何组织互联网教学（1.30%）、应用互联网开展教学的效果不理想（1.35%）、教师教学任务重（1.28%）、缺少相应的激励制度（0.76%）、家长不支持（0.67%）等。没有困难占 1.97%，幼儿园不支持占 0.52%，如图 4-39 所示。

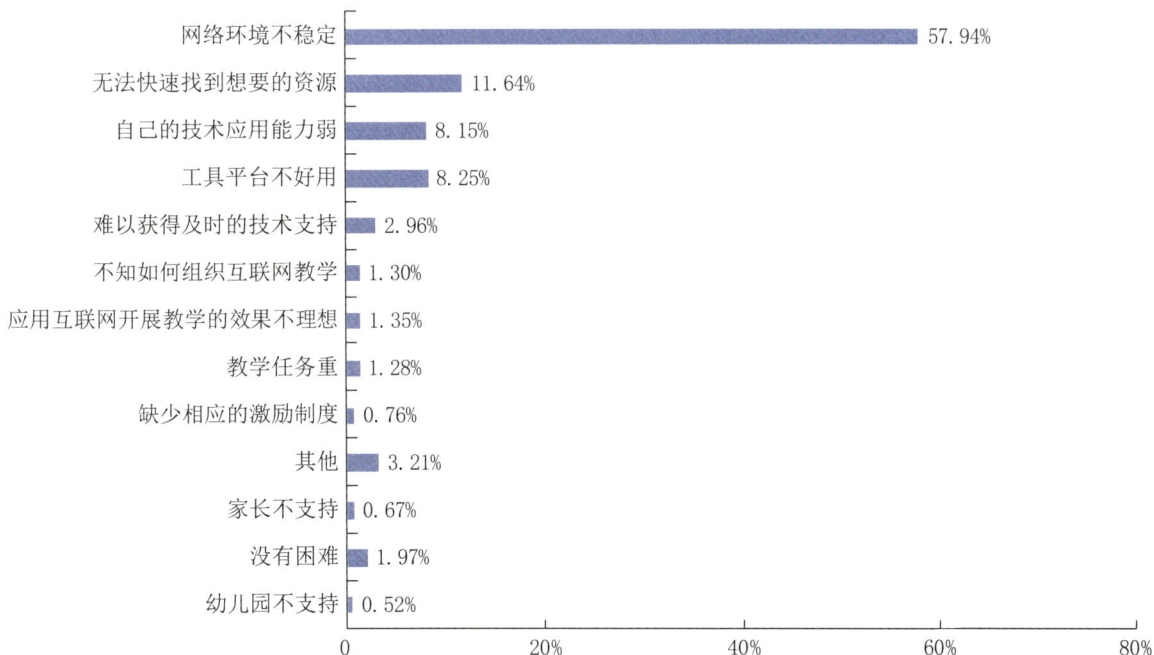

图 4-39 "您在当前'互联网 +'环境下开展教学遇到的障碍"的调查情况

综上所述，尽管有越来越多的组织机构支持互联网教学质量提升，但在实际应用中仍面临诸多障碍和挑战。

从上述调查结果中可以看出，教师在资源相关方面的困难比例有所下降，从 2021 年的 16.22% 降至 2023 年的 11.64%，但对于网络环境稳定性的需求则上升了 10 余个百分点。教师在开展互联网教学过程中面临的主要障碍包括网络环境、资源、工具平台以及相应的技术支持，这些障碍合计占比高达 88.94%。幼儿园为促进互联网教学采取的主要手段包括组织内部和外部的交流培训以及制定激励政策，这些手段的应用比例均超过 50%。然而，在资源、设备和网络环境方面的支持相对较少。

4.5 小结

与 2021 年相比，2023 年幼儿园教师的互联网教学能力有所提升。尽管大部分教师能够熟练使用多种互联网教学工具和设备，但仍有部分教师需要更多的技术培训和指导，以增强解决互联网教学问题的能力。此外，幼儿园教师尽管在整合互联网教学资源方面表现出较强的能力，但在原创和改编教学资源方面相对较弱，同时也需要进一步提高知识产权意识。调查还发现，超过六成的教师能够利用互联网开展多样化的教学活动，并加强师生、幼幼之间的互动交流。互联网技术不仅丰富了幼儿获取学习资源的渠道和类型，满足了个性化学习需求，还激发了深度学习的兴趣。在学习评价方面，教师能够充分利用信息技术对幼儿发展进行多元化、数字化和科学化的评估和评价。在专业发展方面，教师主动利用多样的优质互联网资源，并通过沟通和交流提高自身的互联网教学质量。

在幼儿园教师互联网教学应用方面，主要表现在应用意愿、频率、方式和效果四个方面。调查发现，超过 60% 的教师愿意开展互联网教学，且大部分教师能够频繁地利用互联网资源和工具进行教学，主要采用现场教学的形式。幼儿园教师能够通过互联网技术分享学习资源、发布学习任务、管理幼儿档案和开展家园共育等活动，大多数教师对互联网教学效果表示满意。

互联网教学支持服务主要包括教师专业发展支持和学龄前儿童学习支持服务。对于教师专业发展，支持体现在活动参与、活动效果和共同体建设三个方面。调查显示，超过半数的教师有机会参与互联网教学能力提升活动，并有足够时间参与。这些活动不仅取得了良好的效果，让超过半数的教师认为它们为改进互联网教学提供了有益的建议和反馈，而且还激发了教师对互联网教学实践的探究和反思。此外，大多数教师在探索互联网教学过程中，经常能够得到专业共同体的支持。然而，与 2021 年的数据相比，教师对这三个方面的认可度呈现出明显的两极分化，表明互联网教学的深入虽然对教师专业发展的支持日益增强，但教师对专业发展支持的需求也在不断增长。

在数字技术飞速发展的背景下，互联网教学环境的质量显著提升，这得益于资源和技术两方面的进步。特别是在 2023 年，我们见证了幼儿园互联网教学资源和技术环境的显著提高，这与近年来相关政策的推动密切相关。2019 年 2 月，中共中央和国务院发布了《中国教育现代化 2035》，强调加速教育信息化时代的变革和创新型教师队伍的建设。随后，我国陆续推出了一系列政策文件，旨在将人工智能等数字技术与教师队伍建设相结合，推动教师专业能力和信息技术应用能力的双重提升，并构建教师数字素养发展的新机制。2022 年 11 月 30 日，教育部发布了《教师数字素养》教育行业标准，明确了教师数字素养的概念和五维度指标，为教师数字素养发展指明了方向，强调了在数字时代，高水平的教师数字素养对于培养学生数字素养和高素质人才的重要性。因此，提升教师数字素养成为我国教师专业发展和队伍建设的一项重要任务。

第五章

CHAPTER 5

学前教育领域互联网学习关键问题
与发展趋势

5.1　互联网学习能力的关键问题和发展趋势

5.1.1　互联网学习能力的关键问题

一、幼儿互联网应用能力迅速提升导致网络安全风险随之增加

2023 年的数据显示，幼儿的互联网学习能力提升迅速，然而，随着幼儿互联网检索能力的提升，他们能够接触到更广泛的信息和资源，这可能带来一些安全问题。比如，幼儿无法有效辨识检索内容。受认知和判断能力的限制，幼儿对于自己检索到的互联网内容，是无法分辨和筛选哪些是自己需要的资源，哪些是无用或不利的内容。对检索到的内容常常处于被动全盘接收状态。学龄前儿童具有好奇、好模仿的年龄特点，部分包含暴力、恐怖、血腥甚至成人内容，也许会引发幼儿的无意识模仿，让幼儿产生内心恐惧而引发心理健康问题，或可能成为幼儿不良性格的诱因，从而造成不可逆的后果。

另外，个人信息安全存在暴露风险。幼儿在使用网络的过程中，容易被鲜艳、好看的图案、游戏所吸引，或是被有诱导性的语言、所谓的奖励、隐含不良信息的广告吸引，而随手点击，就会产生一连串的连锁反应，如无意识地泄露了个人信息（姓名、住址、电话号码等），或家长的银行账户、信用卡信息等敏感信息，或家庭的生活照片、聊天记录等，这些不仅会对幼儿个人和家庭生活造成困扰和损害，也有可能对幼儿的安全构成威胁。

全球首份 21 世纪核心素养报告《面向未来：21 世纪核心素养教育的全球经验》中提到了全球最关注的七大素养，其中信息素养位居第二，因此要从小培养幼儿科学合理地使用网络，有效地收集和处理信息的能力是重要的素养。因此，在提升幼儿互联网学习能力的同时，也要关注幼儿的信息素养的培养。

同时，家长和幼儿园需要共同努力，采取有效措施来净化幼儿的互联网学习环境。家长可以设置家庭网络过滤器，限制幼儿访问不适宜的网站和内容，并引导幼儿如何正确使用互联网。幼儿园可以通过组织体验活动让幼儿了解相关网络安全知识，家校共同努力，加强对幼儿网络安全的保护。

二、幼儿的不当操作可能会导致产品设备出现故障

学龄前儿童心理正处于发展形成的阶段，通过观察学习和发现学习的方式认识世界，对一切事物都感到好奇，而游戏是其认识世界的主要手段，电子产品所带来的游戏、视频、动画让幼儿产生强烈的好奇心与求知欲。这种欲望会激发他们借鉴以往的操作模式或经验对手中的设备进行反复的、无数次的探索。但幼儿互联网应用能力的提升，也带来了一些设备使用安全上的问题。幼儿的这些尝试可能会导致错误的操作和潜在的安全风险，如误删除文件造成不可逆

转的损失；输错密码致使设备被锁定无法打开；下载并安装恶意软件对设备造成损害；由于误操作导致设备故障、断电短路等情况出现，产生生命财产损失等。

因此，在幼儿使用设备的过程中，家长需要引导孩子正确使用多媒体设备，避免错误操作和过度使用。在幼儿园中，则需要制定相关保障机制，确保设备的安全运行。同时，社会各界也应该关注这一问题，共同推动多媒体设备的安全性能提升和成本降低。

三、幼儿互联网交往能力的提升与社交安全之间的矛盾

幼儿互联网应用交往能力提升使得幼儿能够利用互联网进行社交，然而这也带来了一些社交安全问题。比如，幼儿对网络的认知和判断力有限，可能无法分辨网络中哪些信息是真实的，哪些信息是虚假的。通过 AI 技术，轻易地就能在网络上塑造出幼儿熟悉或亲切的形象（家长、同伴、老师等），可能通过谈话博取幼儿的信任，套取个人信息。另外，潜在的网络欺凌会对幼儿造成心理伤害。在网络上，一些恶意语言暴力或诱导可能会使得幼儿认为是自己不好，不值得被喜欢和尊重。遭受到网络霸凌的幼儿可能会对人际交往产生恐惧和抵触，导致他们在现实生活中出现社交障碍。长此以往，幼儿可能会害怕与人交往，从而失去了发展人际交往的关键时机。另外，过度依赖互联网社交，会影响幼儿在真实生活中人际交往的能力发展。北京师范大学未成年人网络素养研究中心的调研显示，网络沉迷问题较为突出，这可能导致幼儿缺乏面对面交流的机会，沉浸在头脑中的网络世界里，不理解真实世界中人与人的情感表达、肢体语言等。

5.1.2　互联网学习能力发展的主要趋势

一、互联网人工智能技术赋能幼儿园教育教学，支持幼儿个性化学习

人工智能的快速发展，为教育注入了"新血液"，尤其是在学前教育领域，人工智能为创新提供了无限可能。通过支持认知发展、帮助运动技能发展、协助言语和语言习得以及增强社交情感学习，人工智能正在逐渐改变幼儿的学习方法，为幼儿提供个性化的互联网学习体验，从而提高教育质量和效果。应用场景也日趋增多，如通过分析每个幼儿的学习兴趣、能力和进度，为他们量身定制个性化的学习路径；根据幼儿的学习需求和兴趣，智能推荐适合他们的学习资源，如课程、游戏、动画等，帮助幼儿更有效地获取知识，提高学习兴趣；通过在线直播、视频通话等方式，让幼儿与教师进行实时互动，提问和解答问题，提高幼儿的学习参与度；通过人工智能技术对幼儿的学习过程和成果进行智能评估，为幼儿提供及时、准确的反馈，帮助幼儿了解自己的学习状况。

通过这些应用场景，幼儿可以根据自己的兴趣和需求选择适宜的学习内容、学习时间和学习空间。人工智能营造了一个包容性的学习环境，适合不同发展水平的幼儿，从而更好地满足

幼儿的学习需求，使教育更加智能、个性化和差异化。

二、学前教育数字化转型背景下，全社会关注与守护幼儿的互联网安全

随着"互联网＋"的普及，互联网技术的发展在加速人类进入互联网时代的同时也对我国的学前教育事业产生了巨大的影响。2021 年初，上海市提出全面推进城市数字化转型。"互联网＋"不仅带来了多元化的教育资源，也推动了教学方式的改革和教学质量的提升。信息技术已经深入幼儿园的日常教育中，优化了教学环境，有助于提高教学质量，促进幼儿全面发展。对于可能出现的网络安全问题，对比 2021 年、2022 年和 2023 年的家长问卷以及教师问卷数据发现，幼儿互联网安全维度大幅提升。互联网安全已经成为幼儿园与家庭乃至整个社会都关注的问题。

2019 年 8 月 23 日，为了规范收集使用儿童个人信息等行为，保护儿童合法权益，为儿童健康成长创造良好的网上环境，国家互联网信息办公室正式发布《儿童个人信息网络保护规定》。这是我国首部规定儿童个人信息网络保护的专门立法。对保护儿童个人信息安全以及为儿童营造一个健康的数字成长环境意义重大。

2023 年 9 月 20 日，为了营造有利于未成年人身心健康的网络环境，保障未成年人合法权益，根据《中华人民共和国未成年人保护法》《中华人民共和国网络安全法》《中华人民共和国个人信息保护法》等法律，国务院第 15 次常务会议通过了《未成年人网络保护条例》，自 2024 年 1 月 1 日起施行。条例中明确了网络素养促进、网络信息内容规范、个人信息网络保护、网络沉迷防治的法律责任。

这些政策、法律的出台，在推动教育数字化转型的同时，确保每一个幼儿都能在一个安全、健康、有益的网络环境中学习和成长。政策影响下，信息科技公司在开发设计产品的时候有意识地考虑学龄前儿童的年龄特点与学习特点，打造更多儿童模式、纯净模式、陪伴模式……健全教育网络安全预警提示，持续加强安全监管与数据保护，严格执行安全等级保护制度，强化信息保护措施，确保各类教育平台安全有序运行，为幼儿创设更加绿色、健康的互联网学习环境，为幼儿安全上网保驾护航。

5.2 互联网学习应用的关键问题和发展趋势

5.2.1 互联网学习应用的关键问题

分析 2023 年教师和家长学前教育互联网学习应用调研数据，可以发现幼儿互联网学习应用能力还存在区域发展不均衡、家校沟通不足、互联网学习资源的质量与安全等方面仍需注意进一步发展提升等三方面的问题。

一、幼儿互联网学习应用能力区域发展不均衡，须协调发展

中部、东部、西部和东北部地区的幼儿互联网学习应用能力发展呈现出不均衡的状态。中部和东部地区的发展势头较好，而西部和东北部地区则需要更多的支持和帮助来推动幼儿互联网学习应用能力的发展。对不同地区学前教育领域互联网学习发展水平进行比较分析，东部、中部、西部、东北部的幼儿互联网学习能力发展综合指数分别为 3.29、3.20、3.00 和 3.17，和 2021 年数据相比，2023 年东部地区的互联网学习发展水平依然在四个区域中是最高的，西部地区的互联网学习发展水平是四个区域中最低的。为促进全国范围内幼儿互联网学习的均衡发展，需要加强政策引导、基础设施建设、资源共享和技术支持等方面的努力。

二、家校沟通不足，须加强家园共育

家园共育可以促进幼儿全面发展，加快幼儿互联网学习能力发展进程。然而相对 2021 年的数据，家长对幼儿开展互联网学习的支持度下降了 5.42%，对幼儿互联网学习还存有一定顾虑。调研结果显示，家长不赞同幼儿进行互联网学习的主要原因有"互联网学习会危害孩子的视力"与"孩子上网缺少网络保护，容易受到不良网络信息的影响"。此外，有 40.75% 的家长认为家园共育需要时时关注信息，消耗大量的时间和精力。在家园交流的内容上，家长和教师的观点也存在差异。家长希望家园交流的首要内容是幼儿在园活动的照片、视频等，占比为 49.36%，但教师希望家园交流的首要内容是各类通知或活动要求，占比为 45.67%。家长对幼儿互联网学习的担忧、个人精力不足、家园共育希望交流内容观点的不同，导致对幼儿互联网学习作用的认识出现偏差。纵使教师对利用互联网开展家园共育的赞同度与积极性相比 2021 年增长了，但家长对利用互联网开展家园共育的赞同度与积极性却下降了。通过加强家园共育，促进幼儿园与家长的沟通，可以更好地控制幼儿的上网时间和内容，有效保护幼儿的身心健康，并能够让家长理解互联网学习的意义和价值，争取家长的支持和参与。

三、幼儿互联网学习资源的质量与安全须加强保障

充足的学习资源对幼儿互联网学习的开展具有积极的促进作用，能够提高幼儿的学习效果和发展水平。调研结果显示，有 59.47% 的教师认为幼儿喜欢进行互联网学习，一定程度上是因为幼儿园内互联网教学资源丰富、学习形式多样，幼儿可互动场景较多，能充分满足幼儿探索的需求，更易受到幼儿的喜爱。在关于在线学习资源和网络学习平台及服务满意度的两项调查中，77.14% 的教师表示他们能够通过互联网获取到许多适合幼儿的高质量在线学习资源（如儿歌音频、故事视频等），而仅有 55.08% 的家长认为可以获取到适合幼儿的高质量在线学习资源。教师能够在国家教育资源公共服务平台、省市自建资源平台以及幼儿园自主建设资源

服务等渠道获取高质量的资源，而家长主要通过互联网搜索来获取资源。仅有 45.05% 的家长对互联网学习资源感到满意，这表明幼儿互联网学习资源仍然不足。为加快教育数字化建设，各级公共教育资源服务平台需要更多地向家长开放服务。

另外，幼儿互联网安全分辨意识虽得到一定提升，但由于幼儿年龄较小，认知能力和判断能力有限，对事物的辨别能力较弱，仍较容易被虚假和有害信息所误导。在综合调研中，教师和家长不赞同幼儿互联网学习的原因中，排名第二位的就是幼儿在互联网上学习时的网络安全问题。因此，为了保障幼儿的身心健康和全面发展，需要加强对资源的筛选和审核，在提高网络安全防护能力、提升幼儿的认知能力和判断能力等方面做出努力，以加强幼儿互联网学习资源的质量与安全保障工作。

5.2.2 互联网学习应用的发展趋势

分析 2023 年教师和家长学前教育互联网学习调研数据，幼儿互联网学习应用展现出三种趋势：教师和家长对幼儿互联网学习的认同度有所提高；教师信息技术教学素养有所提升；学龄前儿童互联网学习能力多元化发展。

一、教师对幼儿互联网学习应用潜在价值的认同度有所提高，家长认同度呈下降趋势

对比往年教师和家长对幼儿互联网学习应用潜在价值的认同数据，发现教师对幼儿互联网学习应用潜在价值的认同度逐年上升，而家长的认同度则呈下降趋势。

从教师群体层面上看，教师对幼儿互联网学习意愿的赞成度逐年增加。具体来说，教师的应用赞成意愿从 2021 年的 53.69% 上升至 2023 年的 55.74%，表明教师更愿意在教学中引导幼儿进行互联网学习。此外，幼儿进行互联网学习的学习时长和频率的数据也显示了积极的趋势。幼儿在园每周进行 2—5 次互联网学习的频率为 61.56%，较 2021 年上升了 11.64%。而在 2023 年，有 88.94% 的幼儿平均每天在园进行互联网学习时长保持在 0—30 分钟，较 2021 年有 88.24% 的幼儿平均每天在园进行互联网学习时长保持在 30 分钟以内提升了 0.7%，说明时长把控基本保持一致。

然而，从家长群体层面上看，家长对幼儿互联网学习意愿的赞成度有所下降。具体来说，家长的赞成意愿从 2021 年的 35.82% 下降至 2023 年的 30.4%，表明家长对幼儿进行互联网学习仍存有顾虑。尽管如此，家长仍然对幼儿进行互联网学习提供充分支持，并在家中留出了更多时间给幼儿进行互联网学习。调研数据显示，23.31% 的幼儿在家进行互联网学习时长处于 30 分钟以上，较 2020 年数据上升了 7.4%。

总体而言，教师和家长普遍认为互联网学习是有价值的，能够为幼儿的学习和发展提供有益的补充。他们为幼儿互联网学习提供支持，为幼儿互联网学习的推广和应用奠定了坚实的基

础。但是，在访谈调研中我们也应注意到，随着教师信息技术应用能力水平的提高，教师在幼儿园能有意识地引导和管理幼儿使用互联网，而在家庭中家长有意识引导和管理儿童使用互联网学习的能力还不足，存在要么放任自流要么完全禁止使用的极端行为，所以在加强教师信息素养教育的同时，也有必要提升家长的信息素养。

二、教师信息技术教学素养稳步提升

幼儿互联网学习正在逐渐被广泛接受并融入教育体系。在这个过程中，教师在支持幼儿进行互联网学习的同时，也提升了自身的信息技术教学素养。各地区和园区根据家长和教师的需求，增加了互联网教学培训活动，扩大了教师参与培训的覆盖面，从而提高了教师的能力素养。

在对教师每年参加互联网教学相关培训的调查中发现，有 56.72% 的教师表示经常有机会参与互联网教学相关能力提升的活动，每年参加 3 次及以上培训的教师占比为 35.86%，与 2021 年的数据相差不大。经过稳定的互联网教学培训，教师的信息技术教学素养得到了稳步提升。调研数据显示，有 60.51% 的教师表示信息技术教学素养得到了提升，52.05% 的教师表示能够解决互联网教学中遇到的技术问题，工作效率也在不断增强。

三、幼儿互联网学习应用多元化发展

根据调查数据，学龄前儿童在互联网学习过程中的应用能力得到了全面提升，涵盖了工具应用、问题解决、交流合作、内容创造、自我控制和互联网安全等六个方面。具体来说，教师视角下幼儿的工具应用能力均分从 2021 年的 2.75 上升至 2023 年的 2.96。

在幼儿利用互联网解决问题的能力方面，有 41.23% 的教师认为幼儿通过互联网查询解决问题的能力有所提升，相比 2021 年增长了 13.17%。

在交流合作能力方面，40.61% 的教师认为幼儿的互联网交流合作能力有所提升，与 2021 年相比增长了 9.04%。同样，37.01% 的家长也认同这一观点，与 2021 年相比增长了 3.92%。

在内容创造能力方面，教师视角幼儿借助互联网进行作品创造的比例从 38.98% 上升至 41.38%，而家长视角幼儿借助互联网进行作品创造分享的比例则略有下降，从 33.05% 降至 29.59%。

在自我控制能力方面，发展主要体现在幼儿具有互联网学习任务意识和时间观念。相较 2021 年，教师对幼儿任务完成能力的认可从 33.83% 上升到 38.79%，而家长对幼儿任务完成能力的认可则略有下降，从 33.84% 降至 29.48%。这可能与 2023 年幼儿进行互联网学习时间较长有关。

在互联网安全能力方面，关于幼儿是否能够有意识地回避互联网安全风险的调查显示，有 36.30% 的教师和 28.79% 的家长认同幼儿能够回避互联网安全风险。相较于 2021 年，这一比例分别提升了 28.53% 和 23.62%，有较大提升。

5.3 互联网学习环境的关键问题和发展趋势

5.3.1 互联网学习环境的关键问题

一、家长获取优质在线学习资源和平台服务的难度较大

从调查结果来看，家长对互联网学习资源的满意度相对较低，仅有 55.08% 的家长表示能够获取到许多适合幼儿的高质量在线学习资源。这一比例远低于教师的 77.14%，显示出家长在获取优质资源方面存在一定的困难。家长的主要资源获取渠道是通过网络搜索，这种方式相对分散且难以保证资源的质量和适应性。与此同时，教师则可以通过国家教育资源公共服务平台、省市自建的资源平台或幼儿园统一采购等方式获取资源和平台服务，这在一定程度上保证了教师能够获取到更多、更优质的资源。

家长资源获取困难的问题，不仅影响了家庭教育的质量，也可能导致家庭教育与幼儿园教育的脱节。家长普遍表示希望能够通过互联网开展家园共育，由幼儿园为家庭提供优质学习内容、特定任务要求、适合幼儿个性化发展的在线学习资源。因此，如何为家长提供更多、更便捷的优质资源获取渠道，是提升学习资源环境质量的关键之一。

二、幼儿互联网学习应用软件需求趋向多元化，但语言类应用仍占主导

调查结果显示，无论是教师还是家长，在为幼儿选择互联网学习应用软件时，语言类应用软件都占据了主导地位。这在一定程度上反映了语言学习在幼儿教育中的重要地位。然而，随着幼儿教育的全面发展，科学、艺术、健康类应用软件的需求也在逐步增加。这些应用软件能够培养幼儿的科学素养、艺术兴趣和健康习惯，对幼儿的全面发展具有重要意义。

因此，未来的学习资源环境建设需要更加注重多元化需求，推动各类应用软件的开发和优化，以满足不同年龄段、不同兴趣爱好的幼儿的学习需求。同时，也需要加强对应用软件的质量监管，确保软件内容健康、科学、适宜，为幼儿的健康成长提供有力保障。

三、5G 技术在学前教育中的融合应用程度有待提升

随着 5G 技术的快速发展和普及，其在学前教育中的应用已经取得了一定的进展。然而，从调查结果来看，虽然 59.94% 的教师认为幼儿园支持 5G 网络，但与整体教育领域的数字化转型需求相比，这一比例仍有待提高。此外，尽管幼儿园 5G 网络支持率相比 2021 年有了显著的提升，但家庭 5G 网络支持率的提升幅度相对较小，这可能会影响家庭教育与幼儿园教育的无缝衔接。

为了推进 5G 技术在学前教育中的深度融合应用，首先需要进一步加强 5G 基础设施建设，

特别是在幼儿园和家庭环境中的网络覆盖。同时，应加强对教师的信息技术培训，提升他们运用 5G 技术进行教学的能力。此外，还需要制定和完善相关政策，鼓励和支持学前教育机构积极探索 5G 技术在教育教学中的创新应用，以推动学前教育质量的整体提升。

四、AR/VR 教学设备的利用率和教学效果亟须强化

AR/VR 等虚拟技术在学前教育中具有巨大的应用潜力，能够为幼儿提供更加直观、生动的感知体验。然而，调查结果显示，尽管幼儿园中 AR/VR 教学设备的普及率有了进一步提升，但使用率却相对较低。部分教师虽然认可 AR/VR 教学设备对教学活动的好处，但由于存在使用主体信息化应用能力不足的情况，导致这些设备在日常教学中并未得到广泛应用。

为了提高 AR/VR 教学设备的利用率和教学效果，首先需要加强对教师的信息技术培训，提升他们运用 AR/VR 设备进行教学的能力。同时，应鼓励教师积极探索和创新教学方法，将 AR/VR 技术与实际教学活动紧密结合，以充分发挥这些设备的优势。此外，还需要关注 AR/VR 教学设备在实际应用中的效果评估，通过收集和分析使用数据、收集教师和学生的反馈意见等方式，不断优化和完善设备功能和应用场景，以更好地满足学前教育的需求。

5.3.2 互联网学习环境的发展趋势

一、互联网学习资源需求增长与多元化发展

随着互联网技术的普及和进步，互联网学习资源的需求呈现出显著增长的趋势。这一趋势在教师和家长中都得到了体现。特别是在学龄前儿童的教育中，互联网学习资源已经成为不可或缺的一部分。教师和家长对于互联网学习资源的需求也在逐渐多元化。他们不再满足于单一类型的学习资源，而是希望获得更加多样化、个性化的学习体验。例如，除了传统的语言类学习资源外，科学、艺术、健康、社会等各个领域的学习资源也逐渐受到关注。这种多元化的发展趋势反映了人们对全面、均衡教育的追求。此外，互联网学习资源的多元化发展还体现在其形式的多样化上。除了传统的文字、图片资源外，音频、视频、互动游戏等多媒体资源也越来越受到欢迎。这些多样化的资源形式能够更好地满足学习者的需求，提高学习效果。

二、优质互联网学习资源与平台服务的需求增加

不仅互联网学习资源的需求在增长，而且人们对于资源的质量和服务的要求也在不断提高。调查结果显示，家长对于互联网学习资源的满意度相对较低，这主要是因为他们在获取优质在线学习资源和平台服务方面存在困难。因此，未来的学习资源环境将更加注重提供高质量的互联网学习资源和平台服务。这包括提供更加丰富、多样的学习资源，以及更加便捷、高效的学习平台。同时，还需要加强对资源质量的监管和评估，确保学习者能够获得真正有价值的学习资源。

三、技术融合推动学习环境持续创新

随着 5G、AR、VR 等先进技术的不断发展和普及，学习环境正经历着深刻的变革。5G 技术以其高速、低延时的特点，为教育资源的传输和共享提供了强大的支持，使得远程教育和在线学习成为可能。而 AR 和 VR 技术则通过创建虚拟的学习环境，为幼儿提供了更加沉浸式和交互式的学习体验。例如，在学前教育中，5G 技术可以支持高清视频通话和实时互动教学，让幼儿能够享受到更加生动、真实的课堂体验；AR 和 VR 技术则可以模拟各种场景，帮助幼儿更好地理解和掌握知识。这些技术的融合应用，不仅丰富了学习资源，也推动了学习环境向更加多元化、智能化、个性化的方向发展。

5.4 互联网学习服务与教学支持的关键问题和发展趋势

5.4.1 互联网学习服务与教学支持的关键问题

一、教师互联网教学专业发展支持形式较为单一，偏重理论缺乏实践

数据显示，2023 年无论教师对参与互联网教学相关能力提升活动的需求，还是能获得参与互联网教学相关能力提升活动的时间都有较为显著的提升，说明幼儿园和教师自身都已经意识到了学前教育领域开展互联网教学和学习活动的重要性。超半数教师也认为参加互联网教学能力提升活动能帮助其改进教学和引发思考。但是，从教师每年参加互联网教学相关培训的次数来看，参加 3 次以上的教师仅占 35.86%，未到一半，大部分教师仅参加过 1—2 次培训。可见目前大部分幼儿园提供给教师的支持主要是宏观的偏理论化的内容，缺少结合实际工作的案例式教学和实践应用机会。因此也出现了认同参加互联网学习能力提升活动能引发思考与反思的教师要多于认为对自己的教学有改进作用的教师的现象。

二、教师和家长对家园共育形式和价值的认同差异进一步扩大

幼儿阶段是人生的奠基阶段，而父母是最初的启蒙教师，在幼儿成长过程中起着主导作用。家园共育，就是要在幼儿园和家庭之间、教师和家长之间形成合力，让幼儿获得良好的学习和生活环境。然而，从问卷数据来看，教师和家长对家园共育必要性的分歧在逐步扩大。随着全国各省份教育数字化转型工作的大力推进，再加上疫情使得教师必须使用互联网开展家园互动，教师利用互联网开展家园共育的能力越来越强，也有越来越多的教师感受到了利用互联网开展家园共育工作的优势。但是，家长在疫情结束后对通过互联网开展家园共育的认同度并没有继续上升，反而有所下降。而且多年来家长赞同和反对通过互联网开展家园共育的意见基

本一致，赞同的首要原因是"更加直观，可通过图片、视频等多种形式交换信息"，不赞同的首要原因是"要时时关注，太麻烦，没时间"。可见，目前的互联网家园共育方式仍未突破简单消息传达的模式，无法让家长获取更有价值的信息以及为幼儿提供更多的个性化教育支持。这可能是大部分家长认为这种形式的家园共育可有可无的主要原因。

三、家长对学习评价支持的认可度可成为家庭互联网学习的重要制约因素

评价和反馈在幼儿学习过程中起着重要作用，有效、及时的评价与反馈能促进幼儿互联网学习，也能帮助家长了解幼儿的学习成效。然而，从问卷数据来看，幼儿在园互联网学习获得的针对性评价与有用反馈显著高于在家获得的。同样，在"学习平台和系统能够自动为我的孩子提供准确的评价与有用的反馈"等问题的调查中，家长的满意度也远低于教师。一方面固然是因为教师的专业素养和能力远高于家长，另一方面也反映出幼儿园的互联网学习支持环境和服务支持也远高于家庭。这从"互联网学习对孩子的学习与发展有很大帮助"这一调查对比也能看出，教师对幼儿互联网学习应用效果更有信心，而家长则持观望态度，相对应的家长群体对幼儿互联网学习的赞成度也呈下降趋势。

但是有趣的是，无论是幼儿在家互联网学习的时长，还是家长对幼儿互联网学习时间和内容的限制，都是比在园要宽松的。可见大部分家长还是把互联网学习，或者说让幼儿使用智能手机作为"电子保姆"。但是，家庭教育与学校教育同等重要，希望能有更多适合家庭教育的幼儿互联网学习产品出现，注重资源、平台、服务的交互性与数据的采集分析利用，提高人机互动功能支持与数据支持，准确评价，并更好地识别差异，让人机互动更有针对性，从而让幼儿获得更有用的反馈，也让家长能更正确地支持幼儿开展互联网学习。

5.4.2 互联网学习服务和教学支持的发展趋势

一、物联感知的智慧幼儿园为个性化家园共育赋能

《"十四五"数字经济发展规划》提出"深入推进智慧教育"，强调推进教育新型基础设施建设，深入推进智慧教育示范区建设，推动"互联网＋教育"持续健康发展。《教育部2022年工作要点》提出"实施教育数字化战略行动"，加快推进教育数字转型与智能升级。2021年《教育部等六部门关于推进教育新型基础设施建设构建高质量教育支撑体系的指导意见》中，"智慧校园"作为教育新型基础设施被提出实施建设，并要在2025年基本达成，推动教育数字转型。

在学前教育领域也涌现出了一大批出色的"智慧幼儿园"，它们运用先进的信息技术和物联网技术，通过集成各种硬件设备和软件系统，实现了教学、管理、安全等多方面的智能化，如"智能保育""智能活动监测""AI幼教助手""智能安防"等一系列应用场景。通过智能设

备自动采集幼儿学习过程数据、身体健康数据、运动活动数据等，为日常保教提质、减负、增效，推动制度、技术、数据赋能学前教育发展。在"幼儿发展优先"理念的指引下，为幼儿园提供智能化、场景化、移动化、注重交互功能与数据驱动的互联网学习服务。而这些数据也能为个性化家园共育赋能，帮助家长更全面地了解幼儿在幼儿园的学习和生活情况，与教师建立更良好的沟通。

二、大语言模型的拓展应用为学习评价反馈提供专业服务

2022 年末 ChatGPT 横空出世，以其强大的信息整合和对话能力惊艳了全球。这是一种人工智能技术驱动的自然语言处理工具，拥有语言理解和文本生成能力，尤其是它会通过连接大量的语料库来训练模型，使得 ChatGPT 具备上知天文下知地理，还能根据聊天的上下文进行互动的能力，做到与真正人类几乎无异地聊天交流。随即，以 ChatGPT 为代表的大语言模型开始快速在各个细分领域发展并应用，譬如医疗、电商等行业。我们有理由相信，这种技术也会很快在教育领域有所突破，通过为 ChatGPT 提供大量的学习活动观察指导语料，并不断对大语言模型进行训练，达到可以根据幼儿的学习情况自动生成专业的学习评价反馈，帮助教师和家长为幼儿提供更专业的教学与学习服务支持。

2023 年度大事记

时　间	事件名称	关　键　词	领域类型
国家政策表征性事件			
2022 年 12 月	教育部关于发布《数字教育资源基础分类代码》教育行业标准的通知	教育数字化战略行动、教育信息化标准体系、数字教育资源建设与应用水平	政府文件
2022 年 12 月	教育部关于发布《教育基础数据》等三项教育行业标准的通知	教育数字化战略行动、教育信息化标准体系、规范教育基础数据管理、实现数据互通共享	政府文件
2023 年 1 月	加快建设高质量教育体系　办好人民满意的教育 2023 年全国教育工作会议召开	教育数字化、大数据中心、数据充分赋能	政府文件
2023 年 2 月	教育部教师工作司印发《教育部教师工作司 2023 年工作要点》	推进教师队伍数字化建设	政府文件
2023 年 6 月	《教育部办公厅关于开展 2023 年暑期教师研修的通知》	数字素养提升、国家智慧教育公共服务平台	政府文件
2023 年 7 月	《生成式人工智能服务管理暂行办法》	生成式人工智能服务	政府文件
2023 年 7 月	国务院新闻办发布会介绍"加快建设教育强国　办好人民满意的教育"有关情况	建设国家教育数字化大数据中心、强化大数据赋能教育教学、国家智慧教育平台、加强数字教育国际化	国务院新闻发布会
2023 年 12 月	教育部等五部门印发《元宇宙产业创新发展三年行动计划（2023—2025 年）》	新一代信息技术融合创新、构建虚拟教室	政府文件

时　　间	事件名称	关　键　词	领域类型
地方政策表征性事件			
2022 年 11 月	上海市印发《上海市学前教育与托育服务条例》	信息技术在学前教育与托育服务领域的应用	地方性法规
2023 年 3 月	福建省印发《福建省教育数字化战略行动三年实施方案》	赋能全学段教育教学融合创新	地方文件
2023 年 7 月	上海市印发《全面建设高质量幼儿园的实施意见》	高质量幼儿园建设、以数字化场景赋能建设	地方文件
教育会议表征性事件			
2023 年 2 月	《数字化如何赋能基础教育高质量发展？专家学者分享实践探索与思考》——世界数字教育大会"数字化赋能基础教育高质量发展"平行论坛举办	资源数字化、能力数字化、流程数字化	教育会议
2023 年 2 月	世界数字教育大会召开	数字变革与教育未来	教育会议
2023 年 5 月	《数智赋能学前教育　促进儿童个性成长》——长三角幼儿园长大会在浙江金华召开	数智赋能教育和幼儿园课、ChatGPT 与未来教育	教育会议
2023 年 5 月	《上海深化推进教学数字化转型　赋能基础教育优质均衡发展》——上海市中小学教学数字化转型推进会和相关调研活动举行	数字资源建设、教学系统与"三个助手"、数字基座	教育会议
2023 年 6 月	2023 年全国教育数字化现场推进会议召开	教育数字化战略行动、智慧教育平台、优质资源供给服务	教育会议
2023 年 9 月	上海市教育数字化转型工作推进大会召开	5G+ 云网融合、数字孪生、区块链、智慧教育平台、数字教育资源	教育会议
行业发展会议			
2023 年 10 月	中国学前教育研究会第三届圆桌会议在西安开幕，共话数字化转型与学前教育未来	数字化转型、高质量发展	教育会议
2023 年 11 月	中国教育发展战略学会教育信息化专业委员会 2023 年学术年会在深圳市组织召开	教育信息化、教育大数、ChatGPT 等人工智能技术	教育会议
2023 年 12 月	"数智说"生成式人工智能创新应用赋能千行百业论坛成功举办	生成式人工智能在教育领域的实践	会议

参考文献

［1］王思宇. 基于元认知理论的幼儿网络学习行为研究［D］. 长春：东北师范大学，2019.

［2］张慧，李娜. 家长对儿童使用互联网的态度及其影响因素［J］. 中小学信息技术教育，2020.

［3］李玉. 家庭环境对幼儿网络使用行为的影响［J］. 幼儿教育（教育科学），2021.

［4］Straker, L., Howie, E. Physical and psychosocial aspects of wearable technology and children. Designing an iPad app to monitor and improve classroom behavior for children with ADHD: iSelfControl feasibility and pilot studies［J］. PLOS ONE, 2016.

［5］陈晓明. 面向幼儿的学习应用设计研究［D］. 上海：上海师范大学，2017.

［6］Eskela-Haapanen, S., Kiili, C. 'It goes around the World'—Children's understanding of the Internet［J］. Nordic Journal of Digital Literacy, 2019, 14(3–4): 175–187.

［7］Blackwell, C. K., Lauricella, A. R., Conway, A., et al. Children and the Internet: Developmental Implications of Web Site Preferences Among 8- to 12-Year-Old Children［J］. Journal of Broadcasting & Electronic Media, 2014, 58(1): 1–20.

［8］Allard, S., Levine, K. J., Tenopir, C. Design engineers and technical professionals at work: Observing information usage in the workplace［J］. Journal of the American Society for Information Science and Technology, 2019, 60(3): 443–454.

［9］Doty, D. E., Popplewell, S. C., Byers, G. O. Interactive CD-ROM storybooks and young readers' reading comprehension［J］. Journal of Research on Computing in Education, 2001, 33(4): 374–384.

［10］Cardoso-Leite, P., Buchard, A., Tissieres, I., et al. Media use, attention, mental health and academic performance among 8- to 12-year-old children［J］. PLOS ONE, 2021, 16(11): e0259163.

［11］Uncapher, M. R., Lin, L., Rosen, L. D., et al. Media multitasking and cognitive, psychological, neural, and learning differences［J］. Pediatrics, 2017, (140):S62–S66.

［12］Wu, C. S. T., Fowler, C., Lam, W. Y. Y., et al. Parenting approaches and digital technology use of preschool age children in a Chinese community［J］. Italian Journal of Pediatrics, 2014(40):44.

［13］Cheng, K. H., Tsai, C. C. Children and parents' reading of an augmented reality picture book: Analyses of behavioral patterns and cognitive attainment［J］. Computers & Education, 2014(72):302–312.

［14］Lan, F. Y. The analysis of related results of studying child's oral speech in computer aided instruction［J］. Chia Nan Annual Bulletin: Humanity, 2010(36):349–364.

［15］Bers, M. U., Flannery, L., Kazakoff, E. R., et al. Computational thinking and tinkering: Exploration of an early childhood robotics curriculum［J］. Computers & Education, 2014(72): 145–157.

［16］Cardoso-Leite, P., Buchard, A., Tissieres, I., et al. Media use, attention, mental health and academic performance among 8- to 12-year-old children［J］. PLOS ONE, 2021, 17; 16(11): e0259163.

［17］邱丹燕. 幼儿园大班数字化游戏课程的设计与实施［D］. 上海：华东师范大学，2018.

［18］Hatzigianni, M., Kalaitzidis, I. Early childhood educators' attitudes and beliefs around the use of touch-screen technologies by children under three years of age［J］. British Journal of Educational Technology, 2018, 49(5): 883–895.

［19］Kelleci, M., Güler, N., Sezer, H., et al. Liseöğrencilerinde internetkullanmasüresinincinsi yetvepsikiyatrikbelirtileriileilişkisi (In Turkish)［J］. TAF Preventive Medicine Bulletin, 2009, 8(3), 223–230.

［20］Vedechkina, M., Borgonovi, F. A Review of Evidence on the Role of Digital Technology in Shaping Attention and Cognitive Control in Children［J］. Frontiers in Psychology, 2021(12): 611155.

［21］Ak, S., Koruklu, N., Yılmaz, Y. A study on Turkish adolescent's internet use: possible predictors of internet addiction［J］. Cyberpsychology, Behavior, and Social Networking, 2013, 16(3): 205–209.

［22］Álvarez, M., Torres, A., Rodríguez, E., et al. Attitudes and parenting dimensions in parents' regulation of Internet use by primary and secondary school children［J］. Computers & Education, 2013(67): 69–78.

［23］陈思，徐光涛，章苏静. 学前儿童互联网学习中的家长态度及影响因素［J］. 现代教

育技术，2019，29（04）：101—107.

［24］张先勇.高质量发展背景下学前教育信息化建设路径探析［J］.学前教育，2022（Z1）：35—37.

［25］Funk, J. B., Brouwer, J., Curtiss, K., et al. Parents of preschoolers: Expert media recommendations and ratings knowledge, media-effects beliefs, and monitoring practices［J］. Pediatrics, 2009, 13(3): 981–988.

［26］徐哲，徐兴林，谭春波.互联网资源在学前教育中的应用研究［J］.环渤海经济瞭望，2018（05）：176.

［27］董荻.人工智能与教育的融合——智能机器人在学前教育领域的应用［J］.教育教学论坛，2019（31）：1—2.

［28］杨雄，杨晓萍，张骞.AR技术与幼儿园课程整合的内涵价值与实践路径［J］.学前教育研究，2020（02）：89—92.

［29］Jiahong Su, Davy Tsz Kit Ng, Samuel Kai Wahchu. Artificial Intelligence (AI) Literacy in Early Childhood Education: The Challenges and Opportunities［J/OL］.Computer and Education: Artificial Intelligence, 2023(4). https://www.sciencedirect.com/science/article/pii/S2666920X23000036.

［30］Kazi S. AI In Early Childhood: six things teachers need to know［J/OL］.The Blue Dot, 2021(13):15–19. https://unesdoc.unesco.org/ark:/48223/pf0000375560#.

［31］Tripp, L. M. 'The computer is not for you to be looking around, it is for schoolwork': Challenges for digital inclusion as Latino immigrant families negotiate children's access to the internet［J］. New Media & Society, 2011, 13(4): 552–567.

［32］朱琳."互联网+"背景下家园共育的实施路径［J］.当代家庭教育，2023（14）：42—44.

［33］张蕾.浅谈微信公众平台在家园共育中的应用［J］.东方娃娃·保育与教育，2023（12）：76—77.

［34］白雪梅，郭日发.生成式人工智能何以赋能学习、能力与评价？［J］.现代教育技术，2024，34（01）：55—63.

［35］Kim, H., Choi, H., Han, J., et al. Enhancing teachers' ICT capacity for the 21st century learning environment: Three cases of teacher education in Korea［J］. Australasian Journal of Educational Technology, 2012, 28(6): 965–982.

［36］Liang, J. C., Chai, C. S., Koh, J. H. L., et al. Surveying in-service preschool teachers' technological pedagogical content knowledge［J］. Australasian Journal of Educational Technology, 2013, 29(4): 581–594.

［37］李海艳，郑玲．"互联网＋"背景下幼儿教师移动学习现状与效果的调查研究［J］.贵州师范学院学报，2021，37（01）：70—77.

［38］仇雅琳，张小永．数字赋能家园社协同育人的模式建构［J］.基础教育参考，2023（05）：71—80.